高校实验室压力气瓶安全技术与管理

主　编　王国田　吴　俊　黄金林

副主编　姚　荣　郭　谦　赵　静
　　　　王理霞

苏州大学出版社

图书在版编目(CIP)数据

高校实验室压力气瓶安全技术与管理 / 王国田,吴俊,黄金林主编.—苏州: 苏州大学出版社,2020.12
ISBN 978-7-5672-3445-1

Ⅰ.①高… Ⅱ.①王… ②吴… ③黄… Ⅲ.①高等学校-高压气瓶-实验室管理-安全管理 Ⅳ.①G642.423②TH49

中国版本图书馆 CIP 数据核字(2021)第 042919 号

高校实验室压力气瓶安全技术与管理
王国田 吴 俊 黄金林 主编
责任编辑 徐 来

苏州大学出版社出版发行
(地址: 苏州市十梓街 1 号 邮编: 215006)
镇江文苑制版印刷有限责任公司印装
(地址: 镇江市黄山南路 18 号润州花园 6-1 号 邮编: 212000)

开本 787 mm×1 092 mm 1/16 印张 14 字数 315 千
2020 年 12 月第 1 版 2020 年 12 月第 1 次印刷
ISBN 978-7-5672-3445-1 定价: 38.00 元

图书若有印装错误,本社负责调换
苏州大学出版社营销部 电话: 0512- 67481020
苏州大学出版社网址 http://www.sudapress.com
苏州大学出版社邮箱 sdcbs@ suda.edu.cn

编写委员会

主　编　王国田　吴　俊　黄金林

副主编　姚　荣　郭　谦　赵　静　王理霞

参　编　朱国强　羊　扬　陈一兵

陈建冰　张小兴　陈松庆

张煜桁　李家玮　万舒雨

许欧文　魏玉珑

前　言

高校实验室，特别是高校物理、化学、生物、医学、辐射、电子等许多理工科实验室经常会用到氢、氧、氮、乙炔、甲烷、二氧化碳等各种气体，这些气体大多被充装在压力气瓶中，各类压力气瓶在充装、运输、储存、使用、废弃物处置等环节一旦操作不当，极易发生安全事故，如泄漏、火灾、爆炸、中毒等灾难性事故时有发生、屡见不鲜。科学发展观要求高校办学以人为本，加强实验室安全建设与管理，实现人、机、料、环境和谐相处。高等学校科学奥秘探索不能以生命牺牲和国家财产损失为代价。高校各级领导、各类管理人员、所有师生必须提高对实验室安全与环境保护的重要性认识，必须加强实验室安全与环境保护教育，采取科学有效的手段加强安全建设，建立实验室现代安全管理制度和安全文化，要求所有学生、研究生树立先进的实验室安全与环境保护理念，服从实验室安全规范化管理，科学掌握压力气瓶安全知识和操作规程，熟练掌握安全避险技能，尤其是提高实验室安全突发事故应急处置防范能力。

本书以高校实验室安全与环境管理中涉及的压力气瓶为对象，从安全规范使用压力气瓶的角度出发，根据我国现行的压力气瓶相关法律法规、安全技术规范及标准，参考多个国外相关标准、文献资料，结合近年来社会、高校压力气瓶事故频发和多发相关的案例，系统介绍了气体和压力气瓶的基础知识，气瓶相关的标识，气体管路的设计、选材、安装与维护等各个环节的安全技术与基本要求，详细分析了压力气瓶典型的事故案例，剖析了事故案例发生的根本原因，指出了压力气瓶相关从业人员需要注意的事项，以及加强实验室安全管理的重要性。作者力求对相关内容的阐述系统全面、深入浅出、通俗易懂。本书是高校从事压力气瓶或气体管路安全监察、设计、制造、充装、使用和检验等本科生、研究生较为实用的工具书，也可供高校实验室压力气瓶的安全管理人员、压力气瓶的使用人员，以及从事气体管路工作相关的专业技术人员参考使用。

在本书写作的过程中，我们几易其稿，多次召集学校不同专业的教师、兄弟高校的同行们研究、讨论和审阅，以确保书稿质量，但由于实验室技术安全和环境保护工作错综复杂，各高校实验室建制和管理情况不尽相同，又由于作者水平有限，时间仓促，书中遗漏和不妥之处在所难免，敬请读者批评指正。本书得到了扬州大学实验室与设备管理处、扬州大学生物科学与技术学院等相关专家的指导和大力支持，在此深表感谢！

本书第 1 章、第 2 章由姚荣撰写，第 3 章由郭谦、王国田撰写，第 4 章、第 5 章由王国田撰写，第 6 章由吴俊、赵静、王国田撰写，书中插图由王理霞绘制。全书由王国田、吴俊、黄金林统稿。

本专著由扬州大学出版资金提供资助。

作　者

2020. 9

目 录

第 1 章　基础知识

本章主要从物质的分子与原子结构出发，阐述了物质的固、液、气三态之间的关系，着重分析气体的性质、饱和蒸气压、气体的压缩系数、相平衡、临界状态等特点，以及瓶装气体危险性和法律法规的要求。

1.1　分子与原子结构

自然界中的物质都是由各类分子、原子和离子构成的，它们彼此相隔一定距离。在自然界中，许多现象都能充分地说明宏观物质的这一特征。气体很容易被压缩的事实，说明了气体分子间存在很大空隙。水虽然不易被压缩，但是当我们把酒精和水两种液体加以混合时，就会发现液体混合后的体积小于理论体积之和。这一实验说明液体分子之间也有空隙。如果我们以 0.02 MPa 大气压对贮存在钢筒中的油进行压缩，就会发现钢筒壁有油渗出，这说明钢筒分子之间也是有空隙的，即可说明固体分子之间也存在空隙。

由大量分子组成的物质中，处于无规则、永不停息的运动之中的气体分子都具有一定的体积、质量、动量和能量，并且不停地在做无规则的热运动。这种分子的热运动总是倾向于使分子趋于分离。同时气体分子之间又存在着相互作用的吸引力和排斥力，引力使分子之间趋向结合，斥力则使分子之间趋于分离。这两个矛盾的因素使得物质分子的聚集状态具有气、液、固三种，即所谓的物质三态。

物质在气态时，处于支配地位的是分子间的斥力。气体分子具有可压缩性大、密度小等特点，因此气体没有一定的体积和形状。由于气体分子间的引力不足以克服分子的分离倾向，气体分子之间距离很大，气体能够无限制地膨胀，充满任意大小、形状的容器。

由于固体分子之间具有较大的吸引作用力，固体分子之间具有固定的平衡位置，分子只能以平衡位置为中心振动，分子排列紧密，可压缩性小，所以固体具有一定的形状和体积。

介于气体与固体之间的液体，分子间作用力使分子能维持一定的距离，但又不足以使分子具有固定平衡的位置，所以液体只有一定的体积，而无一定的形状。

分子是保持各类物质化学性质的最小微粒，不同的原子组成了各种分子。原子是由核外电子和原子核构成的，而原子核则由中子和质子构成。

1 mol 的分子或原子，它们的总质量在数值上等于该物质的分子量或原子量。1 mol气体体积在标准状态下都是 22.4 L，它们的分子数目都是相等的。例如，氢气的分子量为 2，氮气的分子量为 28，氧气的分子量为 32；1 mol 氢气与 1 mol 氧气的体积都是 22.4 L，即 2 g 氢气与 32 g 氧气的体积都是 22.4 L。

气瓶中的充装物可以是气态充装物，也可以是气、液两态共存充装物。在充装、运输和使用过程中，气瓶中的充装物会发生一定的变化。由于外界条件的变化，充装物分子的运动剧烈程度也会发生变化，当变化到一定程度时，就会从量变到质变，充装物分子会重新排列，其状态也会发生转变。在气瓶等密封容器中，当温度升高时，液态充装物逸出液面的气体分子只能聚留在液面上空，无法逸出容器，所以又会返回到液体中去。随着液面上空的蒸气密度不断增大，返回的气体分子数增多，液体的蒸发速度逐渐变慢。当返回液体的分子数与逸出液面的分子数相等时达到动态平衡。从宏观上看，气液两相处于相对稳定的共存状态，液体不再蒸发，这种状态称为饱和状态。这种状态的液体叫作饱和液体，其密度叫作饱和液体密度；此时面上的蒸气叫作饱和蒸气，其密度叫作饱和蒸气密度，其压力叫作饱和蒸气压。物质处于一定温度下的密度、压力等饱和状态参数具有各自的恒定值，随着温度的变化而变化。温度越高，蒸气密度就越大，逸入气相的液体分子数目就越多，同时液体密度相应减小，而且由于液体的膨胀又使蒸气空间缩小，蒸气压升高。

1.2 气体的状态

很难直接观察到气体，常常通过气体的四个物理属性（压力、体积、粒子数目和温度）或宏观性质来描述。这四个属性被许多科学家（如罗伯特·波意耳、约翰·道尔顿、雅克·查理、阿莫迪欧·阿伏加德罗、约瑟夫·路易·盖-吕萨克等）通过不同的实验装置和不同的气体反复观察过。他们通过实验研究推导出理想气体定律。

气体状态包括体积、温度、压力这三个基本参数。通过研究气体这三个基本状态参数间的关系就能研究气体物理状态的变化，从而进行工程上的计算。用来表示状态参数间的数学关系式就是所谓的气体状态方程，包括理想气体状态方程和真实气体状态方程。

1.2.1 理想气体状态方程

所谓理想气体，是人们为了简化研究实际气体建立的一种理想模型，是科学家们忽略气体某些性质对基本状态参数计算的影响，在研究气体状态方程式时提出的一种假想的气体。此种气体有两个假设条件：一是气体分子本身不占体积；二是气体分子间没有引力。气体与固体、液体不同，气体分子之间具有很大的间距。当容积增大时，随着气体分子间距离的增大，其分子间引力减小，气体分子体积在总容积中所占比例也减小。当气体分子间距很大时，其所占比例变得很小。在极限情况下，分子本身就不占体积，分子间的引力变为零。这样的气体就是所谓的理想气体。当实际气体的温度较高、压力很低时，气体密度很小，其分子本身所占的空间与全部空间之比小到可以忽略不计。当分子间距离较大，气体分子间作用力也可忽略时，我们可以把它当成理想气体来进行计算。

具有无限的可膨胀性、无限的掺混性的气体受温度、压力等外界条件影响。当一定量的气体引入容器时，具有无规则运动的气体分子向各个方向扩散至整个容器。气体既没有确定的形状也没有固定的体积，这时气体的体积就是容器的容积。在常温常压下，由于存在分子间作用力，气体分子相距甚远，不同气体可无限均匀地混合，也极易膨胀或压缩。同时在一定温度下，气体分子彼此之间、气体分子与容器器壁之间发生碰撞，从而使得气体压力增大。尤其在高温、低压的情况下，气体的这些性质表现得更为充分。可以用压力 p、体积 V、热力学温度 T 之间的定量关系来描述气体状态，形成所谓的理想气体状态方程。

理想气体状态方程（又称为普适气体定律、理想气体定律）是描述处于平衡状态的理想气体的体积、压力、温度、物质的量之间关系的状态方程。理想气体状态方程包括以下实验定律：

1.2.1.1　波意耳（Boyle）定律

体系在定量定温的情况下，理想气体的压力与体积成反比关系。体系在变化的过程中，如果体积增至原来的 n 倍，则压力减小为原来的 $1/n$。例如，0.6 L 氮气压入 30 L 的气瓶中，体积增至原来的 50 倍，但是压力却减小为原来的 1/50。

可以用以下公式表示：

$$p_1V_1 = p_2V_2$$

式中，p_1、V_1 和 p_2、V_2 分别表示理想气体在不同状态下的压力和体积。

1.2.1.2　盖-吕萨克（Gay-lussac）定律

体系在压力不发生变化的情况下，理想气体的体积和温度发生正相关变化，即体系温度增至原来的 n 倍，则体积相应增至原来的 n 倍。

可以用以下公式表示：

$$\frac{V_1}{T_1} = \frac{V_2}{T_2}$$

式中，V_1、V_2 为理想气体在热力学温度 T_1、T_2 时的体积。

1.2.1.3　查理定律

体系在体积不发生变化的情况下，理想气体的压力和温度发生正相关变化，即体系温度增至原来的 n 倍，则压力相应增至原来的 n 倍。

可以用以下公式表示：

$$\frac{p_1}{T_1}=\frac{p_2}{T_2}$$

式中，p_1、p_2 为理想气体在热力学温度下 T_1、T_2 时的压力。

1.2.1.4 阿伏加德罗（Avogadro）定律

在定温定压下，体积相同的任何气体所含的分子数均相同，这一定律称为阿伏加德罗定律。

上述四个定律可以综合表示为理想气体状态方程，即

$$pV=nRT=\frac{m}{M}RT$$

这个方程具有四个变量：p 是指理想气体的压力，单位为 Pa；V 为理想气体的体积，单位为 m^3；n 表示气体的物质的量，单位为 mol；T 表示热力学温度，单位为 K。常量 R 为摩尔气体常数，单位为 J/(mol · K)。m 为质量，M 为摩尔质量。

常用可以直接测量的物理量来描述气体的状态，如 p、V、T 和 n（物质的量）。实验证明，当气体的物质的量 n 为恒量，即组成不变时，三个变量 p、V、T 中只有两个是独立的，也就是说当温度和压力确定后，体系的体积也随之确定下来。

建立一种人为的、实际中并不存在的理想气体模型是为了简化研究对象。人们可以通过修正理想气体模型来解决实际问题。在低压高温下实际气体很接近于理想气体，因为在低压高温下气体分子具有间距大等特点，气体分子体积与气体体积之比非常小，此时气体分子间作用力小到可以忽略。

对于混合理想气体，其压力 p 是各组成部分的分压力 p_1，p_2，…之和，故

$$pV=(p_1+p_2+\cdots)V=(n_1+n_2+\cdots)RT$$

式中，n_1，n_2，…是各组成部分的物质的量。

以上两式表示的状态方程是理想气体和混合理想气体的状态方程，可由严格遵循理想气体实验定律的气体得出，也可由气体动理论导出。各种实际气体在几个大气压的压力以下时，近似遵循理想气体状态方程；压力越低，符合度越好；在趋于零的极限压力下，严格遵循理想气体状态方程。

从数学角度来说，我们可以计算出只含有一个未知量方程中的未知量。因此，在体积、温度、压力和物质的量这四个变量中，我们只要知道其中三个变量即可计算出第四个变量。根据需要计算的目标不同，这个方程可以转换为四个等效公式：

求压力：$$p=\frac{n}{V}RT$$

求体积：$$V=\frac{n}{p}RT$$

求物质的量：$$n=\frac{pV}{RT}$$

求温度：
$$T=\frac{pV}{nR}$$

由研究低压下气体的行为导出的理想气体状态方程，在研究各气体在适用理想气体状态方程时存在偏差；压力越低，偏差越小。理想气体状态方程在极低压力下可较准确地描述气体的行为。这时分子间距非常大，同时分子间相互作用力非常小；气体分子本身所占体积与气体所占比例可忽略不计，这时气体分子质点可近似看作没有体积。

符合如下特点的气体为理想气体模型：

（1）气体分子只是一个质点，只有位置而不占体积。

（2）气体分子间无相互作用力。

（3）气体分子总是在不停地运动，气体分子之间以及气体分子与容器器壁的碰撞不造成分子动能损失，即所谓的“弹性碰撞”。

1.2.2 实际气体状态方程

1.2.2.1 实际气体的性质

（1）任意实际气体都具有特定的温度。在该温度下，当压力较低时，其 pV_m（V_m 为 1 mol 气体的体积）都等于或接近于 RT，符合波意耳定律，故称此温度为波意耳温度。

（2）任意实际气体（体积为 V_m）在高于波意耳温度时，pV_m 随 p 增大总是大于 RT。

（3）任意实际气体在低于波意耳温度时，当压力趋近于零时，$pV_m=RT$；经趋于极小值后，在某一压力下再次出现 $pV_m=RT$；当压力进一步增大时，又出现 $pV_m>RT$。

任何实际气体随着压力的变化，在相应的温度下会出现 $pV_m=RT$、$pV_m<RT$、$pV_m>RT$ 的情况。这是由于实际气体分子之间具有吸引力而且气体具有一定的体积。低于波意耳温度时，随着压力增大，由于分子间引力因素占优势，所以 $pV_m<RT$，比理想气体易压缩；越过最低点后，压力增大，体积因素的影响逐渐增大，pV_m 增大；到一定压力时，两个相反因素的影响刚好抵消，$pV_m=RT$；当压力再增加时，体积因素的影响更加突出，使 $pV_m>RT$，比理想气体更难压缩。

1.2.2.2 范德华方程

当实际气体处于低温状态时，气体易于液化，说明在这种情况下分子间引力非常显著；当实际气体处于高压状态时，气体分子占有一定的体积，气体难以压缩，说明不能再把它当成无体积的质点来处理。范德华考虑到这两方面因素，因此引入了修正项，从理论角度于 1873 年提出了一个实际气体的状态方程。范德华方程改进了理想气体状态方程，便于更好地描述气体的宏观物理性质特点，将被理想气体模型所忽略的气体分子自身和分子间作用力考虑了进来。

范德华方程可表示如下：

$$\left(p+a\frac{n^2}{V^2}\right)(V-nb)=nRT$$

式中，a、b 分别为对气体压力和体积校正的相关常量，称为范德华常量。

范德华方程在气-液临界温度以上流体性质方面的描述优于理想气体状态方程，对温度稍低于低压气体和临界温度的液体也有较为合理的描述。但是，当描述对象处于状态参量空间（P，V，T）中气液相变区（正在发生气液转变）时，对于固定温度，气相的压力恒为所在温度下的饱和蒸气压，即不再随体积 V 的变化而变化，所以在这种情况下范德华方程不再适用。

1.2.2.3 维里方程

海·卡·昂内斯于 1901 年提出了一种实际气体状态方程，该方程以幂级数形式表达实际气体状态，这就是维里方程。它是纯经验方程，是对理想气体状态方程的修正。

维里方程的一般表达式：

$$\frac{pV_m}{RT}=1+\frac{B_2}{V_m}+\frac{B_3}{V_m^2}+\cdots$$

维里方程也可以用幂级数压力 p 来表示：

$$\frac{pV_m}{RT}=1+B_2p+B_3p^2+\cdots$$

其中，V_m 是气体分子的摩尔体积，计算式：$V_m=V/n$；B_2、B_3 分别称为第二维里系数、第三维里系数，它们是温度的函数，与气体种类相关。当维里系数为 0 时，在某一温度下，实际气体和理想气体相近似。从以上两式可以看出：压力越低，摩尔体积越大，气体越趋近于理想气体。当体积 $V_m\to\infty$ 、压力 $p\to 0$ 时，维里方程就还原为理想气体状态方程。

1.2.3 气体液化与气体压缩系数

1.2.3.1 实际气体的液化

气体变成液体的过程叫作凝聚或液化，而蒸发则是由液体变成气体的过程。在一定温度下，液体蒸发与蒸气凝聚速率大致相等。当达到动态平衡时，相应蒸气称为饱和蒸气，饱和蒸气产生的压力称为饱和蒸气压。温度升高时，饱和蒸气压变大。要使气体液化，需要缩小分子间距离从而增大分子间相互吸引力，同时减小气体分子热运动产生的离散倾向，可以采用加压与降温的方式。实验证明，单纯用降温方法可以使气体液化；而单纯依靠加压方法却不能使气体液化，只有将系统温度降到一定的数值以后，再施加足够的压力才能使气体液化。若温度高于这个特定的数值，则无论施加多大压力于系统，都不能使气体液化。这是因为利用加压的方法来缩小分子之间的距离是无法克服分子热运动的离散倾向的。

1.2.3.2 气体压缩系数

气体压缩系数，也称压缩因子，是理想气体性质与实际气体性质偏差的修正值，通常用 Z 表示：

$$Z=\frac{pV_{\mathrm{m}}}{RT}$$

其中，p 是气体的绝对压力，V_{m} 是气体分子的摩尔体积，R 是摩尔气体常数，T 是热力学温度。当 Z 偏离 1 越远时，实际气体性质偏离理想气体性质就越远。Z 在实际气体状态方程中出现。我们在气体流量的计算中必须要考虑压缩系数的影响。在温度较高、密度较小、压力不太高的参数范围内，我们按理想气体来计算就能满足一般工程计算的精度需要，这时使用理想气体状态方程即可，此时气体压缩系数等于 1。但是在温度较低、压力较高或要求高准确度计算的时候，就需要使用实际气体状态方程来进行计算。因为要求计算准确度较高（如在计量气体流量）时，通常需要考虑压缩系数的影响。

1.2.4 理想气体混合物

在生产和生活实践中，我们遇到的大多数气体都是气体混合物。科学家早在 19 世纪在对低压混合气体的实验研究过程中就总结出两条十分重要的定律，即道尔顿提出的分压定律（道尔顿分压定律）和阿马格提出的分体积定律。

1.2.4.1 分压定律

道尔顿分压定律又称分压定律或道尔顿定律，是描述理想气体特性的定律。这是约翰·道尔顿于 1801 年观察得到的经验定律。气体混合物在任意容器中，只要各组分之间没有发生化学反应，则各种气体都均匀地分布在容器中，其所产生的压力与气体单独存在于容器中所产生的压力相等。也就是说，一定容积的容器中的一定量气体产生的压力仅与体系温度相关。例如，0 ℃时，22.4 L 容器内的 1 mol 氧气产生的压力是 0.101 3 MPa，如果再向该容器中加入 1 mol 氮气，这时氧气的压力虽然还是 0.101 3 MPa，但由于氮气的加入使得该容器内的总压力增大一倍，所以 1 mol 氮气在该容器中产生的压力也是 0.101 3 MPa。

在理想气体状态下，气体混合物中某一组分 B 所产生的分压等于该组分独立存在于混合气体的总体积 V 和温度 T 的体系条件下所具有的压力。而各组分单独存在于该容器体积、混合气体温度条件下产生压力的总和即为该混合气体的总压。这即为道尔顿分压定律。

这一定律的数学表达式为

$$p_{\mathrm{B}}=\frac{n_{\mathrm{B}}RT}{V}$$

$$p=p_1+p_2+\cdots+p_n=\sum_{i=1}^{n}p_i$$

道尔顿分压定律适用于理想气体混合物，而实际气体混合物并不严格遵从道尔顿分压定律，高压的情况下更是如此。

1.2.4.2 分体积定律

混合气体的总体积等于混合气体中各组分气体在与混合气体具有相同温度和压力下单独存在时所占有的体积之和。这就是所谓的阿马格分体积定律。

在任意气体混合物之中，可定义任意组分的气体 B 的分体积为

$$V_B = y_B V$$

式中，y_B 是混合气体中任意组分气体 B 的摩尔分数，V 是混合气体的总体积。对于由 n 种气体构成的气体混合物，存在如下关系：

$$V_1 + V_2 + \cdots + V_n = (y_1 + y_2 + \cdots + y_n)V = \sum_{i=1}^{n} y_i V$$

阿马格分体积定律适用于理想气体混合物。对于实际气体，各组分的体积之和并不等于混合气体的总体积，这时分体积定律不能完全成立。阿马格分体积定律只适用于低压下的实际气体混合物。

1.2.4.3 混合气体的成分表示方法

组成气体的种类和成分决定了混合气体的性质。混合气体的成分有以下 3 种表示方法：

（1）体积成分。混合气体中各组分气体的分体积与混合气体的总体积之比，可以用 r_i 表示。

（2）质量成分。混合气体中各组分气体的质量和气体混合物的总质量之比，可以用 w_i 表示。

（3）摩尔成分。摩尔是物质的量单位。若某一体系中所包含的原子、分子、离子、电子等基本单元数与 0.012 kg 碳-12 原子数目相等，我们定义该系统的物质的量为 1 mol。各组分气体的摩尔数与气体混合物的总摩尔数之比可以用 x_i 表示。

如果我们将气体混合物视为一种纯物质，常使用折合气体常数 R 和折合摩尔质量 M，各组分气体在气体混合物的总压和温度下的密度与其体积成分的乘积之和就是混合气体的密度，即

$$\rho = r_1\rho_1 + r_2\rho_2 + \cdots + r_n\rho_n = \sum_{i=1}^{n} r_i\rho_i$$

1.3 物质状态的变化

自然界中物质通常有气态、液态和固态三种聚集状态（也可以称为形态）。其中任何一种形态只能在一定温度、压力等条件下存在。当体系外部条件发生变化时，物质分子之间的相互位置就会发生相应的变化。例如，水在 1 个标准大气压条件下，温

度低于 0 ℃时为固态的冰，温度高于 0 ℃、低于 100 ℃时为液态的水，温度高于 100 ℃时为气态的水蒸气。

在三种形态转变过程中通常存在着以下几种不同的物理变化过程：

1.3.1　汽化

物质从液态转变成气态的过程叫汽化。在这一过程中要吸收大量的热。汽化过程一般有两种方式：一种是蒸发，另一种是沸腾。

（1）蒸发。液体表面的汽化现象叫作蒸发，蒸发现象具有如下特点：

① 液体在任意温度下都可以蒸发。

② 蒸发现象仅发生在液体的表面。

任意一种液体的蒸发速度与下列因素相关：

① 液体表面积越大，蒸发得越快。

② 液体温度越高，蒸发得越快。

③ 液面上的蒸气排除得越即时，蒸发得越快。

④ 液面上压力越小，蒸发得越快。

在同一温度下，不同的液体其蒸发速度是不同的。

（2）沸腾。液体从表面和内部同时汽化的物理现象叫沸腾。液体沸腾时的温度叫沸点。

1.3.2　液化

物质从气体变为液体的变化过程叫作液化。该变化过程会对外界放热。有两种手段实现液化：一种是降低体系温度，另一种是压缩体系的体积。气体能液化的最高温度称为临界温度。气体液化后体积会变成原来气体体积的几千分之一，便于运输和贮藏。在现实应用中通常将氨气、天然气等气体进行液化处理。由于氨气、天然气这两种气体临界温度较高，在常温下加压就可以使得氨气、天然气变成液体；而氢气、氮气的临界温度很低，要进行液化必须在加压的同时进行深度冷却，才有可能实现气体的液化。

1.3.3　凝固

凝固是物质从液体变为固体的过程。我们将物质凝固时的温度称为凝固点。已知的液体几乎都可以在低温时凝固为固体；氦是唯一的例外，常压下在绝对零度时仍为液体（液态氦），需加压才能凝固为固体。

1.3.4　升华

物质不经液化直接从固体变为气体的过程叫作升华。其逆过程叫作凝华。在相图中，压力和温度低于三相点的部分中，有条固相和气相的交界线。凡是从气相越过这条气-固交界线而变成固相的过程都是凝华。而升华则是从固相越过这条气-固交界线变为气相的过程。

升华是个吸热的过程，升华所需要吸收的热量称为升华热。同一种物质的蒸发热永远比升华热的数值要小。

大部分物质在升华后还能凝华成与升华前化学性质一样的固体，但是也有某些固体物质会在凝华后形成另一种性质的固体物质。比如，升华之后的红磷，凝华后就成为一种新物质——白磷了。

1.3.5 熔化

熔化是物质从固态变成液态的物理过程。熔点是指物质开始熔化时的温度。我们对物质进行加热，从而使得物质从固态变成液态，这一过程就叫熔化。它是物态变化中比较常见的类型。熔化需要吸收热量，是吸热过程。晶体有一定的熔化温度，即熔点；非晶体没有一定的熔化温度。熔化的逆过程是凝固。

1.4 相平衡

在热力学上，我们通常将物质的形态称为相，如将气态称为气相，将液态称为液相。由气相和液相同时存在而组成的体系，通常会有界面将气、液分开。在界面两边各相的性质是互不相同的。在一个相的内部达到平衡时，其性质是一致的。例如，空气虽然是混合物，但由于内部已完全达到均匀，所以是一个相。当水和水蒸气共存时，其组成虽然都为水，但因有完全不同的物理性质，所以是两个不同的相。

我们将体系内具有相同物理性质和化学性质的物质组成任何均匀部分称为相，与其数量无关。相是指每种聚集状态中性质相同的部分，有界面将相与相分开。任何物质在不同的压力、温度等外部条件下，都可以不同的状态存在，其状态包括气态、液态或固态。当压力、温度等外部条件发生变化时，物质分子间分子运动的状态和作用力大小也会随之变化。当压力、温度等外部条件变化量达到一定程度而引起质变时，物质分子就会重新排列。在热力学中，我们将其称为相变。

例如，水是纯物质，但存在冰、水、水蒸气三种相态。随着物质的相变，其物理性能也会发生不同的变化。例如，液态的水在一个标准大气压（0.101 3 MPa）下，当加热液态水至 100 ℃时，水就汽化成了水蒸气，水和水蒸气的物理性质就不同了。当某种物质处于液态时，分子间的吸引力起主导作用，所以物质分子聚集在一起。但是动能较高的液态分子会克服液体表面分子的引力，逸出液面成为气态分子。这个过程我们称为汽化过程。气体分子相互吸引而凝结成液体的过程是汽化的逆过程，我们称为液化过程。这就是气液相变，即汽化和液化这两种相反的过程。

我们以充装在气瓶里的气体为例，气瓶里的充装物可以以气态方式存在，也可以以气、液两态共存的方式存在。在充装、运输和使用过程中，这些气瓶里的充装物会随着外界条件的变化而发生变化。随着外界条件的变化，气瓶充装物的分子运动程度也会随之变化。当外界条件变化达到一定程度时，就会由量变到质变，气瓶内的分子会重新排列，其状态也会发生转变。

在气瓶等密封容器中，随着温度升高等外界条件的变化，气瓶内逸出液面的气体分子无法逃逸出气瓶等密封容器，只能聚留在液面上空。随着气瓶内蒸气密度的不断增大，液体的蒸发速度逐渐变慢。当返回液体的分子数与逸出液面的分子数相等时，就达到了所谓的动态平衡。这时的液体从宏观上不再蒸发，气瓶等密封容器里的气液两相处于相对稳定的共存状态，这种状态我们称之为饱和状态。在这种饱和状态下的液体叫作饱和液体，这时的液体密度叫作饱和液体密度；这时液面上的蒸气叫作饱和蒸气，这时的蒸气密度叫作饱和蒸气密度，这时的压力叫作饱和蒸气压。物质处于一定温度下的密度、压力等饱和状态参数都具有恒定值，主要和温度有关。温度越高，液态分子逸入气相的数目就越多。在气瓶等密封容器中，液体的体积膨胀使得蒸气空间变小，蒸气密度变大，液体密度减小。气瓶内蒸气密度的增大，直接反映为气瓶压力的增高。

与气、液、固三态相对应，物质有气相、液相、固相。气、液、固三相之间相互转变的时候，常常伴随有吸热、放热或体积突变等现象。在等温等压条件下，单位质量物质从一相转变为另一相时吸收或放出的热量称为相变潜热。我们通常把伴有相变潜热、体积突变等的相变过程称为第一类相变或一级相变，把不伴有相变潜热、体积突变等的相变过程称为第二类相变或二级相变。

相变是无序和有序两种倾向相互竞争的结果。有序的起因是相互作用，无序的来源是热运动。在体系缓慢降温的过程中，当温度降低到一定程度，热运动不再具有破坏某种特定的相互作用造成的有序时，就有可能出现新的相。如果以系统的状态参量为变量来建立一个坐标系，我们把代表系统的一个平衡状态点叫作相点，这样形成的图叫作相图，如图 1-1 所示。

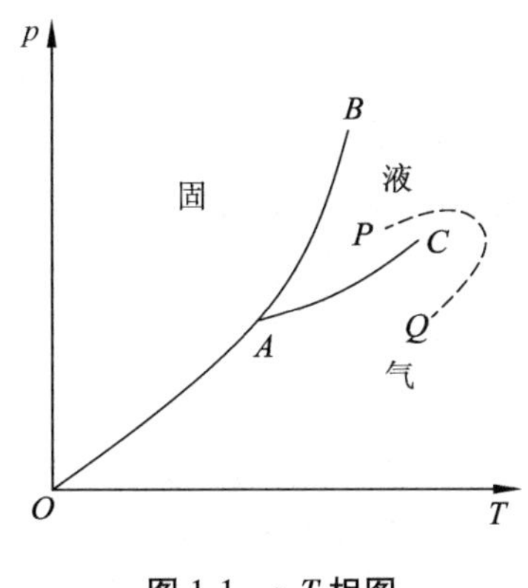

图 1-1　p-T 相图

图 1-1 中，我们把相平衡点连成曲线，把 OA 称作气-固平衡线，把 AB 称作液-固平衡线，把 AC 称作气-液平衡线。这些相平衡线将 p-T 相图划分成不同的区域，每个区域代表一种相。A 点作为三条相平衡线的交点，我们称之为三相点，气、液、固三相可以在这一点共存。图中气液相变的临界点为 C，汽化潜热在这一点为 0。如果超

过临界点，气态和液态之间的差别就不复存在了。这时物质可由液相 P 点沿虚线连续地转变为气相 Q 点，而不需要经过一个两相共存的不连续阶段。

三相点对应的压力 p 称为三相点压力，对应的温度 T 称为三相点温度。由固态变为气态的点称为升华温度，由气态变为固态的点称为凝华温度。物质的临界点对应的压力 p 称为临界压力，对应的温度 T 称为临界温度。

这种物质形态的改变即为相变，整个形态改变过程称为相变过程。在相变过程中，物质需要通过两相之间的界面，从一个相迁移到另一个相中去。当物质的迁移在宏观上停止时，我们就称之为相平衡。温度和压力决定了物质的相平衡状态。若其中某一条件发生了变化，则与其相对应的相平衡就会遭到破坏，与此同时还会发生另一相变过程，从而建立起新的相平衡关系，直到达到一个新的平衡。例如，盛装于气瓶内的液态二氧化碳，当温度低于 31 ℃时，这一温度下气瓶内的二氧化碳达到了气液两相动态平衡。由于此时二氧化碳分子进行不断扩散与碰撞运动，经过一定时间后，返回液面的分子数与飞离液面的分子数恰好相等，也就是液相中的分子数不再减少、气相中的分子数不再增加。只要温度、压力等条件保持不变，这种动态平衡也会持续不变，继续保持。如果打开瓶阀向外排出二氧化碳气体，这时气瓶内的压力会略有下降，也就破坏了气瓶内原有的相平衡状态，促使液态二氧化碳加速蒸发以供阀门排出，当气体的排放量等于或接近蒸发量的时候，液相便连续稳定地蒸发成气体。而当关闭阀门停止向外排出二氧化碳时，气瓶内压力又迅速恢复，此时气液两相又重新达到新的动态平衡状态。

1.5 临界状态

我们把纯物质在气液两相平衡状态下共存的极限热力学状态称为临界状态。处于临界状态时，其饱和蒸气与饱和液体的热力学参数相同，气液之间的界面也消失了，因而此时气液之间没有表面张力，其汽化潜热等于零。通常临界状态可用临界点表示。

1.5.1 临界温度

通常我们将使物质由气态变为液态的最高温度称为临界温度，通常用符号 T_c（t_c）来表示。当体系处于临界温度以上时，无论压力增加多少，气态物质也不会液化。气体是指在临界温度以上的气态物质，而蒸气则是指在临界温度以下的气态物质。

降温加压可使气体达到液化的条件。但如果只是增大压力，并不一定能使气态物质液化，还应该考虑这些气态物质是否在临界温度以下。因此要使气态物质液化，首先要想方设法达到其自身的临界温度。有些气态物质如氨气、二氧化碳等，由于它们的临界温度高于或接近于室温，在常温下很容易将这些气体压缩成液体。水蒸气的临界温度为 374 ℃，远远高于室温，因此水蒸气极易冷却而变成液态水。而氧气、氮气、氢气、氦气等气态物质的临界温度很低，氦气的临界温度达到-268 ℃，要使这些气体液化，必须采用相应的低温技术，使这些气态物质达到它们的临界温度后，再增大压力使这些气态物质液化。

1.5.2　临界压力

气体在临界温度下，使其液化所需要的最小压力，称为临界压力，通常用符号 p_c 来表示。

不同气态物质的临界压力也是不相同的。例如，正丁烷的临界压力为 3.79 MPa，丙烷的临界压力为 4.25 MPa，氧气的临界压力为 5.97 MPa，氯气的临界压力为 7.76 MPa，二氧化碳的临界压力为 7.38 MPa。

1.5.3　临界密度

气态物质在临界压力和临界温度下的密度，称为临界密度，通常用符号 ρ_c 来表示。因为不同气态物质的临界压力各不相同，所以它们也具有各不相同的临界密度。例如，丁烷的临界密度为 228 g/L，丙烷的临界密度为 220 g/L。

临界压力、临界温度、临界密度统称为临界恒量。不同的气态物质具有不同的临界恒量。

1.6　瓶装气体的特殊性

瓶装气体中的相当一部分具有易燃、易爆、毒性、腐蚀性等特性以及可能发生氧化、分解、聚合倾向等性质特征，而且属于移动式压力容器的气瓶流动范围广，使用条件较为复杂，并且常常在使用过程中无专人监督使用，因而气瓶比固定式压力容器在客观上更难管理，气瓶发生事故的可能性及其危害性就更大。这种瓶装气体的危险特性既不是气体装瓶以后才有的，也不是所有瓶装气体的共有现象，而是由所装气体的本质特性所决定的。

1.6.1　燃烧性

我国目前使用的瓶装气体中，具有可燃、易爆、毒性、腐蚀性以及可能发生氧化、分解、聚合倾向等特性的气体占有相当大的比例。

经常使用瓶装的工业气体有 78 种之多，其中可燃气体就有 42 种，占 53.8%。其中又以烃类气体钢瓶居多。它们的燃烧热大多在 2.39 MJ/kg 以上，比 TNT 炸药的燃烧热（0.39 MJ/kg）高好几倍。由此我们可以看出，普通液化烃气瓶一旦发生泄漏、爆炸，会产生相当可怕的后果。

液化气体具有沸点低、极易汽化的特点。因而在液化气体突然泄压时，瞬间的迅速汽化（闪蒸现象）是一般气体所没有的特殊现象。通常情况下，液化气体的闪蒸量约为泄漏量的 20%~30%，已蒸发的液化气体自然地向大气扩散。

瓶装气体除了具有上述危险特性外，还具有如下特殊性：

（1）为了便于运输使用，通常把永久性气体压缩到一定体积。例如，储存于气瓶内压力为14 MPa的氢气，其体积是常压下的1/140；公称容积为40 L、充装压力为15 MPa的氧气瓶，瓶内所装氧气在标准状态下体积约为6 000 L。

一般采用增加压力等压缩手段将液化气体装入气瓶。例如，液态氯是通过把气态氯加压到0.6~0.8 MPa装入瓶内实现的，1 L液氯在标准状态下可汽化成484 L氯气。

构成瓶装气体危险特性的因素之一是这些瓶装气体的体积被压缩到数十分之一甚至数百分之一。若液化后的气体是可燃物、可爆炸物或有毒物，则恶性事故发生的可能性将大大增加。

（2）我们所指的“瓶装气体”，就是用钢质或别的材质气瓶盛装的气体。一般将不同状态的气体压缩充入气瓶内，运送至生产现场使用。由于气瓶流动使用，且使用环境又复杂（可能处在烈日下曝晒，也可能在高温下作业），现在每年全国的气瓶使用数量已达上亿，不难想象这么大规模的容积从0.4 L至3 000 L不等的各类气瓶，因为充装、运输、使用过程中出现操作失误或处理不当，均可导致恶性事故，造成不可估量的恶果。

1.6.2 燃烧性与爆炸性

1.6.2.1 燃烧与爆炸的基本概念

（1）燃烧与爆炸的定义。

① 燃烧是指物质与氧化剂之间发生的剧烈的化学反应，通常会释放出火焰或可见光。

② 爆炸是指所有气体或气态物质的压力、体积等状态参数迅速产生变化，或物质由一种化学结构迅速转化为另一种化学结构并对外做功的现象，通常伴随大规模能量的瞬间放出。爆炸又分为物理性爆炸和化学性爆炸。由于气瓶等盛装容器本身承受不了内压而产生破裂等物理变化的现象称为物理性爆炸。由于产生化学反应同时瞬间释放出大规模能量的现象称为化学性爆炸。

例如，将氧气与氢气按照一定比例充装到气瓶内，由此引发的爆炸称为化学性爆炸。通常化学性爆炸的威力要比物理性爆炸的威力大得多。

如果把劣质或低压气瓶误作高压气瓶来充装使用，在如过分震动、撞击等外来作用下，气瓶的瓶体破裂而发生的爆炸为物理性爆炸。

化学性爆炸根据破坏力的大小、瞬间燃烧速度等一般可分为：

① 爆燃。其燃烧速度为十至数百米每秒，属于普通性爆炸。

② 爆震（爆轰）。其燃烧速度为1 000~7 000 m/s。

（2）燃烧与爆炸的共同点。

燃烧和爆炸本质上都是可燃物质发生剧烈的氧化反应。具备可燃物质、助燃剂以及火源三个基本条件的互相作用，燃烧才能发生。火源是指一定温度和热量的能源，如火焰、电火花、灼热物体等。

（3）燃烧与爆炸的不同点。

① 燃烧与爆炸的区别在于氧化速度不同。点火前可燃物质与助燃剂的混合均匀程度决定了氧化速度。爆炸要比燃烧速度快得多。

② 爆炸条件除了燃烧三要素外，还必须满足具有受限空间和可燃、助燃混合物浓度范围等条件。同一种物质，在一定条件下发生燃烧，在另一条件下可能发生爆炸。例如，用金属小管把氢气和氧气分别引出，点燃后可以安静地燃烧，并产生高温，所以氢氧瓶在工业上被广泛应用（如熔制石英玻璃）；而在一个密闭容器中，氢气和助燃的氧气按一定比例混合后，在有火源条件下，则会发生强烈爆炸。

如果低于可燃、助燃混合物的浓度范围，这时既不燃烧也不爆炸；如果高于该浓度范围，则只燃烧不爆炸；在该浓度范围内，则只爆炸不燃烧。

物质与氧气发生氧化反应生成新的物质的同时放出热量，这种热量叫作燃烧热。例如，乙炔的燃烧热为 1 261.5 kJ/mol，丙烷的燃烧热为 2 200 kJ/mol。金属的燃烧热大得惊人，是一般材料（如煤炭等）的 5~20 倍。例如，在气体生产过程中，氧气压缩机Ⅲ级气缸一旦着火，燃烧十分剧烈。其原因是用于Ⅲ级气缸的金属材料铬不锈钢与氧发生氧化反应，从而产生大量的金属的燃烧热。

可燃物质的燃烧过程：可燃物质与氧气发生化学反应时，先吸热解离出自由基或者活性原子，吸收的热量称为活化能。自由基或者活性原子在处于高温活化状态时互相猛烈碰撞从而产生新的分子，并释放出巨大的燃烧热。

比空气密度大的气体容易沉降，它的扩散过程主要是水平扩散。如果是毒性或可燃性气体产生水平扩散，那后果更是不堪设想。

受限空间里燃烧引起的爆炸是爆炸中影响最大、危害性最大的一种。人们通常将因燃烧引起的爆炸称为燃爆。

1.6.2.2　可燃性气体

（1）可燃性气体种类。可燃性气体可分为易燃气体、可燃气体、自燃气体三种。

（2）可燃性液化气体具有燃烧、爆炸等危险性。可燃性液化气体在气瓶气体中占有一定的比例（以烃类气瓶气体居多），通常具有较大的燃烧热。汽油是一种大家比较熟悉的易燃液体，闪点在-45 ℃左右，沸点在 50 ℃以上，具有易挥发、爆炸性很强等特点。挥发后的汽油蒸气与空气混合后，遇火就能引爆。

目前对于瓶装可燃性气体的火灾危险程度尚无综合性评定方法，一般认为：

① 可燃性气体的燃点越低，其瓶装气体的危险程度就越高。

② 可燃性气体与空气混合时的爆炸下限越低，其瓶装气体的危险程度就越高。

③ 可燃性气体与空气混合时的爆炸上下限幅度（爆炸范围）越宽，其瓶装气体

的危险程度就越高。

④ 相对于空气密度，可燃性气体的密度越大，其瓶装气体的危险程度就越高。

⑤ 可燃性气体在空气中的最小引燃能量越小，其瓶装气体的危险程度就越高。

如果以上述观点作为判断标准，那么瓶装气体中氢气的危险程度最高，环氧乙烷则是液化气体中最危险的。

第 2 章　压力气瓶概述

本章简要阐述了压力气瓶的定义、基本要求、分类、结构及附件、设计压力及充装量、气瓶充装过程的基本要求以及气瓶相关的法规、规章、规程、标准等内容。

作为一种移动式压力容器，气瓶属于一种在正常环境温度下盛装介质的容器。其可盛装的介质包括压缩气体、低压液化气体、高压液化气体、低温液化气体、吸附气体、溶解气体、含有两种或两种以上的气体混合物以及沸点低于或等于 60 ℃的液体。目前，气瓶主要可分为无缝气瓶、焊接气瓶、焊接绝热气瓶、缠绕气瓶和内装填料的气瓶等。

依照国家市场监督管理总局发布的《市场监管总局关于 2019 年全国特种设备安全状况的通告》中的数据进行统计，截至 2019 年底，全国范围内各类气瓶总数达 1. 64 亿只，压力管道总长达 56. 13 万千米。

第十二届全国人民代表大会常务委员会第三次会议于 2013 年 6 月 29 日通过了《中华人民共和国特种设备安全法》，自 2014 年 1 月 1 日起开始施行。

中华人民共和国成立以后，我国气瓶产业随着国民经济的发展逐渐发展并壮大。随着电子工业、气体工业的发展以及新能源的开发和应用，气瓶在国民经济各方面的应用越来越广泛，规模也越来越大。由于国民经济发展的需要，各行各业对各类气体的需求量在不断增加，各类压力气瓶的使用数量和保有量也在不断增加，随之而来产生的各种各样的问题也越来越多。

气瓶盛装的各类气体中有相当一部分具有易燃、易爆的特性，有部分气体还具有毒性、腐蚀性，有的气体具有氧化性，有的气体具有分解性，有的气体具有聚合倾向等危险。而且气瓶流动范围广，使用条件复杂，常常无专人监督使用，是一种移动式压力容器，因而在客观上比固定式压力容器更难以管理。一旦气瓶在操作、运输过程中发生安全事故，极有可能会给人民生命财产安全带来巨大的损失（表 2-1）。

表 2-1　2010—2019 年气瓶保有量及相关事故发生统计简表

年份	气瓶数量/万只	气瓶事故/起
2010	14 073	8
2011	13 564	27

续表

年份	气瓶数量/万只	气瓶事故/起
2012	13 881	26
2013	14 387	14
2014	14 250	28
2015	13 698	29
2016	14 235	9
2017	14 265	6
2018	15 000	6
2019	16 400	4

注：根据国家市场监督管理总局发布的《全国特种设备安全状况的通告》整理统计。

为了预防压力气瓶安全事故的发生，原国家质量监督检验检疫总局特种设备安全监察局发布了《气瓶安全技术监察规程》和《特种设备安全监察条例》来对各类压力气瓶的定期检查、检验进行规范。根据气瓶盛装的气体性质应采用相应的检验标准。规定盛装一般气体的气瓶，每隔 3 年需要检验 1 次；盛装腐蚀性气体的气瓶，则每隔 2 年就需要检验 1 次。如果气瓶在使用过程中发现漏气、破损等安全隐患，必须立即停止使用，将漏气、破损的气瓶送到相关站点进行维护、检修，经检验合格后方能使用。经维护、检修后还不合格的气瓶应到相关站点办理报废处理手续，严禁不合格气瓶流向社会，以免产生安全隐患。

2.1 压力气瓶的定义

根据《特种设备安全监察条例》，原国家质量监督检验检疫总局特种设备安全监察局将气瓶纳入特种设备监察进行管理。2014 版《气瓶安全技术监察规程》对压力气瓶的定义：气瓶需要在-40 ℃~60 ℃范围的正常环境温度下使用，气瓶的公称容积在 0.4~3 000 L 之间，气瓶的公称工作压力（表压）范围在 0.2~35 MPa 之间，并且瓶内压力与气瓶容积的乘积等于或者大于 1.0 MPa · L 的移动式压力容器，气瓶的盛装介质包括压缩气体、低压液化气体、低温液化气体、高压液化气体、吸附气体、溶解气体、两种或两种以上的混合气体以及沸点低于或等于 60 ℃的液体。气瓶类型包括焊接气瓶、无缝气瓶、缠绕气瓶、焊接绝热气瓶、内装填料的气瓶等。

2.2 压力气瓶基本要求

气瓶设计、制造、型式试验、充装、储存、运输、使用、定期检验、报废处理以及安全监察等各个环节都会影响气瓶的寿命周期。压力气瓶在设计、制造、充装、运输、使用等每个环节都应该严格遵守国家颁布的相关法律、法规、安全技术监察规程和规定。

2.2.1　设计

气瓶所选用材料是构成气瓶的基础，是保证气瓶安全使用和运行的先决条件。制造气瓶所选用的无缝钢管必须具有良好的力学性能、工艺性能和稳定的化学性能，在充分满足我国《气瓶安全技术监察规程》《移动式压力容器安全技术监察规程》《特种设备安全监察条例》等法规、规定的同时，还应该符合安全技术规范和行业产品技术标准的规定。下面简单阐述压力气瓶选用的无缝钢管其安全性能所需的最基本要求。

我国对拥有设计压力容器资质的单位施行行政许可的制度。

压力容器设计单位必须取得“特种设备设计许可证”（以下简称“许可证”）后，才能在全国范围内从事许可范围内的设计工作，进行压力容器的设计。“许可证”由国家市场监督管理总局颁布发行。“许可证”的有效期满后，设计单位不得继续从事压力容器设计工作。

设计单位在设计压力容器产品时，在满足国家相关行业标准、安全技术规范要求的同时，还应对设计文件的质量负责。

压力容器的设计和制造许可级别大致可分为 A 级、C 级、SAD 级、D 级四类。

A 级分为 A1~A4 四级：A1 级设计针对高压容器、超高压容器，A2 级设计针对第三类低、中压容器，A3 级设计针对球形容器，A4 级设计针对非金属压力容器。

C 级分为 C1~C3 三级：C1 级设计针对铁路罐车，C2 级设计针对汽车罐车、长管拖车，C3 级设计针对罐式集装箱。

D 级分为 D1~D2 二级：D1 级设计针对第一类压力容器，D2 级设计针对第二类压力容器。

SAD 级是指压力容器应力相关的分析设计。

国家市场监督管理总局负责受理和审批压力容器的 A 级、C 级和 SAD 级设计。省级质量技术监督部门负责受理和审批压力容器的 D 级设计。

设计单位在取得设计许可证后，应当经常性地对从事设计、审核的人员进行技术培训。

① 具有相应级别的制造许可资质的无缝钢管的生产单位，具体应满足 TSG D2001—2006《压力管道元件制造许可规则》的要求。材料生产单位必须提供填写齐全的质量证明书原件来保证材料质量合格，还须经质量检验部门盖章进行确认。

② 应选用具有良好的压力加工性能、无时效性的镇静钢的材料来制造无缝钢管。

③ 按照 TSG R0005—2011《移动式压力容器安全技术监察规程》的要求，设计

盛装有应力腐蚀倾向压缩气体的气瓶应选用碳≤0.35%、硫≤0.010%、磷≤0.020%的无缝钢管。这类有应力腐蚀倾向的压缩气体包括天然气、氢气和甲烷等。

气瓶产品的设计文件应当经过具有资质的检验检测机构鉴定。设计文件的鉴定工作应在气瓶制造前进行。气瓶设计单位不得将未经鉴定或鉴定未通过的设计文件用于气瓶制造。

气瓶设计的技术要求应符合《气瓶安全技术监察规程》《车用气瓶安全技术监察规程》等有关的气瓶安全技术规范以及相应的行业标准、国家标准或经评审通过的企业标准。在中国境内使用的境外气瓶制造单位设计的气瓶，其设计的技术要求应当符合我国安全技术规范、我国国家标准或经我国认可的国外标准的要求。常用气瓶设计使用年限见表2-2。

表2-2 常用气瓶设计使用年限

<table>
<tr><th>序号</th><th>气瓶品种</th><th>设计使用年限</th></tr>
<tr><td>1</td><td>钢质无缝气瓶</td><td>30</td></tr>
<tr><td>2</td><td>钢质焊接气瓶*</td><td rowspan="5">20</td></tr>
<tr><td>3</td><td>铝合金无缝气瓶</td></tr>
<tr><td>4</td><td>长管拖车、大容积钢质无缝气瓶（管束式集装箱用）</td></tr>
<tr><td>5</td><td>吸附式天然气焊接钢瓶及溶解乙炔气钢瓶</td></tr>
<tr><td>6</td><td>车用压缩天然气钢瓶</td></tr>
<tr><td>7</td><td>车用液化二甲醚钢瓶及车用液化石油气钢瓶</td><td rowspan="4">15</td></tr>
<tr><td>8</td><td>玻璃纤维环向缠绕气瓶（钢质内胆）</td></tr>
<tr><td>9</td><td>纤维全缠绕气瓶（铝合金内胆）</td></tr>
<tr><td>10</td><td>纤维环向缠绕气瓶（铝合金内胆）</td></tr>
<tr><td>11</td><td>在腐蚀环境中使用或者盛装腐蚀性气体的钢质焊接气瓶、无缝气瓶</td><td>12</td></tr>
</table>

注：表中未列入的气瓶品种按相应标准确定。
* 不包括液化二甲醚钢瓶以及液化石油气钢瓶。

2.2.2 型式试验

经过型式试验验证后的设计才可用于制造气瓶。气瓶型式试验应由具有资质的型式试验机构承担。气瓶型式试验应按照TSG R7002—2009《气瓶型式试验规则》的管理规定来进行申请、受理、试验、抽样、出具报告等流程操作。

对于气瓶配置的附件，应当按照相应标准和安全技术规范进行气瓶附件的型式试验，然后再对气瓶进行型式试验。瓶阀及安全泄放装置的型式试验与气瓶的型式试验相关时，如需要更换车用瓶阀附件，则选用的瓶阀必须与气瓶一起进行型式试验，这样才能保证瓶阀附件与气瓶安全性能的适配性和一致性。

气瓶型式试验的项目、内容、方法、合格判定等方面的技术要求应符合TSG R0006—2014《气瓶安全技术监察规程》、TSG R7002—2009《气瓶型式试验规则》、TSG R0009—2009《车用气瓶安全技术监察规程》等有关的气瓶安全技术规范以及相应的国家标准、经评审通过的企业标准、行业标准等的规定。

2.2.3　气瓶制造

取得气瓶制造许可证的制造单位才能从事生产、制造气瓶的工作。

气瓶的制造工艺、制造质量、检验检测以及出厂资料应符合TSG R0006—2014《气瓶安全技术监察规程》、TSG R0009—2009《车用气瓶安全技术监察规程》等有关的气瓶安全技术规范以及相应的国家标准、经评审通过的企业标准、行业标准等的规定。

应当由具有资质的监检机构根据TSG R7003—2011《气瓶制造监督检验规则》的规定对气瓶产品的制造过程进行安全性能监督检验，并由监检机构对经监督检验合格的气瓶按批出具相应的“监督检验证书”。

2.2.4　气瓶充装

按照TSG R4001—2006《气瓶充装许可规则》的规定，取得相应的气瓶充装许可证的单位才能从事气瓶充装业务。满足GB 27550—2011《气瓶充装站安全技术条件》要求的单位才能建立气瓶充装站。

气瓶的充装管理制度、充装过程、设备要求、检查要求、安全基本要求、充装记录等除首先应该满足TSG R0009—2009《车用气瓶安全技术监察规程》、TSG R0006—2014《气瓶安全技术监察规程》外，还必须满足各类气体充装标准自身的要求。例如，应满足GB 14194—2017《压缩气体气瓶充装规定》的要求才能进行压缩气体的充装，应满足GB 28051—2011《焊接绝热气瓶充装规定》的要求才能进行低温液化气体的充装，应满足GB 14193—2009《液化气体气瓶充装规定》的要求才能进行液化气体的充装，应满足GB 13591—2009《溶解乙炔气瓶充装规定》的要求才能进行乙炔气体的充装。

与气瓶相关常见基本术语：

（1）气体（gas）指在0.101 3 MPa的绝对压力下，20 ℃时完全以气态形式存在，或者于50 ℃时其蒸气压达到或超过0.3 MPa的所有物质。需要说明的是，这里的物质包括单一介质和混合物。

（2）单一气体（pure gas）又称单纯气体，是指除主要有效气体组分外，其他组分的含量不能超过国标或行业标准规定限量的气体。

（3）混合气体（gas mixture）指含有两种或两种以上主要有效气体组分的混合物，或者虽属非有效组分，但其含量超过了规定限量的气体。

（4）瓶装气体（gases filled in cylinder）指以压缩、液化、低温液化（深冷型）、溶解、吸附等方式装瓶储运的气体。

（5）临界温度（critical temperature）指人们能够通过增加压力的方法使气体发生液化所允许的特定值——最高温度。在这个特定温度以上，气体物质只能处于气态，不能单纯使用增加压力的方法来使气体发生液化。

（6）压缩气体（compressed gas）、永久气体（permanent gas）指临界温度低于或等于-50 ℃的所有气体。

（7）液化气体（liquefied gas）指临界温度高于-50 ℃的所有气体，是低压液化气体和高压液化气体的统称。

（8）低压液化气体（low pressure liquefied gas）指临界温度高于65 ℃的气体。

（9）高压液化气体（high pressure liquefied gas）指临界温度高于-50 ℃，且低于或等于65 ℃的气体。

（10）溶解气体（dissolved gas）指在压力的作用下，能够溶解于相应溶剂中的气体。

（11）吸附气体（adsorbed gas）指在气瓶内能够吸附在吸附剂中的气体。

（12）制冷气体（refrigerant gas）指在0.101 3 MPa绝对压力下，于-30 ℃以下液化的气体。

（13）易燃气体（flammable gas）指以气态形式存在的极易燃烧的物质，这种气体物质的爆炸下限和上限的差值大于20%，与空气混合的爆炸下限按体积比计算通常小于10%。

（14）自燃气体（pyrophoric gas）指在低于100 ℃的情况下与氧化剂接触，甚至与空气接触就能发生燃烧反应的气体。

（15）窒息气体（asphyxiant gas）指当人或动物吸入时能引起窒息的气体。

（16）惰性气体（inert gas）指一些非常稳定的气体，如氦气、氩气等。在常温常压下，这些气体很难与其他物质发生化学反应。

（17）稀有气体（rare gas）指在大气中含量稀少，在常温常压下很难与其他物质发生化学反应的气体，如氦气、氖气、氩气、氪气、氙气等气体。

（18）特种气体（special gas）指为满足特定用途的气体。

（19）毒性气体（toxic gas）泛指具有毒性的气体。常温下的毒性气体有氯气、氟气等，包括纯氧气。这些气体的吸入通常会引起人体功能性的损伤。

（20）气瓶（gas cylinder）属于一种移动式压力容器，用于盛装各类气体。其公称容积一般不大于3 000 L。

（21）公称工作压力（nominal working pressure）一般指在20 ℃的基准温度下，气瓶内的气体能够达到完全均匀状态时的限定压力。

（22）高压气瓶（high pressure gas cylinder）指公称工作压力大于或等于8 MPa的气瓶。

（23）低压气瓶（low pressure gas cylinder）指公称工作压力小于 8 MPa 的气瓶。

（24）最高温升压力（maximum developed pressure）指按相关标准的规定充装，在允许的最高工作温度时瓶内介质达到的压力。

（25）许用压力（allowable pressure）指各类气瓶在储运、使用、充装等过程中允许承受的最高压力。

（26）设计压力（design pressure）指气瓶强度设计时作为计算载荷的压力参数。气瓶一般采取水压试验来检测设计压力。

（27）水压试验压力（hydraulic test pressure）指以水为介质对所设计的气瓶进行的耐压试验的压力，这是为了检验气瓶静压力度。

（28）屈服压力（yield pressure）指气瓶在内压作用下，筒体材料沿壁厚开始屈服时的压力。

（29）爆破压力（burst pressure）指气瓶在内压作用下，瓶体爆破过程中所能承受的最高压力。

（30）静置压力（settled pressure）指气瓶内部的介质达到热量、化学以及扩散平衡时的压力。

（31）基准温度（reference temperature）指气瓶的充装标准温度。它的确立必须符合各类标准的规定。

（32）最高工作温度（maximum working temperature）指气瓶标准允许达到的气瓶最高使用温度。

（33）充装系数（filling ratio）指标准规定的气瓶单位水容积允许充装的最大气体重量。

（34）充装量（filling weight）指气瓶内充装的气体重量。

（35）皮重（tare）指整个瓶体的重量，包括所有附件及瓶内填充物。

（36）实瓶重量（weight with filling contents）指气瓶充装气体后的总重。

（37）气瓶颜色标志（coloured cylinder mark for gases）指针对气瓶不同的充装介质，对涂敷在气瓶瓶体表面的字样、字色、色环及涂膜颜色等内容都必须符合有关国家标准和行业标准的规定，作为识别瓶装气体的标志。

（38）检验色标（coloured mark for requalification of cylinders）指为便于观察和标识气瓶定期检验的年份，在检验钢印处涂敷的相应颜色和形状的标志。

2.3　压力气瓶的分类

气瓶的分类方法很多。常见的分类方法有下面几种：

2.3.1　按气瓶结构分类

如果按气瓶结构进行分类，我国目前使用的主要气瓶品种一般可分为焊接气瓶、无缝气瓶、缠绕气瓶、焊接绝热气瓶、内装填料的气瓶等。

2.3.1.1　钢质无缝气瓶

钢质无缝气瓶是以无缝钢管为材料或者直接以钢坯为原料，经冲压拉伸制造出气瓶筒体后，再经热旋压收口、收底等工艺制造而成的钢瓶。钢质无缝气瓶主要用于充装压缩气体，如氮气、氧气、氩气等，或者用于充装高压液化气体，如乙烷、二氧化碳等气体。我国气瓶标准规定钢质无缝气瓶的公称容积可以从 0.4 L 至 80 L。

2.3.1.2　钢质焊接气瓶

钢质焊接气瓶是采用具有良好的冲压和焊接性能的优质碳钢、锰钢、铬钼钢或其他合金钢等镇静钢的钢板为原料，经过冲压、卷焊工艺制造而成的钢瓶。钢制焊接气瓶用于充装低压液化气体，如液化石油气、液氨、液氯等，也可用于充装溶解乙炔气体。按焊接结构布置可分为两件组装气瓶（深冲型气瓶）、三件组装气瓶（纵焊缝气瓶）两类。

2.3.1.3　缠绕玻璃纤维气瓶

为了保证气瓶的气密性，缠绕玻璃纤维气瓶内部含有一个铝制内筒，然后在铝筒外部以碳纤维或玻璃纤维与黏结剂缠绕制造而成。这类气瓶具有重量轻、绝热性能好等特点。缠绕玻璃纤维气瓶一般容积都较小（1~10 L），充气压力多为 15~30 MPa。

2.3.2　按充装介质分类

2.3.2.1　压缩气体气瓶

临界温度低于或等于-50 ℃的气体称作压缩气体（又称永久气体）。压缩气体气瓶一般包括空气瓶、氮气瓶、氧气瓶、一氧化碳气瓶、氢气瓶等。

2.3.2.2　高压液化气体气瓶

按临界温度进行划分，临界温度低于或等于 65 ℃且高于-50 ℃的气体，通常我们称之为高压液化气体，如乙烯（$t_c=9.2$ ℃）、二氧化碳（$t_c=31$ ℃）、笑气（$t_c=36.4$ ℃）、三氟化硼（$t_c=-12.2$ ℃）、四氟化硅（$t_c=-14.2$ ℃）、三氟化氮（$t_c=-39.3$ ℃）和四氟甲烷（$t_c=-45.7$ ℃）等。随着环境温度的不断变化，这些高压液化气体在瓶内的状态也会随之发生变化。有的高压液化气体充装时既要考虑瓶内压力大小，还要考虑气体重量，这样就又多了份安全保证。

2.3.2.3　低压液化气体气瓶

按临界温度进行划分，临界温度高于 65 ℃的气体，通常我们称之为低压液化气体，如常用的氨气（$t_c=132.4$ ℃）、氯气（$t_c=144.0$ ℃）等。低压液化气体在使用、储存、运输、充装的整个过程中，瓶内一直是气液两相并存的，其压力就是液面上方保持动态平衡的饱和蒸气压。这种临界温度较高的液化气体，在瓶内的压力都比较低（一般压力取决于它的饱和蒸气压，而与气体的充装量无关）。常见低压液化气体有氨气、氯气、液化石油气、光气、氟化氢等。

2.3.2.4　溶解气体气瓶

溶解气体指在压力作用下，能够溶解于气瓶内溶剂中的气体。最常见的溶解气体是乙炔气体。

乙炔极易发生分解和聚合反应，具有在热力学上很不稳定的特性。如果我们像充装液化气体或者压缩气体那样将乙炔直接充入气瓶中，那么只要稍微震动、碰撞，乙炔就会发生爆炸。

1896 年，法国化学家克劳德和赫斯发现乙炔极易溶解于丙酮，于是他们在气瓶中填入活性炭填料并充入丙酮后再充入乙炔，可使乙炔安全地压缩进入气瓶。

在 20 ℃、0.1 MPa 状态下，1 体积的丙酮就能够溶解 20 体积的乙炔，也就是说，当乙炔气体充入装有丙酮的乙炔瓶，相当于乙炔瓶的有效容积扩大了 20 倍之多。因为丙酮具有毒性较小、来源丰富且易于制取、价格低廉、对乙炔有较大的溶解度等特点，所以丙酮作为乙炔溶解剂在工业上得到了广泛的推广和应用。

乙炔气瓶内的填料主要由多孔性材料组成。多孔性材料能均匀地分布吸收丙酮溶剂，增大了乙炔气体和丙酮液体的接触面积，保证了乙炔气体能够充分地溶解在溶剂丙酮中，也能保证乙炔气体能够顺利从丙酮中释放出来。而且大部分填料孔径小于 2 μm，能够把丙酮液体同乙炔气体很好地分隔开来，使得气瓶内的乙炔即使发生分解、聚合等也只能局限于一点，不会传递开来。多孔性材料细小的毛细孔还具有阻燃作用。

2.3.2.5　混合气体气瓶

混合气体指含有两种或两种以上主要有效气体组分混合物，或者虽属于非有效组分，但其含量超过了规定限量的气体。

2.3.3　按公称工作压力划分

2.3.3.1　高压气瓶

按照国家颁布的关于气瓶的法律法规，将高于或等于 10 MPa 公称工作压力的气瓶划归高压气瓶。

2.3.3.2　低压气瓶

按照国家颁布的关于气瓶的法律法规，将低于 10 MPa 公称工作压力的气瓶划归低压气瓶。

常用气体类别及其公称工作压力可参见表 2-3。

表 2-3　常用气体类别及其公称工作压力

气体类别	公称工作压力/MPa	常用气体
压缩气体（$t_c \leq -50$ ℃）	35	氮气、氩气、氦气、空气、氢气、氖气等
	30	空气、氢气、氮气、氩气、氦气、氖气、甲烷气以及液化天然气等
	20	空气、氧气、氢气、氮气、氩气、氦气、氖气、甲烷气、液化天然气等
	15	空气、氢气、氮气、氩气、氦气、氖气、甲烷气、一氧化碳、氪气、氙气、氟气、二氟化氧气体等
高压液化气体（-50 ℃$<t_c \leq 65$ ℃）	20	二氧化碳、乙烷、乙烯
	15	二氧化碳、乙硼烷、乙烷、乙烯、磷烷、硅烷、一氧化二氮等气体
	12.5	乙烯、乙烷、氙气、氯化氢、氟乙烯、一氧化二氮、氟化氮、六氟化硫、三氟甲烷、六氟乙烷、1，1-二氟乙烯等气体
低压液化气体及混合气体（$t_c>65$ ℃）	5	硫化氢、溴化氢、硫酰氟、光气等气体
	4	二氟甲烷（R32）、五氟乙烷（R125）、溴三氟甲烷（R3B）、R410A 等
	3	氨、氯二氟甲烷（R22）、1，1，1-三氟乙烷（R143a）、R407C、R404A、R507A 等
	2.5	丙烯
	2.2	丙烷
	2.1	液化石油气
	2	环丙烷、氯气、无水氢氟酸、二氧化硫、四氧化二氮、六氟丙烯、偏二氟乙烷、氯三氟乙烯、甲基氯、溴甲烷、四氟乙烷、四氟丙烯、七氟丙烷等
	1.6	二甲醚
	1	氯乙烷、氯乙烯、溴乙烯、正丁烷、异丁烷、1-丁烯、异丁烯、1，3-丁二烯、三氯化硼、甲硫醇、二氯氟甲烷、氯二氟乙烷、溴氯二氟甲烷、甲胺、二甲胺、三甲胺、乙胺、甲基乙烯基醚、环氧乙烷、2-丁烯、八氟环丁烷、氯三氟乙烷等

2. 3. 4　按公称容积划分

2. 3. 4. 1　小容积气瓶

按照国家颁布的关于气瓶的法律法规，将小于或者等于 12 L 公称容积的气瓶划归小容积气瓶。

2. 3. 4. 2　中容积气瓶

按照国家颁布的关于气瓶的法律法规，将小于或者等于 150 L 且大于 12 L 公称容积的气瓶划归中容积气瓶。

2. 3. 4. 3　大容积气瓶

按照国家颁布的关于气瓶的法律法规，将大于 150 L 公称容积的气瓶划归大容积气瓶。

2. 3. 5　按充装气体的燃烧性能、毒性、状态、腐蚀性能划分

2. 3. 5. 1　燃烧性能

根据各种气体燃烧性能的不同及其潜在危险性，分为易燃气体、不燃气体、助燃气体、自燃气体、具有分解或聚合倾向的气体等类型。

2. 3. 5. 2　毒性

根据气体毒性的大小（可以用吸入半数致死量浓度 LC_{50}来进行判断），分为无毒、毒、剧毒这三个等级。

2. 3. 5. 3　状态

根据在基准温度 20 ℃时，充装的气体在气瓶内的状态和压力的大小划分。

2. 3. 5. 4　腐蚀性

根据充装气体腐蚀性的大小，可分为无腐蚀、碱性腐蚀、酸性腐蚀气体。

压缩气体钢瓶中充装的气体包括：不燃无毒和不燃有毒气体，可燃无毒和可燃有毒气体。

高压液化气体钢瓶中充装的气体包括：不燃无毒和不燃有毒气体，可燃无毒和可燃有毒气体，具有易分解或聚合倾向的可燃性气体。

低压液化气体钢瓶中充装的气体包括：不燃无毒、不燃有毒、酸性腐蚀气体，可燃无毒、可燃有毒、碱性腐蚀气体，具有易分解或聚合倾向的可燃性气体。

2. 3. 6　按充装气体的基本特性运用 FTSC 编码标示分类

气体的 FTSC 编码是提取了燃烧性（flammability）、毒性（toxicity）、状态（state）、腐蚀性（corrosivity）这些英文词组的首字母而组成的。气体的基本特性可以用 FTSC 编码进行标示。FTSC 编码含义见表 2-4。

表 2-4　FTSC 编码含义

F 燃烧性（第一位数）				
0				不燃（惰性）
1				助燃（氧化性）
2				可燃性气体：（1）可燃气体甲类：在空气中爆炸下限小于 10%的可燃气体 （2）可燃气体乙类：在空气中爆炸下限大于或等于 10%的可燃气体
3				自燃气体：在空气中自燃温度低于 100 ℃的可燃气体
4				强氧化性
5				易分解或聚合的可燃性气体
T 毒性（第二位数）吸入半数致死量浓度 LC_{50}/1 h				
	1			无毒 $LC_{50}>5\ 000\times10^{-6}$
	2			毒 $200\times10^{-6}<LC_{50}\leqslant5\ 000\times10^{-6}$
	3			剧毒 $LC_{50}\leqslant200\times10^{-6}$
S 状态（第三位数）标示气瓶内气体的状态				
		1		低压液化气体
		2		高压液化气体
		3		溶解气体
		4		压缩气体（1）
		5		压缩气体（2），适用于氟、二氟化氧
		6		低温液化气体（深冷型）
C 腐蚀性（第四位数）				
			0	无腐蚀性
			1	酸性腐蚀，不形成氢卤酸的
			2	碱性腐蚀
			3	酸性腐蚀，形成氢卤酸的

FTSC 编码示例：

（1）二氧化碳的 FTSC 编码为 0110。其中第一位数 0 表示不燃（惰性），第二位数 1 表示无毒，第三位数 1 表示低压液化气体，第四位数 0 表示无腐蚀性。

（2）液化石油气的 FTSC 编码为 2110。其中第一位数 2 表示可燃，第二位数 1 表示无毒，第三位数 1 表示低压液化气体，第四位数 0 表示无腐蚀性。

（3）氧气的 FTSC 编码为 4140。其中第一位数 4 表示该气体具有强氧化性，第二位数1表示无毒，第三位数4表示压缩气体，第四位数0表示无腐蚀性。

（4）乙炔气的FISC编码为5130。其中第一位数5表示易分解或聚合且可燃，第二位数1表示无毒，第三位数3表示溶解气体，第四位数0表示无腐蚀性。

2.4　压力气瓶的结构及附件

无缝气瓶是最常用的压力气瓶。无缝气瓶主要由筒体、瓶阀、瓶口、瓶帽、瓶圈、瓶根、瓶底等部分组成，气瓶的附件包括瓶阀、压力表、紧急切断阀、安全泄压装置、液位计、瓶帽和气瓶底座等。安全附件包括安全泄压装置、压力表等。

应根据TSG R0006—2014《气瓶安全技术监察规程》中的要求进行气瓶附件的装设。安全附件的装设应该符合相应的附件产品标准和气瓶产品标准。

2.4.1　瓶阀

气瓶阀（简称瓶阀）指在气瓶上用来控制气瓶内气体的流量与通断的阀门，是用来控制气瓶内气体进出的装置。瓶阀是气瓶的主要附件。瓶阀的设计应符合国家标准，要求安全可靠、经久耐用。瓶阀按其制造结构可划分为活瓣式瓶阀、轴联式瓶阀、针形式瓶阀、隔膜式瓶阀等。

瓶阀的制造单位必须取得制造许可证，才能进行瓶阀的生产。瓶阀出厂前还应进行安全装置动作试验和气密性试验。

目前使用最多的是活瓣式瓶阀。这种阀门具有使用方便的特点。使用瓶阀时，顺时针方向旋转为关闭瓶阀，逆时针方向旋转为开启瓶阀。

瓶阀是气瓶最主要的附件，其既起封闭气瓶、形成储存空间的作用，也是控制介质进出气瓶和流量调节的装置。应根据GB 15382—2009《气瓶阀通用技术要求》、GB 15383—2011《气瓶阀出气口连接型式和尺寸》等相关瓶阀标准的要求，选用具有相应瓶阀制造许可资质的单位生产通过型式试验的瓶阀产品。有的瓶阀为了防止过量充装，瓶阀进气通道上还设置了限充装置，当气瓶内液相介质达到一定液位时能自动阻止充气。比如，机动车用液化石油气的钢瓶上就需要装设有气瓶限充阀，要求当瓶内的液面高度达到额定高度（气瓶容积的80%）时确保自动停止加液。

瓶阀的基本要求应符合TSG R0006—2014《气瓶安全技术监察规程》中的规定。

2.4.1.1　瓶阀材料

瓶阀的金属材料（如阀体、阀杆和阀芯等）及非金属材料（如O形圈和垫片等）应保证与气瓶所装介质接触后不发生腐蚀及其他化学反应，以免气瓶或其附件受到损伤，或气体的质量（纯度）受到影响。具体要求如下：

（1）乙炔气瓶的瓶阀材料应选用含铜量小于70%的铜合金。

（2）充装液氨的气瓶瓶阀材料应选用优质碳素结构钢材。

（3）充装液氯的气瓶瓶阀材料应选用耐盐酸腐蚀的材料。

（4）充装二氧化硫的气瓶瓶阀一般不宜采用黄铜而应用不锈钢制造。

（5）充装氯乙烯、乙烯基甲醚等可能含有与铜发生反应的物质的气瓶，瓶阀材料不能采用铜或铜合金。

（6）充装氯化氢气体的气瓶，应当选用具有耐酸性的不锈钢瓶阀制品。

（7）对于用合成橡胶制成的O形圈，应考虑其脆化及变形以及受环境的腐蚀。

（8）充装氢气的气瓶瓶阀材料选用镍；应避免由于碳酰镍而形成的一氧化碳可导致氢脆时，不得选用镍基材料。

（9）充装氧气等具有强氧化性气体的气瓶瓶阀材料，应该采用无油脂的阻燃材料，以免这些具有强氧化性的气体与瓶阀中的油脂发生化学反应。

2.4.1.2 瓶阀结构

设计瓶阀的基本结构型式应满足如下要求：

（1）瓶阀螺纹与气瓶连接时，在保证气瓶瓶体螺纹相匹配的时候，应该保证其密封的可靠性。

（2）设计瓶阀出气口的尺寸和连接型式时，应考虑瓶阀要具有一定的识别度，这样才能够防止在使用过程中错装、错用现象的发生。可燃气体应使用左旋出口螺纹，非可燃气体则用右旋出口螺纹。

（3）设计大于100 L公称容积的液化石油气瓶使用的瓶阀时，应带有单向的液位阀。

2.4.1.3 气瓶瓶阀使用注意事项

（1）在使用过程中，严禁使用坚硬的物体撞击、敲打瓶阀。

（2）在气瓶的贮存和运输过程中，必须给瓶体配戴好瓶帽，以防瓶体倾倒而使瓶阀受到损伤。

（3）与瓶阀出气口的结构相吻合的设备才能与瓶阀相连接，应首先确定与其相连的设备各接口的吻合程度，并且保证设备运行良好，瓶阀才能开启使用。

（4）开启瓶阀时应缓慢进行，注意打开瓶阀和关闭瓶阀的方向。通常先将瓶阀旋到最大程度，然后再返回至瓶阀2/3处。

（5）停止使用气瓶时，不要过于用力将瓶阀拧得过紧，只需要关至瓶阀不再出气就可以了，否则会对瓶阀的内部结构造成一定的损害。

（6）在使用强腐蚀性气体气瓶后必须关紧瓶阀，这样可以防止外界的空气进入瓶阀，进而腐蚀瓶阀结构。

（7）在使用瓶阀的时候，应该注意瓶阀的出气口方向，不能对着旁边的人。操作者必须站在瓶阀侧面来开启瓶阀。

（8）如果在使用过程中气瓶瓶阀出现异常情况，应立即关闭瓶阀，并送相关部门进行检测。

2.4.2　瓶帽

充装各种介质的钢瓶都须有一个瓶阀来控制气体进出量的大小。压力气瓶的瓶阀大多是用铜合金制造而成的，强度相对来说比较脆弱。由于瓶阀结构比瓶体细小得多，安装在瓶体上面的瓶阀与气瓶瓶颈会形成一个直角，使得瓶阀成为瓶体的一个脆弱点，同时又是瓶体的一个突出点，很容易受到外来的冲击和机械损伤。如果在气瓶贮存、使用或者搬运过程中，由于操作不当或者受到其他硬物的撞击，造成气瓶的倾倒、滚动甚至坠落，极易造成瓶阀接头与瓶颈连接处的齐根断裂，发生不可估量的安全事故。

瓶颈或瓶阀连接处的断裂，使得气瓶的高压气体从断裂处喷涌而出，会造成气瓶内的高压气体失去控制，产生巨大的冲击力，对气瓶附近的机器设备、建筑物体造成损坏，甚至可能造成人员伤亡。而气瓶中介质所具有的化学性质（如气体具有毒性、腐蚀性、爆炸性或者自燃性等）有可能造成更加严重的二次伤害。

为了保证气瓶瓶阀不会受到机械损伤，一般会在这个瓶阀上配戴气瓶安全帽（简称瓶帽），以保证瓶阀的安全。瓶帽是气瓶的一个重要附件。工业上常用可锻铸铁、钢管或球墨铸铁来制造瓶帽。瓶帽设有排气孔，在气瓶发生漏气或者爆破膜破裂的时候，可以防止瓶帽承受过大的压力。排气孔的位置一般采用对称性设计，这样可以避免泄漏气体的冲击力将气瓶推倒。

根据 TSG R0006—2014《气瓶安全技术监察规程》中的规定，只要具有如下参数的气瓶，就应该装设气瓶保护罩和气瓶安全帽：

（1）钢质无缝气瓶若其公称容积大于或者等于 5 L，应当装配固定式保护罩或者快装式瓶帽。

（2）钢质焊接气瓶若其公称容积大于或者等于 10 L（包含溶解乙炔气瓶），应当配有不可拆卸的固定式瓶帽或者保护罩。

气瓶安全帽应当具有良好的抗撞击能力，不得使用灰口铸铁来制造。

在使用过程中常见瓶帽有两种：① 活动式瓶帽（图 2-1）。当我们在对气瓶进行充装、使用时必须摘下瓶帽。② 固定式瓶帽（图 2-2）（最近几年才开始使用）。当我们在对气瓶进行充装、使用时不必摘下瓶帽。固定式瓶帽既能保护瓶阀，又避免了在使用前需要摘去瓶帽的麻烦。

图 2-1　活动式瓶帽

图 2-2　固定式瓶帽

2.4.3 底座与防震圈

对于不能仅仅依靠瓶底就直立的气瓶，应当给气瓶配有底座（拥有集装框架或者固定支架的气瓶除外）。

气瓶防震圈通常用塑料或橡胶制品制造而成，圈厚一般不得小于25～30 mm。胶质的防震圈富有弹性。一个气体钢瓶通常装备两个防震圈。当气体钢瓶受到冲击时，防震圈能吸收撞击能量，减少钢瓶震动，同时还具有保护瓶体表面漆层和瓶体标识的作用。

2.4.4 安全泄压装置

为了保证气瓶的安全，一般要设置专用的安全泄压装置。其类型大致有：易熔塞式泄压装置、爆破片式泄压装置、安全阀、爆破片-易熔塞式复合泄压装置、爆破片-安全阀复合泄压装置。

国外目前常用的气瓶安全泄压装置有四种，即易熔塞式泄压装置、爆破片式泄压装置、安全阀和爆破片-易熔塞式复合泄压装置。易熔塞式泄压装置是较早应用在气瓶上的一种泄压装置。易熔塞塞孔内填充的易熔合金在正常情况下处于封闭状态，当体系温度达到预定温度的时候，易熔合金开始熔化，将气瓶中的气体排放出来，从而使得气瓶内压力下降，产生泄压作用。易熔塞只适用于气体钢瓶，并不适用于固定式压力容器。

2.5 气瓶的设计压力及充装量

为了保证压力气瓶在充装、使用、储存、运输等各个环节的安全需求，必须明确气瓶的设计压力及其充装量，这是保证气瓶正常使用寿命周期的重要环节，也是保证压力气瓶安全使用的关键要素之一。

通过分析以往的气体钢瓶事故的统计资料可知，气瓶爆炸的首要原因是错误充装。在运输过程中因为路况不佳或出现交通事故等情况，气体钢瓶会受到震动甚至冲击。如果压力气瓶存在设计缺陷，或震动和冲击力太大而不能得到有效控制，就有可能会引起气瓶泄漏，从而引发燃烧、爆炸等安全事故。

2.5.1 气瓶的最高使用温度

气瓶作为一种压力容器，它的充装量和最高使用温度决定了它的最高工作压力。最高使用温度是指压力气瓶在充装过程、使用过程、存储过程、运输过程中可能达到的最高温度。

周围环境变化直接影响气体使用温度的变化，所以气瓶使用过程中禁止靠近高温热源。气瓶在运输途中难免遭到烈日的曝晒，所以从安全角度考虑，压力气瓶的最高使用温度应将烈日曝晒下气瓶的温度变化考虑在内。

2.5.2 压缩气体气瓶的设计压力与充装量

2.5.2.1 设计压力

气瓶的设计压力是指 60 ℃时气瓶充满介质气体所产生的最大承受压力。应该根据标准化的需要来确定气瓶的统一设计压力。充装不同的气体介质时，应根据充装气体性质的不同来确定不同的充装量。

根据设计压力划分，我国目前所用的压缩气体气瓶主要有下列三种：最大承受压力为 10 MPa 的压缩气瓶、最大承受压力为 20 MPa 的压缩气瓶、最大承受压力为 30 MPa 的压缩气瓶。

2.5.2.2 充装量

充装量通常也可以称为充装压力。气瓶的设计压力应该大于所装的气体介质在 60 ℃时所产生的最大压力。

充装过程是指将已生产并通过质量检验合格的气体产品装入适当的容器中的过程。某些气体产品易燃烧、易爆炸、具有腐蚀性、具有毒性，因此我们应该根据充装气体的性质来选用不同种类的气瓶；且充装在高压、低温等条件下进行，也使气体的充装与一般产品的充装过程有很大的不同。因此要求有不同的工艺、设备，适于不同气体的各式各样的充装容器及附件。

按照 TSG R4001—2006《气瓶充装许可规则》对气瓶充装单位的要求和规定，相关气瓶充装单位应在取得相应的气瓶充装资质后，才能进行气瓶的充装工作。

气瓶充装单位应按照 TSG R5001—2005《气瓶使用登记管理规则》的要求和规定申请办理气瓶的使用登记。

2.6 气瓶充装的要求

气瓶充装单位应该首先向省级特种设备安全监督相关管理部门提出气瓶充装的申请，经省级特种设备安全监督相关管理部门评审后，确认该申请单位符合从事相关气瓶充装的条件，再由省级特种设备安全监督管理部门发给气瓶充装许可证。

气瓶充装单位应具备如下基本条件：

（1）气瓶充装单位首先必须确保充装过程的安全，具有从事充装产品的质量管理体系、各项与气瓶相关的管理制度以及应急处理体系。

（2）气瓶充装单位必须拥有熟悉气瓶充装相关安全技术的管理人员、经过专业培训的气瓶充装人员、气瓶检验员、产品质量化验员、气瓶附件检测及维修人员、气瓶仓库管理人员等。同时气瓶充装单位还应设置安全员，负责日常气瓶的充装安全检查工作。

（3）气瓶充装单位应能向使用者提供符合安全技术规范的各类气瓶，具有与充装气体相关的装备设施和检验检测手段，具有一定的气体、气瓶的储存能力，有必备的安全设施。从事充装易燃气体、助燃气体和有毒气体的充装单位，还应有回收、处理相关残气、残液的设备及装置。

2.7 气瓶充装过程中的基本条件

除了非重复充装气瓶、车用气瓶、托管气瓶以及呼吸用气瓶以外，气瓶充装单位只能充装自有产权气瓶，还应该办理相关的气瓶使用登记。气瓶充装单位还应当在充装完毕后对气瓶进行检查，经验收合格后在气瓶上粘贴产品合格的标签。

对于超期未检的气瓶、报废的气瓶以及自行改装的气瓶都严禁进行气体充装。

气瓶充装单位如果发生气体充装设备故障等特殊情况，则必须暂停充装，并向所在地的市级质监部门报告，可委托充装单位辖区内其他具有相应资质的气瓶充装单位临时充装，并报告省级质监相关部门。

2.7.1 充装安全与管理制度

气瓶充装单位负责气瓶的充装安全。作为压力气瓶的使用单位，气瓶充装单位应当定期及时申报自有气瓶或者托管气瓶的检验检测情况，还应该负责对瓶装气体消费者以及瓶装气体的经销单位进行安全宣传教育和使用指导，可通过同用气单位签订安全管协议等方式对气瓶进行安全管理。

气瓶充装单位应当参照已经颁布的与气瓶相关的法律法规和行业标准制定相应的安全管理制度和操作规程，严格按照相关标准进行气瓶的充装。

气瓶充装单位应当提前编制应急预案，明确相应的救援措施并定期加以演练。

2.7.2 气瓶档案

气瓶充装单位应当建立气瓶档案，运用现代化计算机技术搭建气瓶信息化管理数据库。气瓶档案应当一直保存至所用气瓶报废处理为止。气瓶档案应包括以下产品出厂资料：产品合格证、质量证明书、定期检验检测报告、使用登记资料、制造检验证书等。

2.7.3 充装前后检查与记录

按照已经颁布使用的国家标准的要求，气瓶充装单位必须组织取得“气瓶充装作业人员证书”的人员在气瓶充装前后对气瓶进行逐只检查，并做好气瓶的检查记录及其充装记录，这些记录至少保存 12 个月。

用气单位使用的气瓶发生事故时，气瓶充装单位应当向负责事故处理的相关部门提供真实、可追溯的检查记录和充装记录。

车用气瓶的充装单位应当充分利用现代计算机信息化处理手段，搭建气瓶信息化管理数据库来进行气瓶的安全管理，包括对气瓶充装过程、使用过程进行控制和记录。

2.7.4　气体充装装置

对于气体充装装置，在充装气瓶前必须严格按照相关国家标准和行业标准进行检查，以确保不会发生错装的现象。

充装液化气体和溶解乙炔气体时，用于称重的计量衡器必须符合相关标准的规定并定期进行检验检测。

2.7.5　其他要求

禁止在充装站外由罐车等移动式压力容器直接对气瓶进行充装；禁止将气瓶内的气体直接向其他气瓶倒装。

（1）产品充装过程必须在安全的状态下进行，并为使用者提供符合安全标准的容器，提高充装环节的安全保证。

（2）确保在充装过程和充装后规定的时期内，产品的质量技术指标保持在产品质量标准规定之内。

2.7.6　压缩气体的充装

为了保证生产安全和产品质量，在气瓶充装前对全部气瓶进行抽空，此法也多用于医用氧和高纯气体的生产。如果是氧气瓶抽空，应使用水环型、无油润滑型或使用氟化油润滑的真空泵，以防一般真空泵油与氧气混合发生爆炸。

为了防止氧气和其他可燃气体的混装产生爆鸣气而造成气瓶爆炸事故，在气瓶充装前将气瓶的剩余气体全部放空，抽真空处理后再进行充装，这是避免瓶内产生爆鸣气的好办法，特别是氧气和氢气的充装。另一种流程是采用膜式压缩机压缩充装气瓶，可用于高纯气体。

2.7.6.1　充装前的检查

充装气体前对气瓶进行检查，可以消除或大大减少由以下情况引起的气瓶爆炸事故：用氧气瓶、空气瓶充装可燃气体或用可燃气体气瓶充装氧气、空气；用低压瓶充装高压气体；气瓶存在严重缺陷或已过检验期限，甚至已经评定报废，瓶内混入有可能与所装气体产生化学反应的物质。

2.7.6.2　压缩气体充装量

压缩气体充装量确定的原则是：气瓶内气体的压力在基准温度（20 ℃）下应不超过其公称工作压力，在最高使用温度（60 ℃）下应不超过气瓶的许用压力。

2.7.6.3　充装注意事项

（1）气瓶充装系统必须使用精度高于 1.5 级、表盘直径大于 150 mm 的压力表来控制充装压力。气瓶充装系统压力表还应按国家有关标准的规定进行定期检查、校验。

（2）装瓶气体中的杂质含量不能超过国家标准和行业标准规定的上限。如发现包含下列情况，应停止气瓶的充装：

① 氧气中杂质的体积分数大于或等于 2%，易燃气体的体积分数大于或等

于 0.5%。

② 氢气中氧气的体积分数大于或等于 0.5%。

③ 易燃气体中氧气的体积分数大于或等于 4%。

（3）在充装设备与气瓶的螺纹连接前必须进行仔细的检查，确保充装设备的螺纹与充装气瓶螺纹形式相匹配。

（4）开启气瓶阀门时一开始应缓慢操作，注意观察、监听钢瓶内有无异响。

（5）充装易燃易爆气体时，应禁止用硬金属器具敲击，以免产生火花，造成事故。

（6）应逐只检查充装气瓶在充装过程中瓶体温度是否一致，检查瓶阀密封性和完好性。发现异常情况应按应急预案进行处置。

（7）气体充装时，在 20 ℃基准温度下，气体的充装速度不得大于 8 m^3/h，并且整个充装过程不得少于 0.5 h。

（8）在对气瓶按组进行排管充装时，若气瓶的充装压力已经达到预定值的 10%，则应禁止再增加空瓶进行充装作业。

（9）在充装包含氧气和具有强氧化性的气体介质时，操作人员的安全防护设施（包括手套、工作服）、使用的工具（如扳手等）以及与气瓶连接的阀门、管道等均不得沾有油脂，以免油脂发生氧化反应，发生安全事故。

2.7.6.4 充装后的检查

气瓶充装完成以后，还应由经过培训、具有资质的安全人员逐只对气瓶进行检查。发现不符合要求的气瓶，应按照规章制度进行妥善处理。检查内容一般包括：

（1）气瓶的充装压力是否在行业标准规定的范围内。

（2）瓶内充装气体的纯度是否在行业标准规定的范围内。

（3）气瓶阀门及其与瓶口螺纹连接是否具有良好的密封性，是否存在气体泄漏现象。

（4）气瓶充装完成后，瓶体是否出现了变形、鼓包等现象。

（5）气瓶充装完成后，瓶体是否有异常升温的迹象。

2.7.7 液化气体的充装

2.7.7.1 充装前的检查

在充装液化气体前需要对气瓶进行称重，大致算出瓶内液化气体的重量。

2.7.7.2 液化气体充装量

（1）低压液化气体充装量。

要求气瓶内充装的低压液化气体在最高工作温度下也不会发生气瓶满液的情况，这就是低压液化气体气瓶充装量的确定原则。

进行低压液化气体充装时，应根据下列原则来确定其充装系数：

① 气瓶在最高工作温度下，充装量不得大于低压液化气体密度的 97%，以此数

据来确定气瓶的充装系数。

② 当气瓶体系温度高于气瓶最高工作温度 5 ℃时，低压液化气体气瓶内不能满液。

（2）高压液化气体充装量。

必须保证瓶内气体在气瓶最高工作温度下所达到的压力不超过气瓶的许用压力；高压液化气体气瓶充装的液化气体主要呈液态，可用充装系数来进行计量。

2.7.7.3　充装注意事项

气瓶在充装液化气体的整个过程中需注意以下几点：

（1）充装液化气体时用于称重的计量衡器必须符合相关标准的规定并定期进行检验检测。称重衡器具有自动切断气源以及具有超装警报功能的安全装置。

（2）必须执行复验充装液化气体重量的制度，充装必须精确计量液化气体的充装量并严格加以控制。在充装过程中若发现充装过量的现象，操作人员应及时抽出超装的部分。

（3）在充装过程中，应加强对充装设备和气瓶密封性的检查，发现异常情况，应立即按应急预案进行处理。

（4）要保证气瓶充装操作人员的相对稳定性，并定期对操作人员进行安全培训和业务考核。

（5）充气单位应当建立气瓶充装管理档案，并应由专门的人员进行填写。记录的内容应该包括：充气的日期、气瓶号、当日室温、标记的气瓶重量、装气后气瓶的总重、有无异常情况发生等。气瓶的充装记录应该妥善保管不得少于 1 年。

2.7.7.4　充装后的检查

气瓶充装完成以后，还应由经过培训、具有资质的安全人员逐只对气瓶进行检查。发现不符合要求的气瓶，应按照规章制度进行妥善处理。检查内容一般包括：

（1）气瓶的充装压力是否在行业标准规定的范围内。

（2）瓶内充装气体的纯度是否在行业标准规定的范围内。

（3）气瓶阀门及其与瓶口螺纹连接是否具有良好的密封性，是否存在气体泄漏现象。

（4）气瓶充装完成后，瓶体是否出现了变形、鼓包等现象。

（5）气瓶充装完成后，瓶体是否有异常升温的迹象。

（6）称重衡器的采用应符合相关规范及标准的规定，应当每年至少对称重衡器进行一次检定，每班至少用标准砝码校正一次。

2.7.8　溶解气体的充装

2.7.8.1　乙炔气瓶充装前的检查和准备

（1）气体充装前，应由拥有相关资质的专业人员对乙炔气瓶进行检查。若在检查中发现乙炔气瓶有以下情况之一，严禁充装气体：

① 不能提供制造许可证的乙炔气瓶。

② 无法提供省级及省级以上质量技术监督部门出具的检验合格证书的进口乙炔气瓶。

③ 未在充装单位建立充装档案的乙炔气瓶。

（2）充装乙炔的气瓶具有下列问题的，严禁充装气体：

① 颜色标记不符合国家标准或行业标准的规定，且瓶体表面漆色严重脱落的气瓶。

② 瓶体上的钢印标记模糊不清或标记不全的气瓶。

③ 附件残缺不全、遭到损坏，或者不符合国家标准或行业标准规定的气瓶。

（3）充装乙炔的气瓶具有下列问题的，必须移送具有资质的乙炔气瓶检验单位对气瓶进行检测、检验：

① 超过国家规定的检验期限的乙炔气瓶。

② 瓶体遭到严重腐蚀或机械磨损严重的气瓶。

③ 附件易熔合金塞已经熔化、遭到损伤的乙炔气瓶。

④ 瓶阀出口处沾有异物的乙炔气瓶。

⑤ 有其他影响安全使用缺陷的乙炔气瓶。

（4）剩余压力检查。气体充装前除了对瓶体进行外观检查外，还应该对乙炔气瓶内的剩余压力和溶剂的保有量进行确认。为了防止空气进入乙炔气瓶，充装前气瓶必须保持足够的剩余压力。

2.7.8.2　丙酮的充装

在气瓶使用过程中，乙炔气瓶内的溶剂——丙酮会随着乙炔气流的夹带而造成一定的逸损，这时气瓶里溶剂丙酮的含量就显得不够了。所以我们在对乙炔气瓶充装前应进行称重，根据气瓶的重量和保有压力来确定溶剂丙酮的补加量。

2.7.8.3　乙炔气瓶充装中的注意事项

（1）乙炔气瓶的充装一般分两次来进行，第一次充装后应关闭瓶阀静置，时间不得少于 8 h。

（2）乙炔气瓶的充装最大工作压力为 2.5 MPa。

（3）应严格控制乙炔的充装速度，充装速度应小于 0.015 $m^3/(h\cdot L)$。

（4）在乙炔的充装过程中，为了防止乙炔发生分解、聚合倾向，应采取冷却措施，常见的方法是对乙炔气瓶瓶体均匀地喷淋冷却水。

（5）在充装过程中要实时监控气瓶瓶体温度，当瓶体温度超过 40 ℃时，就应立即停止充装过程，并按应急预案进行处置。

（6）气体充装过程中，应实时检测充装设备与气瓶连接处有无泄漏，发现泄漏时按应急预案进行处置。

（7）乙炔气瓶充装完毕后应先静置 24 h，待乙炔气体压力稳定、气瓶温度均衡以后，方可出厂。

气瓶国家标准目录见表 2-5。

表 2-5　气瓶国家标准目录

标准代号	标准名称	发布日期	实施日期
GB/T 5099—1994	《钢质无缝气瓶》	1994-12-26	1995-08-01
GB/T 5100—2011	《钢质焊接气瓶》	2011-07-20	2012-06-01
GB/T 5842—2006	《液化石油气钢瓶》	2006-07-19	2007-02-01
GB/T 7144—2016	《气瓶颜色标志》	2016-02-24	2016-09-01
GB/T 7512—2017	《液化石油气瓶阀》	2017-11-01	2018-05-01
GB/T 8334—2011	《液化石油气钢瓶定期检验与评定》	2011-11-21	2012-03-01
GB/T 8335—2011	《气瓶专用螺纹》	2011-12-30	2012-12-01
GB/T 8336—2011	《气瓶专用螺纹量规》	2011-12-30	2012-07-01
GB/T 8337—2011	《气瓶用易熔合金塞装置》	2011-07-20	2012-06-01
GB/T 9251—2011	《气瓶水压试验方法》	2011-12-30	2012-06-01
GB/T 9252—2017	《气瓶压力循环试验方法》	2017-10-14	2018-05-01
GB/T 10878—2011	《气瓶锥螺纹丝锥》	2011-12-30	2012-07-01
GB/T 10879—2009	《溶解乙炔气瓶阀》	2009-06-25	2010-04-01
GB/T 11638—2011	《溶解乙炔气瓶》	2011-07-20	2012-06-01
GB/T 11640—2011	《铝合金无缝气瓶》	2011-12-30	2012-12-01
GB/T 12135—2016	《气瓶检验机构技术条件》	2016-12-13	2017-07-01
GB/T 12137—2015	《气瓶气密性试验方法》	2015-12-10	2016-07-01
GB/T 13004—2016	《钢质无缝气瓶定期检验与评定》	2016-02-24	2016-09-01
GB/T 13005—2011	《气瓶术语》	2011-12-30	2012-07-01
GB/T 13075—2016	《钢质焊接气瓶定期检验与评定》	2016-02-24	2016-09-01
GB/T 13076—2009	《溶解乙炔气瓶定期检验与评定》	2009-06-25	2010-04-01
GB/T 13077—2004	《铝合金无缝气瓶定期检验与评定》	2004-06-07	2005-01-01
GB/T 13591—2009	《溶解乙炔气瓶充装规定》	2009-06-25	2010-04-01
GB/T 14193—2009	《液化气体气瓶充装规定》	2009-06-25	2010-04-01
GB/T 14194—2017	《压缩气体气瓶充装规定》	2017-10-14	2018-05-01
GB/T 15382—2009	《气瓶阀通用技术要求》	2009-06-25	2010-04-01
GB/T 15383—2011	《气瓶阀出气口连接型式和尺寸》	2011-12-30	2012-12-01
GB/T 15384—2011	《气瓶型号命名方法》	2011-12-30	2012-07-01

续表

标准代号	标准名称	发布日期	实施日期
GB/T 15385—2011	《气瓶水压爆破试验方法》	2011-12-30	2012-06-01
GB/T 16163—2012	《瓶装气体分类》	2012-05-11	2012-09-01
GB/T 16804—2011	《气瓶警示标签》	2011-12-30	2012-12-01
GB/T 16918—2017	《气瓶用爆破片安全装置》	2017-10-14	2018-05-01
GB/T 17258—2011	《汽车用压缩天然气钢瓶》	2011-12-30	2012-12-01
GB/T 17259—2009	《机动车用液化石油气钢瓶》	2009-06-25	2010-04-01
GB/T 17268—2009	《工业用非重复充装焊接钢瓶》	2009-06-25	2010-04-01
GB/T 17878—2009	《工业用非重复充装焊接钢瓶用瓶阀》	2009-06-25	2010-04-01
GB/T 17925—2011	《气瓶对接焊缝 X 射线数字成像检测》	2011-12-30	2012-07-01
GB/T 17926—2009	《车用压缩天然气瓶阀》	2009-06-25	2010-04-01
GB/T 18299—2001	《机动车用液化石油气钢瓶集成阀》	2001-01-10	2001-10-01
GB/T 19533—2004	《汽车用压缩天然气钢瓶定期检验与评定》	2004-06-07	2005-01-01
GB/T 20561—2006	《机动车用液化石油气钢瓶定期检验与评定》	2006-09-12	2007-04-01
GB/T 24159—2009	《焊接绝热气瓶》	2009-06-25	2010-04-01
GB/T 24160—2009	《车用压缩天然气钢质内胆环向缠绕气瓶》	2009-06-25	2010-01-01
GB/T 24161—2009	《呼吸器用复合气瓶定期检验与评定》	2009-06-25	2010-01-01
GB/T 24162—2009	《汽车用压缩天然气金属内胆纤维环缠绕气瓶定期检验与评定》	2009-06-25	2010-01-01
GB/T 27550—2011	《气瓶充装站安全技术条件》	2011-11-21	2012-03-01
GB/T 28051—2011	《焊接绝热气瓶充装规定》	2011-12-30	2012-12-01
GB/T 28052—2011	《非重复充装焊接钢瓶充装规定》	2011-12-30	2012-12-01
GB/T 28053—2011	《呼吸器用复合气瓶》	2011-12-30	2012-12-01
GB/T 28054—2011	《钢质无缝气瓶集束装置》	2011-12-30	2012-07-01

第 3 章　压力气瓶标识

压力气瓶多是储运式压力容器，因此很多对压力容器的安全要求也适用于压力气瓶。但压力气瓶有其本身的特殊性质。因此各种压力气瓶的标识对其安全使用、流通与储存具有重要的作用。

本章主要阐述了标识的主要定义和识别标识的意义，从多个方面对标识进行了分类。压力气瓶的标识大部分都属于基于视觉的标识，可分为气瓶的钢印标识、缠绕气瓶标签标识、气瓶颜色标识、气瓶的检验色标、警示标识及安全储存标识等，还包括二维码追溯标识、RFID 电子标签。压力气瓶的钢印标识一般是气瓶的制造标志，是识别气瓶种类和安全质量的重要依据。缠绕气瓶则主要采用标签标识进行标记。压力气瓶外表面涂覆的涂膜颜色、字样、字色、色环等内容也可以用作压力气瓶的标识。本章还列出了压力气瓶的警示标识，它能明确压力气瓶充装气体的危险性，提示使用和管理人员相关的注意事项。最后，本章列出了压力气瓶的安全储存标识，其分为禁止标识、警告标识和指令标识等一系列类型。学习和了解这些压力气瓶的相关标识能更安全地管理和储存压力气瓶，预防压力气瓶事故的发生，为压力气瓶的安全使用奠定基础。

本章对二维码追溯标识、压力气瓶二维码追溯的相关内容、二维码和二维码追溯的定义与分类、压力气瓶二维码追溯管理系统的相关要求及其难点与应用发展进行了阐述。

本章还阐述了 RFID 电子标签技术，分析其工作原理与结构，探讨了它与二维码追溯的相同与不同之处和其独有的优势，也对如何保证 RFID 电子标签技术的使用安全进行了叙述。

压力气瓶的标识是压力气瓶的重要组成部分，是安全使用、安全管理压力气瓶的必备条目。压力气瓶的标识是确保各类人员方便快捷准确了解压力气瓶的相关参数、各类压力气瓶的使用条件、各类压力气瓶的功能范围、气瓶状况以及安全注意事项、采取相应措施的必要工具。我国为了规范压力气瓶的标识也制定了许多标准，遵守这些标准是使用压力气瓶的基本条件。近年来，压力气瓶的标识发展也越来越趋向科技化与信息化，越来越多的公司开始从事二维码追溯的压力气瓶标识的开发，也表明了压力气瓶标识的未来发展方向。

3.1 标识的主要定义

何为“标识”？只有理解对象的含义，才能更好地明白如何使用对象帮助我们进行日常工作。厘清标识这一概念，既是使用标识本身的需要，也是推动标识在压力气瓶上应用的重要开端。

从词典上的定义看，标识等同于标志、记号。从定义上来说，标识就是一种独特的包含了事物一定信息的标志。它浅显易懂，引人注目，起到了一种提示的作用。人们在日常生活中经常将“标识”与“标志”认作等同。但实际上“标识”所表示的含义与范围更大，“标志”可以说属于“标识”。“标志”仅仅是指由特殊的文字和图像构成的醒目的提示。但“标识”不仅仅是文字和图像，还能够展现方向、声音、产品参数、使用记录等信息化内容。相对标志而言，标识一定要发挥出让人识别的作用，最好是让所有人都能一眼辨认出被标识的事物具有什么样的重要特点。但在某些时候，标识与标志也没有太大的区别，可以认为是等同的。

标识具体而言是通过特殊的文字、图像和其他事物组合，将事物的本身特点、参数、思想理念等特征以让人们观察到的方式传达出来。标识的特点是直观明确，特点鲜明，便于理解，发展至今已呈现标准化、个性化、多样化、信息化的趋势。

因为标识的独特作用，在压力气瓶上标识的应用也尤为重要。因为我们无法观察到压力气瓶里面的气体，在封装之后如果没有明显的标识，人们就无法辨认，从而使用气瓶的时候就存在大量安全隐患。同时很多压力气瓶本身就有诸多储存的注意事项，标识可以使人们更好地储存气瓶，防止产生安全隐患。

总而言之，标识在压力气瓶上的应用十分重要，了解压力气瓶上的标识能更好地帮助人们使用与储存气瓶，杜绝安全隐患。

3.2 识别标识的意义

标识是一个事物的特征，一种让人辨认的符号，它不但能够用一种特殊的方式来协助人们回忆，还能够帮助张扬本身的品牌形象；但其首要的基本含义当然还在于“知道”，是为了让更多的人能够了解、记住。“识”这个字，除了“记住”的基本含义外，还有“认得”“辨认”的进一步含义和要求，更多的人认为它是一种交流。

压力气瓶的标识是压力气瓶的重要组成部分，对压力气瓶的安全生产和使用流通起着非常重要的安全保障作用。

压力气瓶的标识是经过设计的造型简略、含义清晰的国家统一标准的视觉标识符号，将其充装的气体、使用参数、储存方式、危险隐患等相关信息要素传递给气瓶工厂的生产人员和压力气瓶的使用管理人员，使之能准确地识别并安全地生产和使用各种压力气瓶。

压力气瓶的标识在气瓶充装、流通使用、安全管理、回收报废过程中是使用最广泛、呈现频率最高，也是最重要的元素。在压力气瓶上包括气瓶外表面涂覆颜色、字样、字色、色环、钢印、缠绕标记等内容，都是为了将压力气瓶的信息明确标注，从而使人们在看到标识的同时，了解相应压力气瓶的充装气体、安全注意事项等，进而安全使用与管理压力气瓶。

简而言之，压力气瓶标识的具体作用可简略地归纳为以下几点：

3.2.1 标明充装气体

压力气瓶的标识能协助工作人员形象而敏捷地了解充装气体的种类，并协助工作人员快速记录压力气瓶，同时也是识别压力气瓶安全质量的重要依据，以促进压力气瓶的安全使用与管理。

3.2.2 记录压力气瓶生产日期及相应信息

压力气瓶的标识是识别压力气瓶生产日期、生产规格及安全质量的重要依据和基础。因为压力气瓶的标识中有铭刻在相应位置的钢印标识，包含了制造钢印标记以及定期检验标记，这种钢印标识不能改动且保持了每个气瓶具有唯一而独特的钢印标记。同时压力气瓶的瓶身也有特殊的颜色标识和色环，这使压力气瓶的制造信息、检验信息和安全信息明确直观，能保证安全地使用与流通压力气瓶。

3.2.3 明确危险信息

压力气瓶的安全使用标识也可以包括各种安全禁止使用标识、警告标识、指令标识和安全提示使用标识等。它能有效提示人们压力气瓶的安全储存使用环境，警示提醒人们的安全使用行为，最终为人们了解压力气瓶的安全储存和使用运行奠定坚实的基础。

3.2.4 方便记录管理压力气瓶

压力气瓶的标识也包括了二维码追溯的标识。随着信息化技术的发展，压力气瓶的标识已经能通过二维码展示全部的制造、使用以及流通的信息，基于二维码的压力气瓶管理系统也在不断地发展，这是压力气瓶安全使用与管理未来的发展方向。

因此，压力气瓶标识最重要的作用就是识别压力气瓶的质量安全、使用安全以及管理安全。从上述内容我们不难看出，压力气瓶的标识能使人们在最短的时间内了解气瓶及气瓶中的充装气体，并帮助人们在脑海中形成更深层次的印象，提示压力气瓶的相关参数和信息，有助于人们更好、更安全地使用和管理压力气瓶。压力气瓶的二维码追溯标识和相关管理系统的出现也使压力气瓶的安全使用与管理进入了信息化与实用化的时代，是现代压力气瓶流通与管理的关键技术。识别和学习压力气瓶标识是安全使用与管理压力气瓶的关键与重要组成部分。

3.3 标识的分类

常用标识的分类非常繁杂，不同条件下，标识也可以被细分为不同的标识种类。常用标识可以按照标识产品制作的材料、使用的环境、照明的要求、形态、功能、所处的环境和对信息接受的方式等多个因素和条件分别进行分类和归纳。不同的标识分类归纳方法表现了标识所具有的不同功能特点，有利于对标识的正确使用和管理。譬如，按照制作材料进行标识分类，有利于对标识产品制作厂家进行日常使用生产过程材料的管理及生产过程成本的控制；按照标识产品使用的环境及其特性来对标识分类，便于标识的正确安装施工和组织。

3.3.1 按制作材料分类标识

标识按生产和制作的材料可以分为有机非金属材质的标识、金属材料的标识、自然材质的标识及其他特殊材料的标识。其中，有机非金属材质的标识主要包括亚克力金属材料标识和 PVC 金属材料标识等。金属材料的标识主要包括不锈钢材料标识、镀锌板材料标识、铝板材料标识等。自然材质的标识包括防腐木标识、石材标识等。其他特殊材料的标识包括陶瓷标识等。

3.3.2 按使用环境分类标识

标识按使用环境可分为室内标识与户外标识。

其中，小体积室内标识精度要求高，直观明确，视觉美感强烈。设在室内的小型标识包括室内方向箭头标识、室内的接待箭头标识等。室内小型标识因为对于环境影响的要求相对较高，多用有机材料进行制作。而户外的大型标识要求有视觉上的震撼感，并且标识的使用寿命越长越好，同时最好能利用户外所有的使用空间以使人们在很远的地方就能注意并理解标识。这种大型的户外标识大多体积巨大，清晰明显，如高速公路出口的标识、加油站的标识、立交桥的道路标识等。户外大型标识需要经久耐用，不易受到损坏，且对环境的影响有耐受力，多用金属等强度高、使用寿命长的材料进行制作。

3.3.3 按照明要求分类标识

标识按照明要求可分为有照明标识、无照明标识和被动光源标识。

有照明标识顾名思义就是标识本身具有光源的效果，即标识自身就能发光，如城市霓虹灯、夜间广告牌等。有很多标识需要在夜间没有光线的时候被看到，但是这些标识附近并没有光源，也没有照明设施，因此为了让这些标识在夜间能顺利使用，人们设置了有照明标识。在有照明标识的内部通常设有照明光源，有时也直接在标识的外部安装其他照明灯。这种有照明标识的内部照明光源现在多用 LED 灯，省电而环保，经久耐用，亮度很高，电源则来自附近电力输送或太阳能。

无照明标识即本身没有光源的标识，如一些普通的广告牌、店铺招牌等。因为这种标识没有必要在昼夜都使用，只需要人们在白天的时候能注意到即可，不考虑标识在夜间的可视度，本身也就没有光源的设置。

被动光源标识即本身没有光源，不能发光，但一旦受到光照就会明显反光的标识，如国际机场、城市高速公路及铁路上的各种被动照射光源照明标识等。这些被动夜间光源照明标识在夜间使用时虽然需要一定的夜间可视度，但是因为夜间使用的特殊环境或者由于安装成本的提高等问题不一定具备使用主动光源照明的条件，导致无法全部安装相应照明光源，即无法使用有照明标识，因此就可以采用被动光源标识，如利用反光膜制作的图文来制作标识，借助于道路通行车辆的照明系统来实现标识在夜间的可辨识能力。

3.3.4 按形态分类标识

标识按形态可分为横式标识、竖式标识、突形标识、地柱形标识和屋顶式标识等。标识形态的不同主要与标识所处的环境有密切的联系。

横式标识其实就是一个横着的图形标识，整个图形标识的比例横向延伸比较长。一般来说，整面墙都会被利用为具有标识性的广告标牌，多在小型店铺和大中型建筑的主体墙面上可以清晰地看到。

竖式标识与横式标识恰好相反，整个图形标识的比例竖向比较长，一般整面都被利用为标识标牌。这种标识多在墙面上可以看到。主要是建筑物的墙面排布的美观设计决定标识是横式还是竖式。

突形标识则在一个建筑物的两侧或者墙面上都有明显的突出，除了背面以外的两侧都有墙面的特殊情况下，两侧墙面都会被利用为标识标牌。其主要设计目的是使侧面过来的行人和横向行驶及转过来的普通车辆等都能对标识进行准确的辨认和注意，如三面翻标识牌、电话亭的标牌等。

地柱形标识是指标识标记在一个立柱或地面的某些固定的物体上的横形、竖形、立体形的标识，这种标识形态各异，但都安放在地面上，一般多用于小型广告或宣传。

屋顶式标识是指在某些大型建筑物的屋顶上设置一些固定的构造物，并在上面放置悬挂或者紧贴着的类似圆形、立方形或其他形状的标识。与地柱形标识相反，这种标识一般都放在建筑物最顶层，引人注目，如机构的名称标识、建筑物的名称标识等。

3.3.5 按功能分类标识

标识按其传达功能可分为识别性标识、导向性标识、空间性标识、信息性标识和管理性标识。

识别性标识又称为定位标识，是标识系统中最基础的部分。这些标识包括城市的标识、设施的标识等。凡是以区别定位为主要目的的标识和设施都应该属于识别性标识。

导向性标识是一种通过标示运行方向的形式来指示和说明环境的标识。此类导向性标识主要出现在大型的城市建筑和环境公共的空间，如城市道路系统、交通系统等。

空间性标识是一种描述空间的标识，通过抽象化对应的空间信息，利用地图或道路沿线地图等工具描述物体或者环境周围空间的构成，从而直接使人们的视觉或其他物理感官上产生对应的印象和认知，如旅游景区图等。

信息性标识是一种以叙述性文字的形式出现的信息标识，主要目的是对出现在图像中的信息内容进行必要的补充，以及对容易使人产生混淆或者歧义的部分标识内容进行准确的解释，如每个动物园里对不同动物进行科学分类的信息性标识。

管理性标识是以提示安全、警示相关法律法规和公布政府行政规划的一系列标识，如旅游景区常见的“请勿摘花”等警示牌，在重要设施附近的防火、防盗等标识。

3.3.6 按所处环境分类标识

标识按照所处的环境可分为行政交通标识（公共汽车标识、停车标识、道路标识、行人标识）、商业标识、旅游标识、房产标识、医院标识、学校空间标识等。

这些标识分类顾名思义，在哪里使用就是相应分类的标识。例如，行政交通标识主要是维护道路安全畅通，多出现在道路上；商业标识主要是方便商业活动，多出现在商业活动场所；旅游标识是为了更好地进行旅游指引，出现在旅游场所的标识都可以归为此类。

3.3.7 按信息接受方式分类标识

标识按照人们接受信息的方式，如观察、聆听、触摸和气味可分为基于视觉的标识、基于听觉的标识、基于触觉的标识和基于嗅觉的标识。

基于视觉的标识即依赖人们观察的标识，一般指用大量文字和各种图画的形式来表现，依赖于视觉以传达信息的视觉型标识。根据目前的研究，基于视觉的标识在公众认知度、醒目性、可读性等诸多方面都较其他感觉类型的标识优越。随着国际化标准的制定和推行，以及人类对视觉特性了解的提高，视觉型标识的特性与优势也更加明显。视觉型标识的普及性、通用性、直观性、准确性都显著优于其他标识。

基于听觉的标识即依赖人们聆听的标识，就是指用声音来表现、依赖听觉来传递信息的一种标识形式。一般情况下，听觉型标识是一种无障碍标识系统，主要是为视觉有障碍的人（如盲人、红绿色盲患者）等提供服务的特殊标识。例如，道路上的红绿灯可以用有一定节奏的声音来表示红绿灯的转换，在指示灯改变颜色的时候，声音的节奏和旋律都会发生变化，这样就能为无法看到红绿灯的人提供指示。当然正常人也完全可以使用这种听觉型标识，这种标识可以起到强化信息的作用，在设计的时候往往和视觉型标识结合起来使用。

基于触觉的标识即依赖人们触摸的标识，通常会跟听觉型标识结合起来使用，这也是针对视觉障碍者（如盲人等）提供信息的一种标识。视觉型标识的信息传达准确度较高，而听觉型标识容易受到干扰，因此就需要触觉型标识进行辅助来强化信息。比如，现在很多地方的标识设计会添加盲文，盲文就是一种典型的触觉型标识，以及街道上随处可见的盲道，这些触觉型标识对于防止盲人等视觉障碍者发生意外事故有重要的作用。

基于嗅觉的标识即依赖人们嗅到的气味的标识，是使用特殊气味来传递信息的一种标识形式。基于嗅觉的标识，一般都是在没有气味的物品中加入特殊而明显的气味，以表示该物品的信息。比如，在本来没有气味的燃气内添加臭味，当燃气泄漏时，人们就能很容易地发现这一情况并做出处理，从而防止发生爆炸或火灾等重大事故。这类标识在标识系统中并不多见，但在特殊的场合也有其关键的用途。

压力气瓶的标识大部分都属于基于视觉的标识，是通过文字与图画来传递信息的标识。

压力气瓶的标识按照所处环境可分为压力气瓶本身的标识与放置于压力气瓶附近的标识两种。

压力气瓶本身的标识按照功能可分为气瓶颜色标识、气瓶的钢印标记、气瓶的检验色标以及缠绕气瓶标签标识等。

压力气瓶的存放标识可分为禁止标识、警告标识、指令标识和提示标识等。

压力气瓶的标识也包括二维码追溯标识、RFID 电子标签。

压力气瓶的标识是压力气瓶安全使用与管理的关键依据。制造单位应当按照相应标准的规定，在每只气瓶上做出永久性制造标志。钢质气瓶或者铝合金气瓶采用钢印，缠绕气瓶采用塑封标签，非重复充装焊接气瓶采用瓶体印字，焊接绝热气瓶（含车用焊接绝热气瓶）、液化石油气钢瓶采用压印凸字或者封焊铭牌等方法进行标记。不能采用前款方法进行标记的其他产品，应当采用符合相应气瓶产品标准的标记方法。制造单位应当在设计时考虑气瓶信息标签（条码、二维码或射频标签等）的安放需求。气瓶制造单位或充装单位应采用信息化手段对气瓶实行全寿命周期安全管理。

3.4　压力气瓶标识的基本要求与标记方式

3.4.1　常用术语

气瓶颜色标识针对气瓶不同的充装介质，按照有关标准对气瓶外表面涂敷的涂膜颜色、字样、字色、色环等内容进行规定的组合，作为识别瓶装气体的标志。

（1）色卡：表示一定颜色的标准样品卡。

（2）检验色标：为便于观察和了解气瓶定期检验年份，在检验钢印处涂敷的相应颜色和形状的标识。

（3）检验标记环：装设于瓶阀与阀座之间，上面打有气瓶检验信息钢印，可以转动的金属环形薄片。

（4）混合气：含有两种或两种以上有效成分，或虽属非有效成分但其含量超过规定限量的气体。

（5）标准气：带有证书的具有计量溯源性的一种或多种准确特性量值、用于校准仪器、评价测量方法或给物质赋值的气体。

（6）安全标识：用以表达特定安全信息的标识，由图形符号、安全色、几何形状（边框）或文字构成。

（7）安全色：传递安全信息含义的颜色，包括红、蓝、黄、绿四种颜色。

（8）对比色：使安全色更加醒目的反衬色，包括黑、白两种颜色。

（9）禁止标识：禁止人们不安全行为的图形标识。

（10）警告标识：提醒人们对周围环境引起注意，以避免可能发生危险的图形标识。

（11）指令标识：强调人们必须做出某种动作或采用防范措施的图形标识。

（12）提示标识：向人们提供某种信息（如标明安全设施或场所等）的图形标识。

（13）说明标识：向人们提供特定指示信息（标明安全分类或防护措施等）的标识，由几何图形边框和文字构成。

（14）专用标识：针对某种特定的事物、产品或设备所制定的符号或标志物，用以标示，便于识别。

（15）环境信息标识：提供的信息涉及较大区域的图形标识。标识种类代号：H。

（16）局部信息标识：所提供的信息只涉及某地点，甚至某个设备或部件的图形标识。标识种类代号：J。

（17）亮度因数：在规定的照明和观测条件下，非自发光体表面上某一点的给定方向的亮度和同一条件下完全反射或完全透射的漫射体的亮度之比。

（18）普通材料：不逆反射光也不发光的材料。

（19）逆反射材料：光线反射的方向与光线入射的反方向接近的材料。

（20）组合材料：将光致发光材料与逆反射材料的光学特征结合在一起的材料。

（21）主要危险性：反映介质所具有的主要危险特性。

（22）次要危险性：反映介质所具有的、与主要危险性相比较为次要的危险特性。

3.4.2 压力气瓶钢印标识

压力气瓶的钢印标识一般是气瓶的制造标识。而气瓶的制造标志是识别气瓶的依据，标记的排列方式和内容应当符合相应标准的规定，其中，制造单位代号（如字母、图案等标记）应当报中国气瓶标准化机构备查。

无缝气瓶、焊接气瓶（非重复充装焊接钢瓶除外）及焊接绝热气瓶（含车用焊接绝热气瓶）的钢印标识是识别气瓶安全质量的重要依据。钢印标识应准确、清晰、完整，直接压印在瓶肩或气瓶的不可拆卸附件上。标识的排列和内容应符合TSG R006—2014《气瓶安全技术监察规程》的规定。

气瓶定期检验机构应当在检验合格的气瓶上逐只打印检验合格钢印或者在气瓶上做出永久性的检验合格标志。

压力气瓶钢印标识的相关规定与标准都应符合TSG R006—2014《气瓶安全技术监察规程》的规定。

3.4.2.1 钢印标识的基本要求

钢印标识应当准确、清晰、完整，打印在瓶肩、铭牌或护罩等不可拆卸附件上；钢印标识应当采用自动化的机械打印或激光打印刻字等可以形成永久性标识的方法。压印在瓶肩上的永久性钢印标识应圆滑无任何尖角，不应影响压力气瓶的安全使用。钢印标识不得用铭牌代替。

3.4.2.2 钢印标识的位置

钢印标识打在瓶肩上时，其位置如图3-1（a）所示；打在护罩上时，其位置如图3-1（b）所示；打在铭牌上时，其位置如图3-1（c）所示。

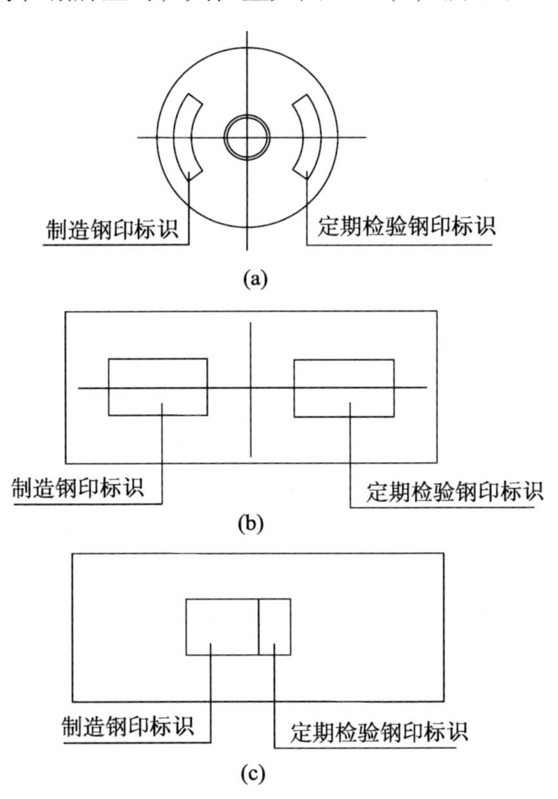

图3-1 钢印标识位置示意图

3.4.2.3　制造钢印标识的项目和排列

（1）制造钢印标识的项目及排列见图 3-2。

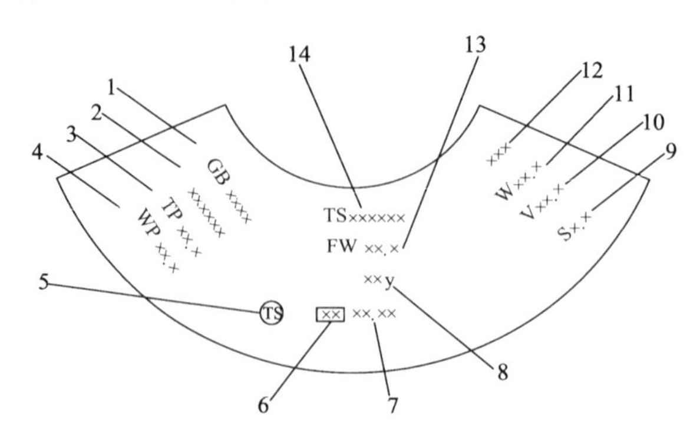

1—产品标准号；2—气瓶编号；3—水压试验压力（MPa）；4—公称工作压力（MPa）；5—监检标记；6—制造单位代号；7—制造日期；8—设计使用年限；9—瓶体设计壁厚（mm）；10—实际容积（L）；11—实际质量（kg）；12—充装气体名称或化学分子式；13—液化气体最大充装量（kg）；14—气瓶制造许可证编号。

（a）气瓶制造钢印标识的项目和排列（溶解乙炔气瓶及焊接绝热气瓶除外）

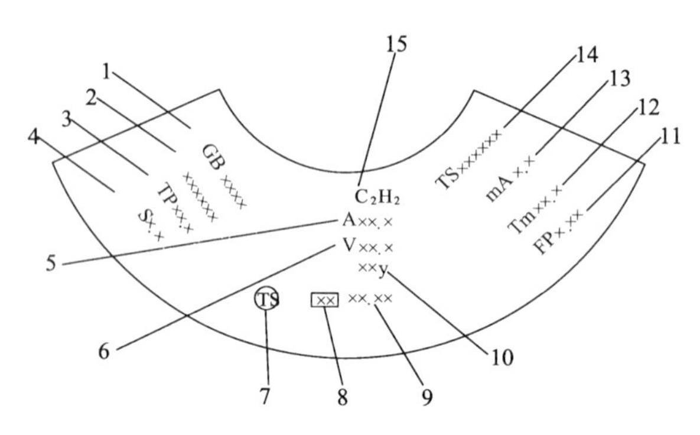

1—产品标准号；2—气瓶编号；3—水压试验压力（MPa）；4—瓶体设计壁厚（mm）；5—丙酮标志及丙酮规定充装量（kg）；6—瓶体实际容积（L）；7—监检标记；8—制造单位代号；9—制造日期；10—设计使用年限；11—在基准温度 15 ℃时的限定压力（MPa）；12—皮重（kg）；13—最大乙炔量（kg）；14—气瓶制造许可证编号；15—乙炔化学分子式。

（b）溶解乙炔气瓶制造钢印标识的项目和排列

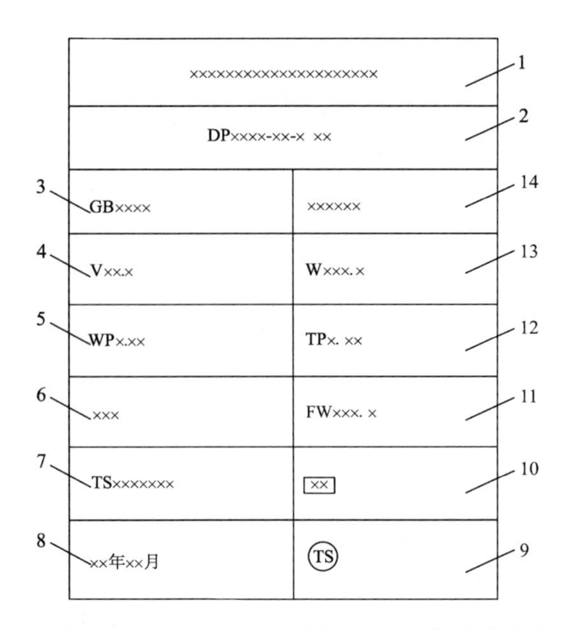

1—制造单位名称；2—气瓶型号；3—产品标准号；4—内胆公称容积（L）；5—公称工作压力（MPa）；6—允许充装介质（仅限一种）；7—气瓶制造许可证编号；8—制造年月；9—监检标记；10—制造单位代号；11—最大充装量（kg）；12—内胆试验压力（MPa）；13—实际质量（kg）；14—气瓶编号。

（c）焊接绝热气瓶制造钢印标识的项目和排列（竖版铭牌）

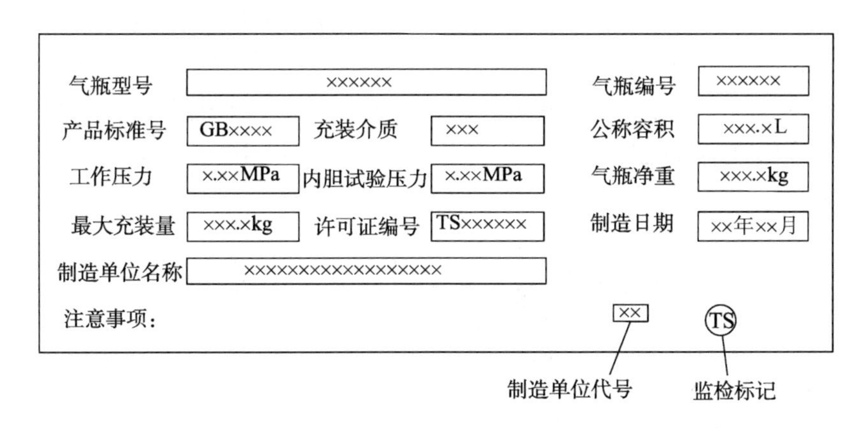

（d）焊接绝热气瓶制造钢印标识的项目和排列（横版铭牌）

图 3-2　气瓶制造钢印标识的项目和排列

（2）制造钢印标识也可在瓶肩部沿一条或两条圆周线排列，如图 3-3 所示。对小容积气瓶，也可刻印在瓶体直线段靠近瓶肩部的圆周上。

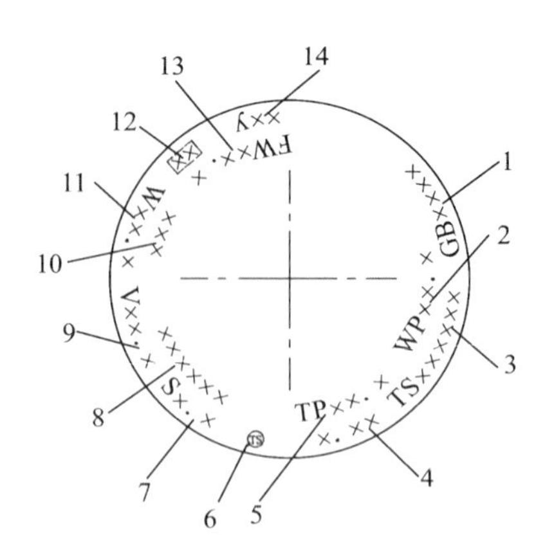

1—产品标准号；2—公称工作压力（MPa）；3—气瓶制造许可证编号；4—制造日期；5—水压试验压力（MPa）；6—监检标记;；7—瓶体设计壁厚（mm）；8—气瓶编号；9—实际容积（L）；10—充装气体名称或化学分子式；11—实际质量（kg）；12—制造单位代号；13—液化气体最大充装量（kg）；14—设计使用年限。

图 3-3　气瓶制造钢印标识的项目和排列（圆周线排列）

3.4.2.4　定期检验钢印标识和使用钢印标识

气瓶定期检验机构应当按照 TSG Z7001—2004《特种设备检验检测机构核准规则》的规定，取得气瓶定期检验核准证，严格按照核准的检验范围从事气瓶定期检验工作，并接受质监部门的监督。该机构将在通过检验的每只压力气瓶上打印检验合格钢印，也可以在检验合格的压力气瓶上做出永久性的检验合格标志。

（1）定期检验钢印标识。

定期检验钢印标识可打在气瓶瓶体、铭牌或护罩上，如图 3-4（a）所示（溶解乙炔气瓶除外）；也可打在金属检验标记环上，如图 3-4（b）所示。

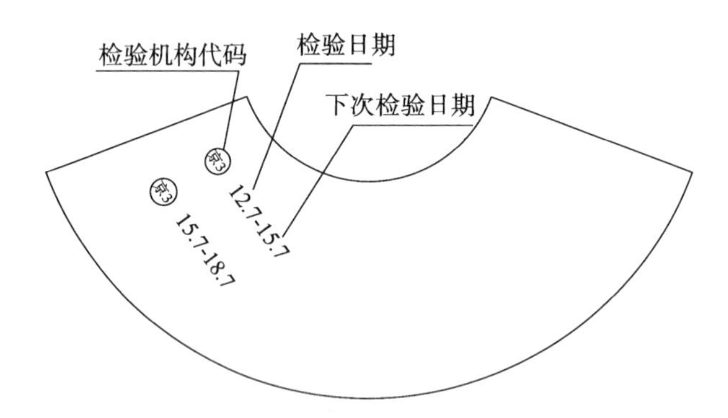

（a）打在气瓶瓶体、铭牌或护罩上的定期检验钢印标识

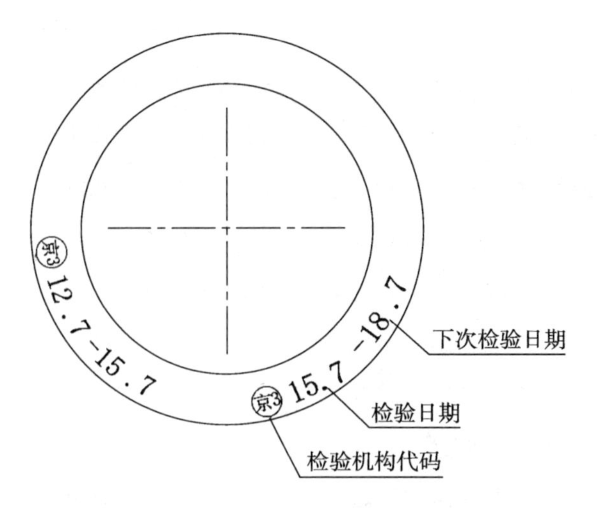

（b）打在金属检验标记环上的定期检验钢印标识

图 3-4　定期检验钢印标识

钢印标识应当排列整齐、清晰。钢印字体大小应当与气瓶大小相适应。例如，对公称容积 40 L 的气瓶，字体高度应为 5~10 mm，深度为 0.5 mm。

（2）使用钢印标识。

使用钢印标识包括使用登记标记、充装单位标记和自有气瓶产权编号。

使用钢印标识应统一、规范地打印在焊接护罩或封头上，不得影响气瓶的安全性能，不得和气瓶的制造、检验钢印混淆；对于难以打印的气瓶，也可打在金属标记环上，但应保持和气瓶的唯一性。

3.4.3　缠绕气瓶标签标识

气瓶钢印标识主要是指无缝气瓶、焊接气瓶（焊接气瓶中的工业用非重复充装焊接钢瓶除外）及焊接绝热气瓶（含车用焊接绝热气瓶）的钢印标识。而缠绕气瓶主要采用标签标识进行标记。

3.4.3.1　基本要求

（1）标签标识应当准确、清晰、完整。

（2）标识应当印刷在标签上，标签字体大小应当符合其相应国家标准的要求和规定。

3.4.3.2　标记方式

应当在每只气瓶缠绕层的表面涂层或防护层下面植入标签，形成永久性标识。制造标签标识的项目和排列如图 3-5 所示；定期检验标签标识的项目和排列如图 3-6 所示。对于金属内胆纤维环向缠绕气瓶，监检标记及定期检验标签标识也可以钢印标识的方式打在气瓶瓶肩金属表面上。

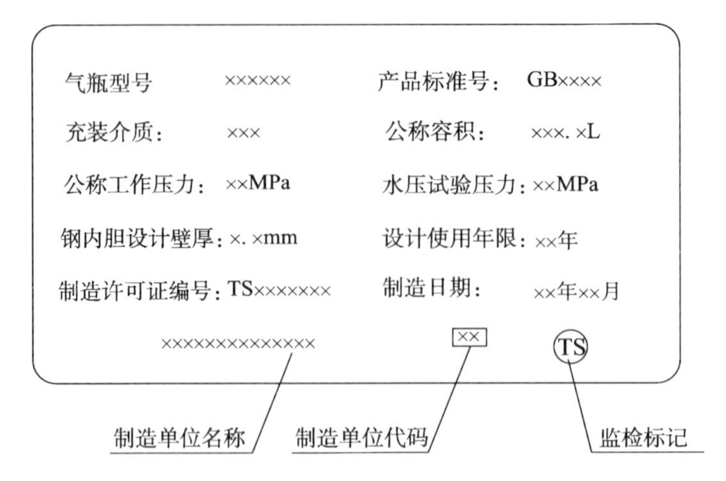

图中所示瓶内胆设计壁厚适用于瓶内胆环向缠绕气瓶；对于按照 GB/T 28053—2011《呼吸器用复合气瓶》标准设计制造的缠绕气瓶，该处标签标识应当为水压试验极限弹性膨胀量（REE）

图 3-5 缠绕气瓶制造标签标识的项目和排列

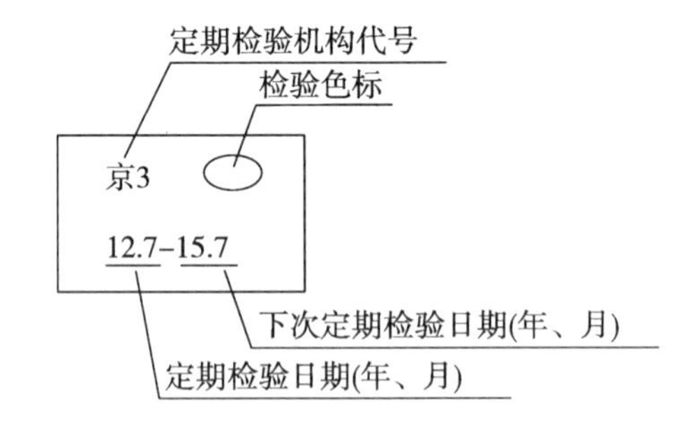

图 3-6 缠绕气瓶定期检验标签标识的项目和排列

3.4.4 压力气瓶的颜色标识

压力气瓶除了基本的钢印标识和缠绕标识外，还有压力气瓶本身的颜色也可以被用来作为气瓶的标识。压力气瓶外表面的颜色标识、字样和色环，应当完全符合 GB/T 7144—2016《气瓶颜色标志》的规定；对于颜色标识、字样和色环有其他特殊要求的，应当符合国家相应标准化压力气瓶产品安全技术标准的有关规定。当压力气瓶盛装未列入国家标准的气体和混合气体时，该气瓶的颜色标识、字样和色环由全国压力气瓶标准化技术监督管理机构统一负责并分别明确。

3.4.4.1 气瓶颜色标识的定义

气瓶的颜色标识就是针对气瓶不同的气体充装介质，按照国家有关的标准对气瓶外表面涂覆的涂膜颜色、字样、字色、色环等内容进行规定组合，作为识别瓶装气体的重要标志。

（1）涂膜颜色：压力气瓶外表的颜色。

（2）色环：公称工作压力不同的气瓶充装同一种气体而具有不同充装压力或不同充装系数的识别标志。

（3）色卡：标识一定颜色的标准样品卡。

（4）检验色标：为便于观察和了解气瓶定期检验年份，在检验钢印处涂覆的相应颜色和形状的标志。

（5）检验标记环：装设于瓶阀于阀座之间，上面打有气瓶检验信息钢印、可以转动的金属环形薄片。

3.4.4.2　气瓶涂膜颜色

气瓶涂膜颜色的编号、名称和色卡见表3-1。

表3-1　气瓶涂膜颜色的编号、名称和色卡

颜色编号、名称	色卡
P01 浅紫	
PB06 淡（酞）蓝	
B04 银灰	
G02 浅绿	
G05 深绿	
Y06 淡黄	
Y09 铁黄	
YR05 棕	
R01 铁红	
R03 大红	
RP01 粉红	
铝白	
黑	
白	

3.4.4.3　混合气瓶配色

混合气体是指两种或多种气体的混合气，按混合气体主要危险特性分类，一般可分为四类：燃烧性、毒性（含腐蚀性）、氧化性和不燃性（一般性）。

燃烧性混合气体用红色（R03 大红）表示，毒性混合气体用黄色（Y06 淡黄）表示，氧化性混合气体用蓝色［PB06 淡（酞）蓝］表示，不燃性混合气体用绿色

（G05 深绿）表示。

混合气体气瓶的瓶色分为头色和体色两部分。

混合气体气瓶的头部，指瓶颈和瓶肩两部分的组合。对于一条环焊缝的焊接气瓶，是指从瓶口（或阀座，下同）起至瓶肩过渡区或下延 20 mm（按容积、长径比不同，下延长度可适当调整）；对于两条环焊缝的焊接气瓶，是指从瓶口起至上环缝的下缘；对于无缝气瓶，是指从瓶口起至瓶肩过渡区或下延 20 mm（按容积、长径比不同，下延长度可适当调整）。

（1）混合气体气瓶的头色。

头部所涂敷的颜色为头色。头色需涂敷成两种颜色时，按头部长度（高度）平分为上、下两部分，各涂敷一种颜色。

混合气体的主要危险特性符合基础分类时，头色为单一颜色：可燃性为大红色，毒性为淡黄色，氧化性为淡（酞）蓝色，不燃性（一般性）为深绿色。混合气体的主要危险特性为具有可燃性且又有毒性时，头色上部为大红色，下部为淡黄色；具有毒性且又有氧化性时，头色上部为淡黄色，下部为淡（酞）蓝色。

（2）混合气体气瓶的体色。

混合气体气瓶头部以外的部分为瓶体，瓶体所涂敷的颜色为体色。混合气体气瓶的体色均为银灰色。

铝合金气瓶、不锈钢气瓶盛装混合气体，不涂敷体色而保持金属本色。混合气体气瓶的瓶阀不再涂色，即保持金属本色或产品原涂敷颜色。混合气体气瓶的其他部位颜色，如混合气体气瓶的护罩、瓶耳、瓶帽、底座等都为银灰色。混合气体气瓶的瓶色一览表如表 3-2 所示。

表 3-2　混合气体气瓶的瓶色一览表

<table>
<tr><th rowspan="2">混合气体危险特性</th><th colspan="2">头色</th><th rowspan="2">体色</th><th rowspan="2">字色和环色</th></tr>
<tr><th>上</th><th>下</th></tr>
<tr><td>燃烧性</td><td colspan="2">R03 大红</td><td rowspan="6">B04 银灰</td><td>R03 大红</td></tr>
<tr><td>毒性</td><td colspan="2">Y06 淡黄</td><td>Y06 淡黄</td></tr>
<tr><td>氧化性</td><td colspan="2">PB06 淡（酞）蓝</td><td>PB06 淡（酞）蓝</td></tr>
<tr><td>不燃性（一般性）</td><td colspan="2">G05 深绿</td><td>G05 深绿</td></tr>
<tr><td>燃烧性和毒性</td><td>R03 大红</td><td>Y06 淡黄</td><td>R03 大红</td></tr>
<tr><td>毒性和氧化性</td><td>Y06 淡黄</td><td>PB06 淡（酞）蓝</td><td>Y06 淡黄</td></tr>
</table>

3.4.4.4　常用气瓶颜色标识

不同的压力气瓶因为其不同的充装介质有不同的颜色标识，表 3-3 列出了常用的气瓶颜色标识（依据国家标准 GB/T 7144—2016《气瓶颜色标志》中的规定）。

表3-3 气瓶颜色标识一览表

序号	充装气体	化学式（或符号）	体色	字样	字色	色环
1	空气	Air	黑	空气	白	$p=20$，白色单环 $p>30$，白色双环
2	氩	Ar	银灰	氩	深绿	
3	氟	F_2	白	氟	黑	
4	氦	He	银灰	氦	深绿	$p=20$，白色单环 $p>30$，白色双环
5	氪	Kr	银灰	氪	深绿	
6	氖	Ne	银灰	氖	深绿	
7	一氧化氮	NO	白	一氧化氮	黑	
8	氮	N_2	黑	氮	白	$p=20$，白色单环 $p\geqslant30$，白色双环
9	氧	O_2	淡（酞）蓝	氧	黑	
10	二氟化氧	OF_2	白	二氟化氧	大红	
11	一氧化碳	CO	银灰	一氧化碳		
12	氘	D_2	银灰	氘		
13	氢	H_2	淡绿	氢	大红	$p=20$，大红单环 $p\geqslant30$，大红双环
14	甲烷	CH_4	棕	甲烷	白	$p=20$，白色单环 $p\geqslant30$，白色双环
15	天然气	CNG	棕	天然气	白	
16	空气（液体）	Air	黑	液化空气	白	
17	氩（液体）	Ar	银灰	液氩	深绿	
18	氦（液体）	He	银灰	液氦	深绿	
19	氢（液体）	H_2	淡绿	液氢	大红	
20	天然气（液体）	LNG	棕	液化天然气	白	
21	氮（液体）	N_2	黑	液氮	白	
22	氖（液体）	Ne	银灰	液氖	深绿	
23	氧（液体）	O_2	淡（酞）蓝	液氧	黑	
24	三氟化硼	BF_3	银灰	三氟化硼	黑	
25	二氧化碳	CO_2	铝白	液化二氧化碳	黑	$p=20$，黑色单环
26	碳酰氟	CF_2O	银灰	液化碳酰氟	黑	

续表

序号	充装气体	化学式（或符号）	体色	字样	字色	色环
27	三氟氯甲烷	CF_3Cl	铝白	液化三氟氯甲烷	黑	$p=12.5$，黑色单环
28	六氟乙烷	C_2F_6	铝白	液化六氟乙烷 R-116	黑	
29	氯化氢	HCl	银灰	液化氯化氢	黑	
30	三氟化氮	NF_3	银灰	液化三氟化氮	黑	
31	一氧化二氮	N_2O	银灰	液化笑气	黑	$p=15$，黑色单环
32	五氟化磷	PF_5	银灰	液化五氟化磷	黑	
33	三氟化磷	PF_3	银灰	液化三氟化磷	黑	
34	四氟化硅	SiF_4	银灰	液化四氟化硅	黑	
35	六氟化硫	SF_6	银灰	液化六氟化硫	黑	$p=12.5$，黑色单环
36	四氟甲烷	CF_4	铝白	液化四氟甲烷	黑	
37	三氟甲烷	CHF_3	铝白	液化三氟甲烷	黑	
38	氙	Xe	银灰	液氙	深绿	$p=20$，白色单环 $p=30$，白色双环
39	1，1-二氟乙烯	$C_2H_2F_2$	银灰	液化偏二氟乙烯	大红	
40	乙烷	C_2H_6	棕	液化乙烷	白	$p=15$，白色单环 $p=20$，白色双环
41	乙烯	C_2H_4	棕	液化乙烯	淡黄	
42	磷化氢	PH_3	白	液化磷化氢	大红	
43	硅烷	SiH_4	银灰	液化硅烷	大红	
44	乙硼烷	B_2H_6	白	液化乙硼烷	大红	
45	氟乙烯	C_2H_3F	银灰	液化氟乙烯	大红	
46	四氟乙烯	C_2F_4	白	液化四氟乙烯	大红	
47	二氟溴氯甲烷	$CBrClF_2$	银灰	液化二氟溴氯甲烷	大红	
48	三氯化硼	BCl_3	铝白	液化三氯化硼	黑	
49	溴三氟甲烷	$CBrF_3$	银灰	液化溴三氟甲烷	黑	$p=12.5$，黑色单环
50	氯	Cl_2	深绿	液氯	白	
51	氯二氟甲烷	$CHClF_2$	铝白	液化氯二氟甲烷	黑	
52	氯五氟乙烷	CF_3CClF_2	铝白	液化氯五氟甲烷	黑	
53	氯四氟甲烷	$CHClF_4$	铝白	液化氯四氟甲烷	黑	
54	氯三氟乙烷	CH_2ClCF_3	铝白	液化氯三氟乙烷	黑	
55	二氯二氟甲烷	CCl_2F_2	铝白	液化二氟二氯甲烷	黑	

续表

序号	充装气体	化学式（或符号）	体色	字样	字色	色环
56	二氯氟甲烷	$CHCl_2F$	铝白	液化氟氯烷	黑	
57	三氧化二氮	N_2O_3	白	液化三氧化二氮	黑	
58	二氯四氟乙烷	$C_2Cl_2F_4$	铝白	液化氟氯烷	黑	
59	七氟丙烷	CF_3CHFCF_3	铝白	液化七氟丙烷	黑	
60	六氟丙烷	C_3F_6	银灰	液化六氟丙烷	黑	
61	溴化氢	HBr	银灰	液化溴化氢	黑	
62	氟化氢	HF	银灰	液化氟化氢	黑	
63	二氧化氮	NO_2	白	液化二氧化氮	黑	
64	八氟环丁烷	C_4H_8	铝白	液化氟氯烷	黑	
65	五氟乙烷	$CH_2F_2CF_3$	铝白	液化五氟乙烷	黑	
66	碳酰二氯	$COCl_2$	白	液化光气	黑	
67	二氧化硫	SO_2	银灰	液化二氧化硫	黑	
68	硫酰氟	SO_2F_2	银灰	液化硫酰氟	黑	
69	1，1，1，2-四氟乙烷	CH_2FCF_3	铝白	液化四氟乙烷	黑	
70	氨	NH_3	淡黄	液氨	黑	
71	锑化氢	SbH_3	银灰	液化锑化氢	大红	
72	砷烷	AsH_3	白	液化砷化氢	大红	
73	正丁烷	C_4H_{10}	棕	液化正丁烷	白	
74	1-丁烯	C_4H_8	棕	液化丁烯	淡黄	
75	（顺）2-丁烯	C_4H_8	棕	液化顺丁烯	淡黄	
76	（反）2-丁烯	C_4H_8	棕	液化反丁烯	淡黄	
77	氯二氟乙烷	CH_3CClF_2	铝白	液化氯二氟乙烷	大红	
78	环丙烷	C_3H_6	棕	液化环丙烷	白	
79	二氯硅烷	SiH_2Cl_2	银灰	液化二氯硅烷	大红	
80	偏二氟乙烷	CF_2CH_3	铝白	液化偏二氟乙烷	大红	
81	二氟甲烷	CH_2F_2	铝白	液化二氟甲烷	大红	
82	二甲胺	$(NH_3)_2NH$	银灰	液化二甲胺	大红	
83	二甲醚	C_2H_6O	淡绿	液化二甲醚	大红	
84	乙硅烷	SiH_6	银灰	液化乙硅烷	大红	

续表

序号	充装气体	化学式（或符号）	体色	字样	字色	色环
85	乙胺	$C_2H_6NH_2$	银灰	液化乙胺	大红	
86	氯乙烷	C_2H_5Cl	银灰	液化氯乙烷	大红	
87	硒化氢	H_2Se	银灰	液化硒化氢	大红	
88	硫化氢	H_2S	白	液化硫化氢	大红	
89	异丁烷	C_4H_{10}	棕	液化异丁烷	白	
90	异丁烯	C_4H_8	棕	液化异丁烯	淡黄	
91	甲胺	CH_3NH_2	银灰	液化甲胺	大红	
92	溴甲烷	CH_3Br	银灰	液化溴甲烷	大红	
93	氯甲烷	CH_3Cl	银灰	液化氯甲烷	大红	
94	甲硫醇	CH_3SH	银灰	液化甲硫醇	大红	
95	丙烷	C_3H_8	棕	液化丙烷	白	
96	丙烯	C_3H_6	棕	液化丙烯	淡黄	
97	三氯硅烷	$SiHCl_3$	银灰	液化三氯硅烷	大红	
98	1,1,1-三氟乙烷	CHF_3CH_2	铝白	液化三氟乙烷	大红	
99	三甲胺	$(CH_3)_3N$	银灰	液化三甲胺	大红	
100	液化石油气	工业用	棕	液化石油气	白	
101	液化石油气	民用	银灰	液化石油气	大红	
102	1，3-丁二烯	C_4H_6	棕	液化丁二烯	淡黄	
103	氯三氟乙烯	C_2F_3Cl	银灰	液化氯三氟乙烯	大红	
104	环氧乙烷	CH_2OCH_2	银灰	液化环氧乙烷	大红	
105	甲基乙烯基醚	C_3H_6O	银灰	液化甲基乙烯基醚	大红	
106	溴乙烯	C_2H_3Br	银灰	液化溴乙烯	大红	
107	氯乙烯	C_2H_3Cl	银灰	液化氯乙烯	大红	
108	乙炔	C_2H_2	白	乙炔　不可近火	大红	

注：色环栏内的 p 是压力气瓶的公称工作压力，单位为兆帕（MPa）；车用压缩天然气钢瓶可不涂色环。

充装除表 3-3 以外气体的气瓶涂膜配色类型见表 3-4，再配以相应的字样和色环即构成某气体的气瓶颜色标识。

表 3-4　气瓶涂膜配色类型

<table>
<tr><td colspan="2" rowspan="2">充装气体类别</td><td colspan="3">气瓶涂膜配色类型</td></tr>
<tr><td>体色</td><td>字色</td><td>环色</td></tr>
<tr><td rowspan="2">烃类</td><td>烷烃</td><td rowspan="2">YR05 棕</td><td>白</td><td rowspan="6">R03 大红</td></tr>
<tr><td>烯烃</td><td></td></tr>
<tr><td colspan="2">稀有气体类</td><td>B04 银灰</td><td>G05 深绿</td></tr>
<tr><td colspan="2">氟氯烷类</td><td>铝白</td><td rowspan="3">可燃气体：R03 大红
不燃气体：黑</td></tr>
<tr><td colspan="2">剧毒类</td><td>Y06 淡黄</td></tr>
<tr><td colspan="2">其他气体</td><td>B04 银灰</td></tr>
</table>

3.4.4.5　字样

字样是指气瓶充装气体名称、气瓶所属单位的名称和其他内容（如溶解乙炔气瓶的“不可近火”等文字标记）。充装气体名称一般用汉字表示。液化气体的名称前一般加注“液”或“液化”字样；医用或呼吸用气体，在气体名称前应分别加注“医用”或“呼吸用”字样；混合气体（含标准气）按 GB/T 7144—2016《气瓶颜色标志》附录 A 的规定，加注混合气体或标准气字样。

对于小溶剂气瓶，充装气体名称可用化学式标识。

汉字字样应采用仿宋或黑体字。公称容积 40 L 的气瓶，字体高度不宜低于 80 mm，见图 3-7；对于其他规格的气瓶，字体大小可适当调整。

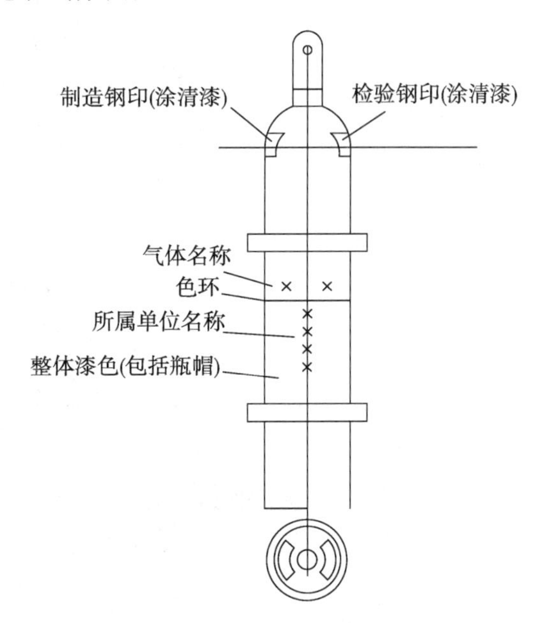

图 3-7　气瓶漆色、标志示意图

立式气瓶的充装气体名称应按瓶的环向横列于约为瓶高的 3/4 处；充装单位名称应按气瓶的轴向竖列于气体名称居中的下方或旋转 180°的瓶体表面。

卧式气瓶的充装气体名称和充装单位名称应以瓶的轴向从瓶阀端向右（瓶阀在左侧）分行横列于瓶体中部，充装单位名称应位于气体名称之下，行间距不小于字体高度的 1/2。

3.4.4.6　色环

按照 TSG R0006—2014《气瓶安全技术监察规程》中常用气体气瓶的公称工作压力分级，同种瓶装气体的公称工作压力最低为起始级。涂一道色环（简称单环）表示公称工作压力比规定的起始级高一级，涂二道色环（简称双环）表示公称工作压力比起始级高二级。

色环应在气瓶表面环向涂成连续一圈、边缘整齐且等宽的色带，不应呈螺旋状、锯齿状或波浪状；双环应平行。

公称容积40 L的气瓶，单环宽度为40 mm，双环的各环宽度为30 mm。其他规格的气瓶，色环宽度可适当调整，双环的环间距等于色环宽度。立式气瓶的色环位于气瓶高的2/3处，且介于充装气体名称和充装单位名称之间。卧式气瓶的色环位于距阀端筒体长度的1/4处。色环、字样、防震圈之间均应保持适当距离。

3.4.4.7　检验色标

定期检验时，在定期检验钢印标识和检验标记环上，应当按检验年份涂检验色标。缠绕气瓶的检验色标应当印刷在检验标签上。检验色标的颜色和形状如表3-5所示。

表3-5　检验色标的颜色和形状

检验年份	颜色	形状
2014	深绿色（G05）	椭圆形
2015	粉红色（RP01）	矩形
2016	铁红色（R01）	矩形
2017	铁黄色（Y09）	矩形
2018	淡紫色（P01）	矩形
2019	深绿色（G05）	矩形
2020	粉红色（RP01）	椭圆形
2021	铁红色（R01）	椭圆形
2022	铁黄色（Y09）	椭圆形
2023	淡紫色（P01）	椭圆形
2024	深绿色（G05）	椭圆形

涂在瓶体上的检验色标，大小应当与气瓶大小相适应。例如，对于公称容积40 L的气瓶，椭圆形的长轴约为80 mm，短轴约为40 mm，矩形约为80 mm×40 mm。

检验色标每10年为一个循环周期。

注：小容积气瓶和检验标记环上的检验钢印标识可以不涂检验色标。

3.4.5　压力气瓶的警示标识

压力气瓶是特种设备，也是高校实验室常用的储气装置。相对于其他气瓶使用单位，实验室因为人员密集，药品仪器众多，压力气瓶的安全储存与管理更为重要。压力气瓶的储存与管理状况直接关系到实验室、相关气瓶使用单位直至社会的安全，屡屡发生的气瓶事故也为人们敲响了警钟。对以往的事故发生情况进行了统计和调查分析，气瓶安全事故频繁发生的主要构成原因可能包括以下几个方面：

（1）人员操作不当。部分学生和操作人员专业知识匮乏，安全意识淡薄，责任心差，未受实验室或相关课程的专业培训而直接对气瓶进行操作。不标准规范的操作很容易导致气瓶内气体泄漏，进而造成实验事故、人员伤亡和财产损失，甚至可能酿成爆炸事故。

（2）气瓶状态不良。部分气瓶使用时间过长而没有及时更换，超过或临近正常使用寿命的气瓶仍在继续使用；压力气瓶的瓶体出现裂纹、阀门损坏，出现损坏的气瓶未及时经专业人员检修而作为正常气瓶使用；压力气瓶自身的高压本身也极有可能导致爆炸；充装有大量腐蚀性气体的压力气瓶在正常使用的过程中瓶壁可能会出现破裂或变薄，构成潜在的安全隐患。

（3）存放环境复杂。高校实验室因为空间有限，通常存放大量物品，包括不同种类和性质的实验原料、各种实验仪器和设备，且实验人员经常出入实验室。而其他相关气瓶使用单位也通常无法为储存气瓶单独准备一个空间，都会或多或少地与其他物品混放。因此，高压气瓶摆放其中，无论是光照或外界撞击，还是其他易燃易爆物质的燃爆，都可能导致压力气瓶的爆炸。

（4）设备管理混乱。压力气瓶的摆放位置不正确、不规范，多种气瓶随意乱放、混放，气瓶间空间距离不足；气瓶上没有明确标识，或标识受到腐蚀污损难以辨认，无法顺利地取用与管理；管理形式主义，气瓶检修维护不及时与准确，在实验室和其他相关气瓶使用部门中继续使用存在危险和隐患的气瓶。

总的来说，压力气瓶事故发生的原因主要还是管理问题。而压力气瓶的警示标识就是管理中一个重要的组成部分，它能明确压力气瓶的危险性，提示使用和管理人员相关的注意事项，杜绝安全隐患。因此明确压力气瓶的警示标识十分重要。

压力气瓶的警示标识的相关规定和应用应符合 GB/T 16804—2011《气瓶警示标签》。

3.4.5.1　警示标识的一般规定

警示标识应符合联合国《关于危险货物运输的建议书　规章范本》或其他有关运输的规程的要求。警示标识应清晰、可见、易读。警示标识应由面签和底签两部分组成。

（1）面签，即菱形部分。当有两种或三种危险需要明示时，应有一个或两个次要危险性面签与主要危险性面签同时使用；当需要两个或三个危险性面签时，次要危险性面签应放置在主要危险性面签的右边。面签可以部分重叠，如图 3-8、图 3-9 和图 3-10 所示。在任何情况下，代表主要危险性的面签和所有标签上的编号应清晰可见，符号应可以识别。

（2）底签。底签和面签应分别制作并粘贴到气瓶上或印刷在一起。图 3-8、图 3-9、

图 3-10 和图 3-11 所示是底签和面签排列的示例；也可采用其他排列方式，如面签可放在底签的上方或下方。

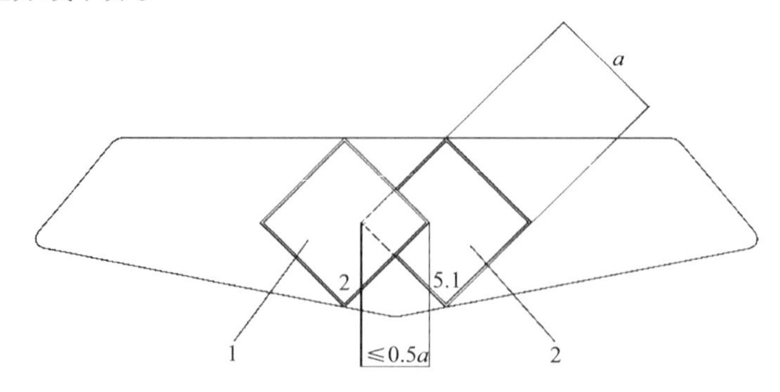

1—主要危险性面签；2—次要危险性面签。

图 3-8　主要和次要危险性面签及底签的示例

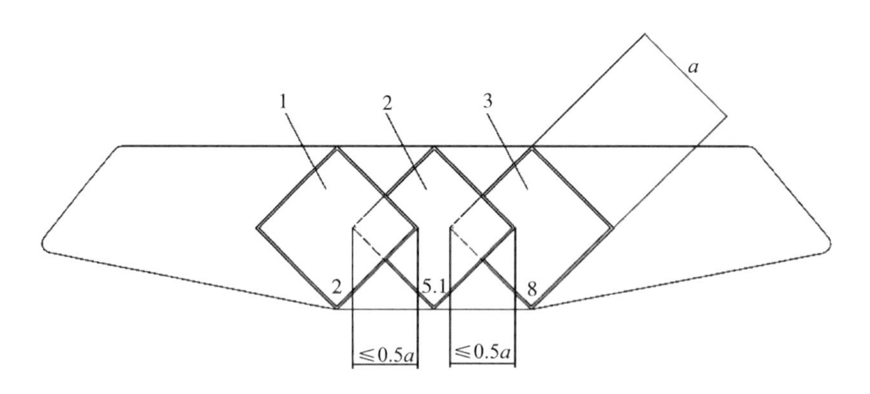

1—主要危险性面签；2—第一次要危险性面签；3—第二次要危险性面签。

图 3-9　主要和两个次要危险性面签及底签的示例。

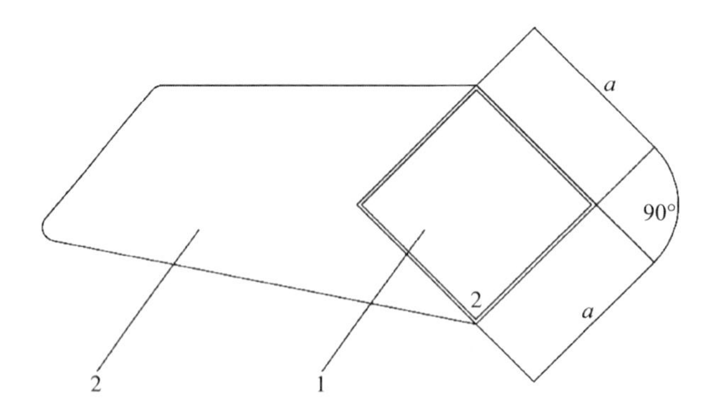

1—危险性面签（包含危险符号及危险性描述）；2—底签（包含前文要求中的信息，底签的尺寸和形状可自选）。

图 3-10　主要危险性面签及底签的示例

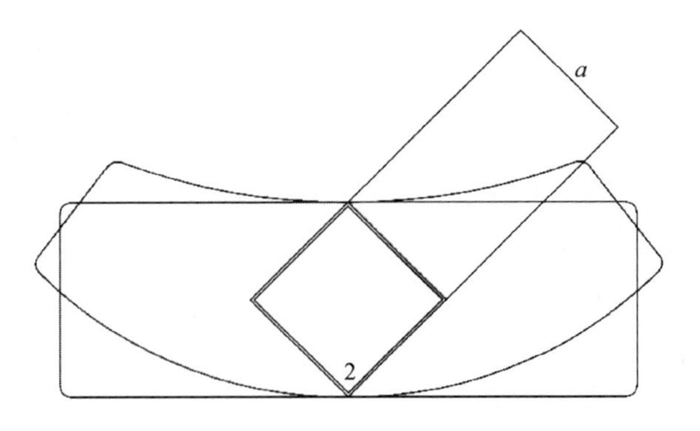

图 3-11　单个面签及曲边或矩形底签的示例

3.4.5.2　警示标识的尺寸和形状

面签的尺寸和形状见图 3-8、图 3-9、图 3-10 和图 3-11。面签边长 a 的最小长度按表 3-6 的规定。

表 3-6　面签尺寸

气瓶外径 D/mm	面签边长 a/mm
$D<75$	$a\geqslant 10$
$75\leqslant D<180$	$a\geqslant 15$
$D\geqslant 180$	$a\geqslant 25$

底签的尺寸和形状见图 3-8、图 3-9、图 3-10 和图 3-11。必要时底签的形状和尺寸可参照 GB 15258—2009《化学品安全标签编写规定》中的规定，但所含信息应满足前文的规定。

3.4.5.3　警示标识的材料

标签和胶合剂所用的材料应在运输、储存和使用条件下经久耐用。标签上的胶合剂应与气瓶外表面的材料相容。

3.4.5.4　警示标识的颜色

面签的底色应符合联合国《关于危险货物运输的建议书　规章范本》的规定，即易燃气体底色为红色，非易燃无毒气体底色为绿色，毒性气体底色为白色。

底签的颜色和外观应与面签形成对比。

3.4.5.5　警示标识的文字与符号

（1）面签的设计、符号、编号及文字应符合联合国《关于危险货物运输的建议书　规章范本》或其他有关运输的规程的要求。面签上文字和符号的大小应易于识别和辨认。面签上的符号为黑色，文字为黑色印刷体。但对于腐蚀性气体，其文字说明“腐蚀性”应以白色字印在面签的黑底上。每个面签上有一条黑色边线，该线画在边缘内侧，距边缘 $0.05a$（$a=0.05$ mm）。

（2）底签上文字的大小应易于识别和辨认，字色为黑色。底签上应记录有关危险货物运输相关法规、危险物质标签相关法规以及准备工作的信息，至少应包含下列内容：

① 所装气体识别。单一气体应有化学名称及分子式；混合气体应有导致危险性的主要成分的化学名称及分子式，如果主要成分的化学名称或分子式已被标识在气瓶的其他地方，也可只在底签上印上通用术语或商品名称。

② 气瓶及瓶内所装气体危险性的附加信息和在运输、储存及使用中应遵守的警示及其他说明。

③ 气瓶充装单位的名称、地址、邮政编码、电话号码。

④ 充装量。

3.4.5.6 警示标识的应用

（1）充装单位职责。充装单位应保证根据气瓶内所装气体粘贴、除去、更换标签。每只气瓶第一次充装时即应粘贴标签。如发现标签脱落、撕裂、污损、字迹模糊不清，充装单位应及时补贴或更换标签。

（2）标签的粘贴。标签应牢固地粘贴在气瓶上并保持标记清晰可见。应避免标签被气瓶上的任何部件或其他标签所遮盖。标签不应被折叠，面签和底签不应分开粘贴。在气瓶的整个使用期内标签应保持完好无损、清晰可见。

（3）标签的放置。标签不得覆盖任何充装所需的永久性标记。放置面签的首选位置应在气瓶瓶肩上或瓶肩正下（最大 50 mm）。对于小气瓶（10 L 及以下），标签可以放置在瓶体上。如尺寸允许，标签可放置在气瓶颈圈上。危险性面签大于或等于 100 mm×100 mm 时，应放置在气瓶筒体部位。

（4）已有标签的处理。只有当原有标签信息内容完全清晰时，才可以用新标签覆盖旧标签；否则，原有标签应彻底除去。主要危险性面签应部分覆盖在次要危险性面签上面（图 3-8）。

3.4.6 压力气瓶安全储存标识

压力气瓶安全储存标识一般指压力气瓶存放处的多种安全标志牌。

安全标志牌是出于安全考虑而设置的指示牌，以减少安全隐患。压力气瓶存放处应放有醒目的安全标志牌，气瓶也应按照存放区的标识有序放置，严禁倾倒，严禁空瓶和满瓶混放。

安全标志牌种类繁多，压力气瓶的典型安全标志牌样式如图 3-12 所示。

图 3-12　压力气瓶储存典型标识

压力气瓶的安全储存标识分为禁止标识、警告标识和指令标识等一系列类型。

3.4.6.1　禁止标识

常用禁止标识见表 3-7。

表 3-7　禁止标识

编号	图形标识	中英文名称	标识种类	设置范围和地点
1		禁止吸烟 No smoking	J	实验室、禁止吸烟的场所，压力气瓶储存区域
2		禁止烟火 No burning	J	实验室等易燃易爆品存放区、压力气瓶存放区
3		禁止明火 No open flames	J	实验室易燃易爆品存放区、实验处、压力气瓶存放区
4		禁止推动 No pushing	J	易于倾倒的装置与设备，如气体钢瓶等
5		禁止饮食 No food or drink	J	易造成人员伤害的场所、压力气瓶储存区

3.4.6.2 警告标识

常用警告标识见表 3-8。

表 3-8 警告标识

编号	图形标识	中英文名称	标识种类	设置范围和地点
1		注意安全 Warning danger	J	易造成人员伤害的场所及设备、压力气瓶存放区
2		当心火灾 Warning fire	H，J	易发生火灾的场所、压力气瓶存放区
3		当心爆炸 Warning explosion	H，J	易发生爆炸的场所，压力容器、压力气瓶存放区
4		注意气瓶 Pay attention to cylinder	J	压力气瓶存放区

3.4.6.3 指令标识

常用指令标识见表 3-9。

表 3-9 指令标识

编号	图形标识	中英文名称	标识种类	设置范围和地点
1		必须穿工作服 Must wear work clothes	J	按规定必须穿实验服的场所、压力气瓶存放区
2		必须固定 Must be fixed	J	须防止移动或倾倒而采取的固定措施的物体附近，如二氧化碳钢瓶、高（和/或低）压液氮罐存放处

另外，压力气瓶的安全存储也需要人们严格遵守一定的规章制度，以下是一系列压力气瓶安全储存注意事项。只有从自己做起，严格遵守制度，不麻痹大意才能更好更安全地使用压力气瓶。

（1）气瓶存放区内应留有安全通道，设置醒目的安全标识，严禁在通道内存放任何物品，确保通道畅通。

（2）气瓶存放必须按照储存区的标示定置存放，摆放整齐，严禁倾倒。空瓶与实瓶应分开放置并且有明显标识，严禁空瓶和满瓶混放。

（3）气瓶存放和使用过程中应固定并遮阳防晒，严禁敲打、碰撞。

（4）严禁携带任何火源进入气瓶存放区，保持良好的通风和干燥，禁止堆放易燃物和可燃物。

（5）气瓶存放区应配有消防器材及悬挂醒目的防火标志，照明必须使用防爆开关和防爆灯具。

（6）气瓶附近应配备足量的灭火器材、防毒面具，防止出现意外情况。

（7）气瓶在搬运过程中应保持直立，禁止肩扛和横向滚动。

（8）检查气瓶的安全阀、合金塞瓶帽、瓶阀、防震圈等附件齐全完好。

（9）各种气体瓶应按规定存放在规定的区域，气瓶应保持直立，禁止横向卧倒，摆放整齐，并应安放稳固，防止液体流出引燃爆炸。

3.5 二维码追溯标识

传统的压力气瓶使用和流通安全监管主要依靠基本的人工记录或气瓶使用与管理的信息采集系统，压力气瓶的安全信息管理和流通一直都是个很大的难题。随着压力气瓶的广泛使用，安全管理的复杂程度不断增加，近年来压力气瓶爆炸事故时有发生。压力气瓶安全管理不到位将导致大量安全隐患，对国家社会的安宁以及人民群众的健康与生命财产安全都将构成严重的威胁。现有的人工记录信息管理系统和简单压力气瓶信息采集与管理系统等方式已无法完全满足压力气瓶使用和流通安全监管的技术需要。压力气瓶的追溯已是安全使用与管理压力气瓶的重要手段。随着科技日新月异的发展，物联网技术和追溯技术也在迅猛发展，工作人员可以通过这种系统清晰地了解自己使用与管理的压力气瓶的各种信息，包括制造记录、使用记录和流通记录等。

目前市场上有多种物品追溯技术，如条形码技术、RFID技术、NFC技术等。与之相比，二维码有易生产、存储量大、成本低、识别效率高等优点。二维码追溯是一种廉价而智能的选择，所以基于二维码技术的压力气瓶追溯也是当前在压力气瓶追溯的应用中使用最广泛的手段之一。基于二维码技术的压力气瓶追溯安全监管系统可以将二维码追溯技术引入压力气瓶使用和流通安全监管领域，人们可以通过二维码技术实现对压力气瓶信息的清晰了解，对压力气瓶进行动态跟踪管理和控制，这对满足当前压力气瓶使用和流通安全监管的技术需要具有重要而现实的意义。

3.5.1 二维码技术介绍

二维码又称二维条码，常见的二维码为 QR Code，QR 的全称为 Quick Response，是近几年来在移动设备上流行的一种编码方式，它比传统的 Bar Code 条形码能存储更多的信息，也能表示更多的数据类型。

二维码（2-dimensional bar code）是用某种特定的几何图形按一定规律在平面（二维方向上）分布的、黑白相间的、记录数据符号信息的图形；在代码编制上巧妙地利用构成计算机内部逻辑基础的“0”“1”比特流的概念，使用若干个与二进制相对应的几何形体来表示文字数值信息，通过图像输入设备或光电扫描设备自动识读以实现信息自动处理；具有条码技术的一些共性；每种码制有其特定的字符集；每个字符占有一定的宽度；具有一定的校验功能等。同时，它还具有对不同行的信息自动识别及处理图形旋转变化点的功能。

与传统的一维码相比，二维码具备以下优点：

（1）信息容量大。

一维码靠单一方向上的图像的排列对数据信息进行表达，因此图像排列的密度比较低，能够存储的信息量很少，只能够用来表达一些比较简单的数据和信息，几乎不可能表示汉字和图像信息。二维码可以在水平方向和垂直方向上对图形进行排列，其运用了高密度的编码形式，能够以很小的图形储存大量的信息。与一维码相比，二维码所能够存储的信息量几乎比一般一维码储存的信息数量要多出十几倍。所以，在需要储存较多信息或图像、文字信息时，二维码比一维码更加合适。

（2）可编码种类极其丰富。

二维码能够携带以及处理的对象不仅仅局限于简单的字符，它包含了多种语言文字、各种多媒体文件，如图像、声音等用字节来表示的数据。二维码可以将文字、照片、指纹、签字等进行编码，一个二维码可容纳多达 1 850 个大写字母、2 710 个数字或 1 108 个字节（大约 500 个汉字）。气瓶信息复杂，使用二维码能确保完整记录所有需要监控的信息，并为以后管理预留足够的信息存储能力。而且这些复杂信息的处理不需要后台数据库的支持，气瓶信息随气瓶流动，适应气瓶安全监管流动性的需求。

（3）识别效率极高，误码率极低。

二维码中含有定位元素，读取设备能够根据这些定位元素在各个方向上迅速准确地对二维码进行识别读取。二维码中包含着一定的纠错码，这些纠错码的存在使得二维码具备较好的数据纠错特性，能够保障所存储的数据的安全，除此之外，二维码的使用效率也得以改善。同时，二维码在形成过程中加入了在无损、错位条件下的替代运算，使得二维码具有错误校验和错误纠正的能力。从理论上说，二维码在被损坏

50%的情况下，仍然可以把正确的信息还原。气瓶安全监管中经常会遇到破损的气瓶，即便其相应的二维码标签受损，仍可读取受损气瓶信息以便进行追溯管理，这对气瓶安全管理具有重要意义。

（4）技术工艺简单，成本低廉。

二维码的生成十分简便；对打印设备也没有特别的要求，可以使用任何一种打印设备对其进行打印；通常情况下，二维码的载体成本很低。二维码是一种图形数据文件，和传统的电磁信息载体不同，它对介质没有严格的要求，可以印制在任何打印材料（如普通纸张、不干胶、卡片等）上。气瓶安全监管中面对社会上庞大的气瓶存量，安全监管成本也是必须考虑的重要因素，成本过高，会极大减弱气瓶使用者参与气瓶安全监管过程的积极性。

（5）可以根据需要对二维码符号的大小以及二维码本身的形状、大小进行调整。

（6）可以使用 CCD 阅读器或激光对二维码进行识别与读取。

二维码能够携带大量的信息并且识别方便准确，这些特点使得二维码技术在各种识别技术中占据重要的地位，成为一种主流的识别技术。而二维码追溯，也叫二维码溯源，是对二维码技术的重要应用。

二维码追溯是通过给每个产品（如压力气瓶）建立一个唯一编码的二维码信息，如同产品（如压力气瓶）的身份证一样，在整个产品的产业链中，从生成到最后完成所有功能，直至销毁，该编码始终不变。这个唯一身份的追溯二维码记录了产品（如压力气瓶）原料供应信息，生产生成的所有信息，以及仓储、运输、销售、用户、售后等全部生命周期内的所有信息。对于压力气瓶的二维码追溯，即利用二维码技术实现对气瓶进行动态跟踪管理和控制，在每个气瓶上粘贴一个二维码，赋予气瓶一个唯一的“电子身份证”，实现气瓶的一瓶一证、一瓶一档的动态跟踪管理，建立一套科学、合理的气瓶安全管理体系。

3.5.2　二维码的特点和分类

3.5.2.1　二维码的特点

在许多种类的二维码中，常用的码制有：Data Matrix、MaxiCode、Aztec、QR Code、Vericode、PDF417、Ultracode、Code 49、Code 16K 等。每种码制有其特定的字符集；每个字符占有一定的宽度；具有一定的校验功能等。同时还具有对不同行的信息自动识别功能及处理图形旋转变化等特点。

目前在实际应用中 QR Code 码使用居多，在食品安全追溯、物流业、生产制造业、交通、安防、票证等领域被广泛应用。QR Code 码是 1994 年由日本 DW 公司发明的。QR 来自英文 Quick Response 的缩写，即快速反应的意思，源自发明者希望 QR 码可让其内容快速被解码。QR Code 码与其他码制相比具有如下优点：

（1）超高速识读。

识读 QR Code 码时，整个 QR Code 码符号中信息的读取是通过 QR Code 码符号的位置探测图形，用硬件来实现的，因此信息识读过程所需时间很短。

（2）全方位识读。

读取 QR Code 码从 360°任何一个角度识别，均能无损识读。气瓶安装使用所处的环境复杂，能全方位识读将提高气瓶安全监管的灵活性和效率。

（3）能够有效地表示中国汉字、日本文字。

由于 QR Code 码用特定的数据压缩模式表示中国汉字和日本文字，它仅用 13bit 即可表示一个汉字，而其他二维码没有特定的汉字表示模式，在用字节模式表示汉字时，需用 16bit（2 个字节）表示一个汉字。因此 QR Code 码比其他的二维条码表示汉字的效率提高了 20%。针对我国气瓶信息均为汉字记录的情况，使用 QR Code 码大大提高了汉字存储能力，并且读取时气瓶监管一线人员直接阅读汉字，将极大提高气瓶安全监管信息识别的准确性。因此，人们多选择采用 QR Code 码存储气瓶安全管理所需的各种信息。

3.5.2.2　二维码的分类

（1）二维码按编码原理分类。

二维码按编码原理可以分为堆叠式/行排式二维码和矩阵式二维码。

① 堆叠式/行排式二维码。

堆叠式/行排式二维码（又称堆积式二维条码或层排式二维条码），其编码原理是建立在一维码基础之上，按需要堆积成二行或多行。它在编码设计、校验原理、识读方式等方面继承了一维码的一些特点，并且在这一基础上进行了一些修改，从而使得二维码的编码特性、读取方式以及校验方法得以改进，识读设备、条码印刷与一维码技术兼容。这项技术将两行或两行以上的一维码进行层叠，从而实现对数据的存储。但由于行数的增加，需要对行进行判定，其译码算法与软件也不完全与一维码相同。有代表性的行排式二维码有 Code 16K、Code 49、PDF417、MicroPDF417 等。其中，Code 49 二维码便是典型的线性行排式二维码。Code 49 二维码的设计者是戴维尔莱尔，它的结构是多层的并且可以改变其长度，该二维码能够准确地表达出全部的 ASCII 码。Code 49 二维码的每一层都包含了 18 个条码以及 17 个空行，每一层之间存在一个分隔条。图 3-13 所示是该二维码的具体形式。

图 3-13　堆叠式/行排式二维码

② 矩阵式二维码。

矩阵式二维码（又称棋盘式二维条码），它是在一个矩形空间通过黑、白像素在矩阵中的不同分布进行编码，并且根据编码规律把这些图像分布在平面中，数据信息便存储在这些图形中，组成的图形不同则代表所存储的信息不同。在矩阵相应元素位置上，用点（方点、圆点或其他形状）的出现表示二进制的“1”，点的不出现表示二进制的“0”，点的排列组合确定了矩阵式二维条码所代表的意义。矩阵式二维码是建立在计算机图像处理技术、组合编码原理等基础上的一种新型图形符号自动识读处理码制。具有代表性的矩阵式二维码有 Code One、Maxi Code、QR Code、Data Matrix、Han Xin Code、Grid Matrix 等。除了这些常见的二维码之外，还有 Veri code 条码、Maxi code 条码、CP 条码、Codablock F 条码、田字码、Ultracode 条码及 Aztec 条码。人们对该类型的二维码的研究从十几年前便开始了，该类型的二维码技术相对来说比较成熟，应用的范围也十分广泛。图 3-14 所示是 QR Code 矩阵式二维码的具体形式。

图 3-14 QR Code 矩阵式二维码

（2）二维码按业务形态分类。

二维码应用根据业务形态不同可分为被读类和主读类两大类。

① 被读类业务二维码。

平台将二维码通过彩信发到用户手机上，用户持手机到现场，通过二维码机具扫描手机进行内容识别。应用方将业务信息加密、编制成二维码图像后，通过短信或彩信的方式将二维码发送至用户的移动终端上，用户使用时通过设在服务网点的专用识读设备对移动终端上的二维码图像进行识读认证，作为交易或身份识别的凭证来支撑各种应用。

② 主读类业务二维码。

用户在手机上安装二维码客户端，使用手机拍摄并识别媒体、报纸等上面印刷的二维码图片，获取二维码所存储内容并触发相关应用。用户利用手机拍摄包含特定信息的二维码图像，通过手机客户端软件进行解码后触发手机上网、名片识读、拨打电话等多种关联操作，以此为用户提供各类信息服务。

（3）追溯二维码的分类。

追溯二维码根据特点，主要分为两类：文本型追溯二维码和网址型追溯二维码。

① 文本型追溯二维码。

文本型追溯二维码主要由文本内容构成，不需要依赖网络扫码读取数据，所有的数据就存储在该二维码中。其内容一般是一些特殊意义的字符，如字母和数字组合的文本。其主要用于工业生产中。

文本型追溯二维码应用场景：现在工业生产的产业链和供应链比较复杂，供货单位比较多，进货渠道多样，特别是在电子产品制造业中，一块电路板涉及数千数万的电子元器件，可能来自数十家供应企业。现代工业的质量管理体系中都有完整的质量追溯制度，每一个元器件都有完整的记录。企业在产品生产中，原料订单下单后，供货商提供的元器件交货时，都有特定编制的二维码，特定的编码代表不同的供应商和产品、时间、数量、规格等信息。产品入库，进入产线，都有工业机器人摄像头读取该二维码，按照设定的流程生产。最终的产品也有一个唯一的编码，该编码同时也涵盖了所有元器件的信息。如用户使用过程中发生大面积故障，可以随时追查问题元器件的相关信息。目前规范的电子制造企业、工业制造企业都采用的是这种编码式文本追溯二维码管理整个流程和信息。

工业用途的追溯二维码一般都使用企业内部的一套产品信息管理数据系统来操作。

目前，也有生活产品的追溯系统使用文本型追溯二维码。这种追溯二维码必须是厂家指定的手机应用扫码，才能验证该码的内容。

② 网址型追溯二维码。

网址型追溯二维码，其内容主要是一个独特的网址。该网址指向一个网页，主要用来展示和存储所有与该产品有关的信息。网址型追溯二维码主要用在生活类产品追溯系统，而非工业生产中的产品使用。

网址型追溯二维码应用场景：消费者购买了一个消费品，如电器、食品等，产品上的追溯二维码，用智能手机的扫一扫功能，扫描追溯二维码，就可以获取产品追溯信息，如产地、生产日期、生产商、检测报告等，同时，还可以了解物流、销售、代理等各个环节，通过手持设备或者智能手机操作，接入和录入参与的人员与产品相关的所有所需信息，建立完整的信息链。

所有的追溯二维码，其作用就是方便、准确、高效地读取信息和记录信息，建立产品全过程的完整信息链，保证信息的真实、有效、可追溯。

下面以网址型追溯二维码为例具体说明追溯二维码的作用。

a. 信息可追溯。二维码追溯，其核心是为产品赋二维码，该二维码是唯一的，和产品一一对应，终生不可更改。通过该二维码，可以直接定位到具体的产品，对产品生产过程中的所有信息进行监控和绑定，形成数据链，互相印证，互相衔接。产品信息都可以从终端追查到起始端的所有相关信息。这样，对于质量管控、责任追究、流程分析、问题查找、产品召回等都有非常好的作用。国家对药品、农药、种子等产品强制性要求必须有追溯二维码可追溯。压力气瓶如具有追溯二维码，也可追溯其具体信息，有利于更加安全地使用和管理气瓶。

b. 信息真实有效。扫码后，可以看到产品的图片、生产日期、生产企业、检测报告等带有特定信息的内容，确认产品信息的真实性。

c. 压力气瓶生产信息追溯。压力气瓶的生产和充装过程都有一些严格的规定，如充气压力、气瓶瓶厚等都有行业严格规定，追溯信息必须包含每个环节的操作生产记录、加工过程等。

d. 售后服务系统。对于工业产品、医疗设备、电子产品、家用电器、机电设备、成套设备等产品的售后服务系统，都可以通过二维码追溯。用户通过扫描追溯二维码，激活产品保修卡，建立厂家与客户间的直接网络联系，用户提交工单，后台安排维修人员上门，客户对维修结果确认，系统后台对维修结果确认，维修功能完成，维修记录保存。完整的售后服务系统采用二维码追溯系统的售后服务，在产品维修、耗材更换等方面，可以为企业节约大量的人力资源和经营成本。

e. 全网查询及防伪验证。二维码追溯，都有一个独有的产品身份证编码，可以在企业追溯码指定的官方网站上输入该编码进行查询，验证信息的真实有效性。不同产品的追溯服务商或追溯主体不同，查询的网址可能不同。追溯编码或追溯二维码都进行了多重加密，本身都有防伪功能。当然也有高价值产品直接采用了防伪二维码追溯标签，进一步实现防伪功能，即除了本来的追溯二维码外，还有一个防伪验证码，除非购买了产品，否则不能破坏和打开防伪二维码追溯标签。使用智能手机扫描追溯二维码，提示防伪验证，输入防伪验证码，就可以获取是否为正品的验证结果。

3.5.3　二维码和二维码追溯的发展应用

3.5.3.1　二维码的发展应用

智能手机和平板电脑的普及催生了之前并不被业界广泛看好的二维码应用，人们竞相参与并投入大量的资源和精力进行二维码技术研发。二维码的应用从未如此受到关注，有业内专家甚至乐观地预测，二维码技术及其相关市场将在两三年内迅速增长形成上千亿的市场空间。

随着4G/5G移动网络环境下智能手机和平板电脑的普及，二维码应用不再受到网络和硬件设备的限制，已经变得廉价而普及化。基本上所有产品的基本属性、技术图片、声音和文字信息等都可以用数字化的信息进行编码捆绑，适用于产品质量安全追溯、产品信息查询、物流仓储管理、产品促销活动，甚至可以开展商务会议、身份查询、物流单据识别等。还可以通过相关的二维码应用，帮助设备进行远程维修和保养，并可以查询产品信息及发布消费者活动等，将产品和服务延伸到客户。厂家也能通过二维码应用，实时掌握市场动态，以满足客户的需求开发出更实用的产品，并最终实现按单生产。

随着国内信息技术产业的蓬勃发展，相信更多的二维码应用会被开发出来，各行各业都可以使用二维码应用来方便自己从而提高效率，同时也能实时调整自己的工作目标。届时，二维码将真正成为移动互联网入口，使人们享受智能而和谐的生活。

3.5.3.2　二维码追溯的发展应用

随着二维码的不断发展，二维码已成为互联网时代一个便捷准确的网络接口，二维码追溯在物联网、区块链等行业，依托互联网技术，得到了更广泛的应用和开发。

农产品的二维码追溯，从农业部到各省区市都在开发和推广，以保证餐桌上的食品安全。现在的茶叶、有机大米、水果等农产品也都在大力发展二维码追溯，提升产品的网络化和信息化水平。同时禽畜产品等也开始实行追溯管理，进入主要流通渠道，必须有追溯信息，所有消费者都可以查询，已经成为一种高质量要求的共识。

工业产品领域的二维码追溯主要用于产品使用和售后服务，以及销售体系的管理上。二维码追溯被越来越多的企业所重视。一个二维追溯码，就可以链接企业、经销商到用户的所有信息，为用户提供更加有效及时的售后服务，同时也防范经销商的退出对销售网络的毁灭性打击。

国内使用二维码追溯的企业和平台也越来越多，它们提供的各种需求的追溯服务也越来越丰富。二维码追溯不仅可以对产品进行信息追溯，更能使产品实现信息的网络化和数据化，云端的大数据系统以及区块链等技术对接必将越来越普及，推进我国的产业升级，并且建设更好的市场环境。

3.5.3.3 压力气瓶二维码追溯的应用

在压力气瓶使用领域，二维码追溯也能进行很好的应用。长期以来，压力气瓶市场不同程度存在着交叉充装、气瓶损坏、倒气、废旧钢瓶继续流通使用等问题。借助二维码技术，可能彻底解决此类问题，并提高压力气瓶安全管理的信息化水平。只需在使用的压力气瓶的瓶阀上加装二维码标签，即可实现气瓶充装检验全过程信息化管理。

每个压力气瓶都应拥有一张二维码标签并固定在气瓶上，每次对气瓶进行检测、充装、配送时都要读取该气瓶的编码信息并通过气瓶供应信息化监管平台实现对每个气瓶检测、充装、配送和使用各环节的全过程跟踪。

二维码标签应一瓶一码，每一个压力气瓶的二维码都是唯一的，这样不仅可以避免流通环节中的各类交叉充装行为，防止气瓶倒气，消除安全隐患，并防止压力气瓶事故的发生，而且有利于监督管理和流通服务，实现压力气瓶的使用安全和流通跟踪追溯。

同时，充装压力气瓶的单位每次充装气瓶前都要读取该气瓶的二维码信息，并通过压力气瓶充装管理云平台系统进行合法性判别，只有确定该气瓶为该站自有产权瓶并处于检测有效期内时才能打开充装枪的充装开关进行充气，从而通过技术手段杜绝充装非自有产权瓶、过期瓶和报废瓶的行为发生。

最后，压力气瓶的二维码追溯应用也能检测压力气瓶的使用情况，真正做到生产、运输、使用、报废一条龙的闭环流程。

3.6 压力气瓶二维码追溯标识

在我国，气瓶安全监管存在的主要问题是信息获取不及时，监管困难。其主要难点是气瓶使用登记困难。压力气瓶二维码追溯标识能随时随地方便地获取所需要的信息，拥有良好的用户体验，是解决该问题的一个重要手段。

压力气瓶二维码追溯标识应符合 T/CATSI 02003—2019《基于二维码的气瓶追溯信息系统实施要求》的要求。

3.6.1 常用术语

（1）二维码标识：基于二维码编码、安装固定于气瓶上用于气瓶追溯管理的耐久性电子身份标识载体，以及由固化在气瓶上的其他编码（如孔阵码等）而生产的基于二维码编码的电子身份标识载体。

（2）扫描设备：用于扫描并识别气瓶二维码标识、进行信息采集和记录的电子设备。

（3）追溯系统：基于气瓶二维码标识、相关软硬件设备和通信网络，可获取气瓶全寿命周期相关信息以实现气瓶信息化管理的有机整体。

（4）制造（钢印）编号：气瓶制造单位赋予的、用于批量管理的、可视觉辨识的气瓶产品永久性编号（如液化石油气钢瓶、无缝气瓶上由制造单位刻印的气瓶产品钢印编号）。

（5）统一编号：按本标准制定的规则统一编制，由气瓶制造单位赋予气瓶的用于全国气瓶信息追溯管理的唯一性“身体”编号。

（6）本地编号：按当地监管部门规定的规则统一编制，由气瓶充装或气瓶检验等单位对已经在用的气瓶，赋予的本地唯一性追溯管理编号。

（7）瓶装气体：以压缩、液化、低温液化（深冷型）、溶解、吸附等方式装瓶并储运的气体。

3.6.2 压力气瓶二维码追溯标识

3.6.2.1 压力气瓶二维码信息内容

压力气瓶二维码应包含气瓶相关的信息，其中应至少包含：气瓶追溯信息系统的“服务网址”、压力气瓶统一编号（新气瓶）或本地编号（在用气瓶）等信息。“服务网址”信息应是气瓶制造单位（或使用单位）向社会公示公开、向用户提供气瓶信息追溯查询服务的网站域名。

气瓶统一编号采用 12 位数字组合，应符合图 3-15 所示的编码规则。其中，前 3 位是气瓶制造单位数字代码（由制造许可发证机关或第三方行业组织统一确定并公布），第 4、5 位是气瓶制造年份代码（年份数字的末 2 位），后 7 位是气瓶制造单位某一年份制造气瓶的数字序号（数字序号不足 7 位时，前面加 0 补齐）。

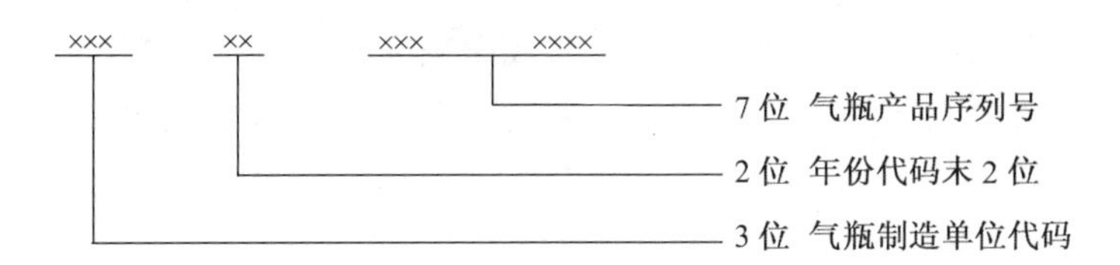

图 3-15 12 位气瓶统一编号

3.6.2.2 压力气瓶二维码标识的基本要求

气瓶二维码应采用 GB/T 18284—2000《快速响应矩阵码》规定的码制，二维码承载的信息内容应采用明码编制（当地另有规定的除外），满足不同系统之间对于一码多用的互相通用要求。

二维码标识表面除了可供机器扫描识别的二维码符号以外，还应至少包括可供人眼识别的统一编号；还可以根据需要，附加气瓶制造单位（或充装、使用单位）名称等其他信息。

采用二维码编码表示气瓶统一编码的标识具体样式如图 3-16 所示。

图 3-16　二维码标识示例

根据气瓶的种类以及企业对于追溯码大小的实际需要，气瓶信息也可以固化在气瓶上，以通过扫描可生成二维码标识的特殊标识的形式印制。

采用可生成二维码的特殊编码表示气瓶统一编码的标识具体样式如图 3-17 所示。

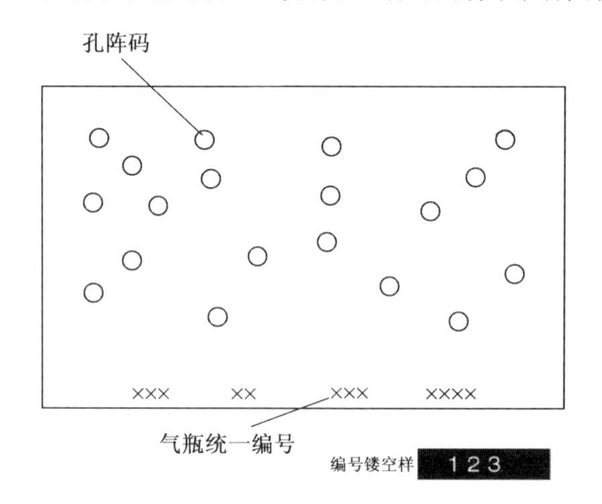

图 3-17　可生成二维码的特殊编码标识

3.6.2.3 二维码标识的质量要求

二维码标识的工作温度范围：-40 ℃~60 ℃。

二维码标识应满足气瓶正常搬运和操作使用的耐磨损性要求。

二维码标识材料应与气瓶充装介质具有良好的相容性，包括安装用配件和辅料。

二维码标识形状与尺寸应与安装部位的气瓶表面相吻合和匹配。

二维码标识的设计使用寿命应满足耐久使用的基本要求。液化石油气气瓶的标识寿命应达到 12 年以上，其他气瓶的标识寿命至少应满足该类型气瓶的一个正常检验周期。

液化石油气气瓶和无缝气瓶的二维码标识（在采取必要的保护措施后）还应能

满足气瓶定期检验的工况环境要求，如焚烧、除锈和表面喷塑等。

3.6.2.4 气瓶二维码标识安装要求

应当优先采用焊接等牢固的方式将追溯标识固定安装在气瓶上；液化石油气气瓶的追溯标识也可采用铆接方式可靠固定安装（对于选用固化在气瓶上、可扫描生成二维码的特殊追溯标识时，二维码标识可采用粘贴方式安装），确保在正常使用的轻度冲击条件下不发生剥离、脱落。

标识的安装位置应便于目视识别和扫描设备的扫描操作。安装不应伤及瓶体、影响气瓶耐压和气密性试验。应提供有效保护方法，满足气瓶检验处理工艺的要求。

3.6.2.5 扫描设备的要求

压力气瓶二维码标识扫描设备的选用应以满足管理需要和方便实际操作为基本原则，并满足压力气瓶生产操作和安全管理的正常实际工作温度和环境条件。压力气瓶二维码标识扫描设备的可读距离一般不应小于 10 cm，二维码的扫描读取时间宜小于 1 s。同时，当压力气瓶二维码标识扫描设备用于充装现场时，应符合 GB 3836.1—2010 确定的防爆要求，并可避免外界光线对扫描设备的干扰。

3.6.3 压力气瓶二维码追溯管理系统的构建与功能

压力气瓶二维码追溯管理信息系统一般由以下几部分组成：压力气瓶制造环节追溯管理系统、气瓶充装环节追溯管理系统、气瓶定期检验环节追溯管理系统和瓶装气体经销环节追溯管理系统等，其架构如图 3-18 所示。

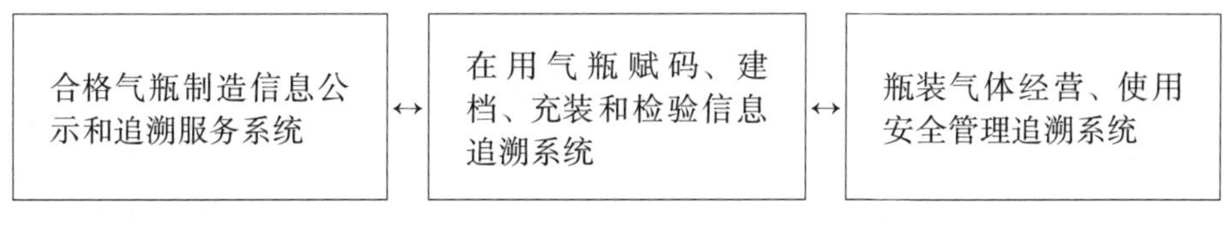

图 3-18 气瓶安全管理追溯信息系统示意图

不同环节、不同层级、不同单位和不同地区可以根据具体情况，分别建设、管理和使用压力气瓶二维码追溯管理系统。各个系统和层级之间的数据经过标准化处理以后，实现数据信息的互联互通和开放共享，满足全过程、全寿命周期追溯管理对信息采集和服务的要求。

3.6.3.1 压力气瓶制造环节追溯管理系统

气瓶制造单位应自建或委托第三方建设合格气瓶产品制造信息公示和追溯服务系统，系统的主要功能应包括：向社会公众公开、公示本企业制造出厂合格气瓶产品的制造信息；向有关单位信息系统报送气瓶合格产品制造数据信息；向气瓶购买单位（充装或使用单位）提供气瓶电子档案下载服务；扫描气瓶二维码可以自动跳转至该气瓶当前使用和服务的网址；应在气瓶产品上安装二维码（或可生成二维码的其他编码）标识；应可靠保存气瓶档案数据至气瓶最大允许使用年限；应将气瓶产品制造信息录入气瓶产品安全管理追溯信息系统。气瓶制造单位气瓶出厂登记信息内容需包括气瓶品种、充装介质、公称工作压力（MPa）、公称容积（L）、瓶体设计壁厚（mm）、设计使用年限（年）、制造单位、制造年月、制造编号、空瓶质量（kg）、气瓶型号、气瓶材料、气瓶统一编号、阀门制造厂家、监检证书编号、气瓶执行标准名称、气瓶购买使用单位。

3.6.3.2 压力气瓶充装环节追溯管理系统

气瓶充装环节追溯管理系统包括气瓶基本信息追溯管理系统、气瓶充装追溯管理系统。

压力气瓶充装（使用）单位应建立在用气瓶基本信息追溯管理系统。压力气瓶基本信息追溯管理系统的主要功能应包括：建立补齐本单位全部在用气瓶的电子档案，压力气瓶电子档案的基本信息需含有气瓶使用单位名称、气瓶统一编号、气瓶品种、充装介质、公称工作压力（MPa）、公称容积（L）、瓶体设计壁厚（mm）、设计使用年限（年）、制造单位、制造年月、制造编号、空瓶质量（kg）、气瓶型号、气瓶状态、产权状态、上次检验单位、上次检验日期、气瓶报废年月、设备单位内编号、备注。

同时，压力气瓶充装单位应向社会公众开放查询本单位充装（管理）使用的气瓶产品的档案信息；向有关单位报备在用气瓶的电子档案；从气瓶制造单位的信息系统下载更新本单位购买气瓶的电子档案信息；与气瓶检验单位的气瓶信息管理系统数据交换、更新送检气瓶的电子档案；对无“统一编号”二维码标识的本单位在用气瓶，全部加装补齐“本地编号”的二维码标识；保存气瓶原始档案数据，直至该气瓶报废；自动更新末次检验和末次充装记录。

压力气瓶充装单位应建立压力气瓶扫描充装追溯管理信息系统，其主要功能应包括：动态接收和自动更新本单位气瓶的最新有效电子档案；与现场灌装设备、扫描设备进行数据连接，准确完整地接收气瓶充装前后检查与充装记录；对于无二维码标识的气瓶、无电子档案的气瓶、检验逾期的气瓶、超过允许使用年限的气瓶，以及其他不符合本企业和本地安全监管要求的气瓶，充装系统自动报警提示，或者自动锁闭充装设备，防止错误充装；对于符合充装要求的正常充装操作，系统自动完成充装记录；向在用气瓶基本信息追溯管理系统动态传送气瓶充装前后检查与充装记录数据信息；充装记录自动更新覆盖，末次充装记录至少保存到本气瓶的检验有效期。

3.6.3.3 压力气瓶定期检验环节追溯管理系统

气瓶定期检验单位应建立气瓶检验追溯管理信息系统，其主要功能应包括：可下载更新送检气瓶电子档案数据信息；完整采集和自动保存气瓶检验记录，检验记录内容需包括气瓶统一编号、气瓶制造单位名称、气瓶品种、气瓶制造编号、气瓶制造年月、气瓶型号、送检单位名称、上次检验日期、下次检验日期、检验单位名称、检验人员（姓名/工号、证书编号）、检验结果。

气瓶定期检验单位应向送检单位动态更新发布检验气瓶结果；向相关单位报送本单位检验气瓶的数据资料；在气瓶检验过程中应做好二维码（或其他特殊编码）标识的保护，以免造成操作损坏；对无二维码标识的气瓶，应补装具有气瓶“本地编号”的二维码追溯标识、补齐气瓶电子档案和气瓶检验记录以后方可出站；可靠保存气瓶末次检验数据信息，直到该气瓶报废。

3.6.3.4　瓶装气体经销环节追溯管理系统

瓶装氢气经销单位应建立瓶装氢气经销追溯管理信息系统，对瓶装氢气的追溯管理至少应（不限于）包括以下功能：

对瓶装氢气的来源和去向信息进行采集和计算机记录，需包含瓶装氢气充装单位/经销单位、瓶装氢气充装/经销单位社会信用代码/营业执照编号、瓶装氢气满瓶发送日期、发送满瓶气瓶统一编号、瓶装氢气空瓶回收日期、回收空瓶气瓶统一编号、收发人员（工号/姓名）、购气单位名称（或购气者姓名）、购气单位社会信用代码/营业执照编号（或购气者身份证号码）、采购单位（者）联系电话等内容。

对瓶装氢气的库存进行盘点管理。

对瓶装氢气的用户和购买信息进行登记和更新。需登记内容包括使用单位名称、使用者（个人）姓名、使用单位社会信用代码/营业执照编号、使用者（个人）身份证号码、使用单位地址、个人住址、使用地点、使用管理人联系电话、瓶装氢气用途、满瓶接收时间、接收满瓶气瓶统一编号、空瓶回收时间、回收空瓶气瓶统一编号、收发人员（工号/姓名）。

满足监管部门对其他信息的增加或调整的要求和瓶装氢气经销收发数据信息长期可靠保存的要求。

最后，压力气瓶二维码追溯管理信息系统的开发、建设、管理、使用和维护单位应采取技术措施和其他必要措施保障信息系统安全、稳定运行，有效应对网络安全事件，防范网络违法犯罪活动，维护数据的完整性、保密性和可用性。系统信息安全应符合 GB/T 20271—2006《信息安全技术　信息系统通用安全技术要求》的规定。

3.6.4　压力气瓶二维码追溯标识的应用难点和应用发展

压力气瓶二维码追溯管理信息系统可以对压力气瓶的正常使用和其流通过程进行有效的安全监管。例如，每次气瓶充装前，扫描压力气瓶上的二维码标识，判定气瓶是否超期未检、是否达到使用年限、是否可以充装，并在管理系统中记录充装单位、充装时间等信息，使每次充装压力气瓶具有可追溯性。在压力气瓶检验维护的过程中，系统可以在压力气瓶达到送检日期前 3 个月内添加提示信息，当客户例行维护扫描二维码时，提示客户应检验压力气瓶以及提供检验单位等信息。另外，在系统内也可根据压力气瓶上的二维码，生成气瓶信息统计汇总报表，统计压力气瓶的相关参数、充气介质和数量等各项数据，为压力气瓶的安全使用与流通提供保障。但是压力气瓶二维码追溯管理在我国仍处于发展阶段，还有很多的问题和需解决的矛盾，下面简单阐述压力气瓶二维码追溯标识的应用难点和展望。

3.6.4.1 压力气瓶二维码追溯标识的应用难点

如今，我国仍有不少气体充装单位（以下简称“气站”）为追逐企业利润，对气瓶不登记、不检验，超期使用甚至是过期使用报废气瓶的现象仍大量存在。气瓶信息透明化、系统化、追溯化程度不均衡，总体水平不高，企业的“信息孤岛”和责任心缺失导致气站、质监局、检验单位、气瓶制造厂家以及用户各部门和个体之间的信息追溯不兼容、不透明、无协调、无流转、记录混乱。质量追溯技术监督部门由于缺乏有效的信息化监管手段的支持，也缺乏相应的信息统计，不能对单个压力气瓶的所有信息进行管理，错误的信息和缓慢的信息流动速度也导致监督部门无法掌握压力气瓶的整体使用情况。同时，气瓶用户则更加无法了解压力气瓶的具体状态信息和压力气瓶检验登记情况，有时还会受到信息误导，增加了压力气瓶使用与管理中的安全隐患。近几年的统计数据也表明，气瓶在各类特种设备发生事故的频次中仅次于锅炉，居于第二位。气瓶二维码追溯信息化水平低、信息不完全或不准确、管理不到位是造成压力气瓶事故发生的主要原因。

而做好我国气瓶安全监管的主要难点就是登记所有的压力气瓶使用相关信息。气瓶使用登记看似简单，但我国从 2006 年原国家质检总局发出进行气瓶二维码追溯使用登记的通知至今，真正做好气瓶二维码追溯使用登记的省市并不多，因为大量旧有的、接近报废的压力气瓶充斥于市场，难以统计与管理，因此管好气瓶并不容易。

其主要难点表现为：气瓶使用登记管理过程环节多，包含了制造、检验、登记、使用、报废等环节，不同环节涉及不同的单位和管理部门。气瓶使用登记要求高，要求做到一瓶一码无重复、登记检验无遗漏、功能服务可配置、查踪溯源可追溯、报废处理有凭证、政府监管有依据。压力气瓶二维码追溯的管理方案设计难度较大，主要表现为不同省市县区管理细则要求不同，需求多样，气瓶使用登记产品面向的服务对象复杂，同时各个企业和部门之间信息流通缓慢，整个行业用户信息化水平普遍较低。

因此，我们在以后的生产生活中，要尽量解决上述问题，尽早实现压力气瓶二维码追溯系统的全面应用，使每个气瓶都有二维码等信息化标识，形成气瓶安全追溯所需要的大数据。

3.6.4.2 压力气瓶二维码追溯标识的应用发展

随着技术的发展，将来每个新出厂的气瓶、流通在用的气瓶上都应加装二维码等信息化标识，在气瓶的各个使用环节，对气瓶二维码追溯信息化标识进行识读，获取气瓶技术参数信息、使用登记信息、充装前检查记录、充装记录、充装复检记录、储存记录、配送记录、定期检验记录、使用记录、报废消除记录，同时对来源不明、不合法的气瓶自动控制禁止充装。

更进一步，可将以上环节相关数据均传输到二维码管理系统进行逻辑处理，不同环节范围的数据将会分开处理，通过服务器强大的系统后盾支撑，形成压力气瓶安全追溯系统所需要的大数据，使压力气瓶的使用与流通更加安全。

下面阐述典型的压力气瓶二维码追溯的应用发展。

（1）气瓶二维码追溯制造生产注册标识。

使用气瓶智能视觉识别装置，进行图像采集处理并识别压力气瓶护罩或瓶肩处的钢印标识，最终获取气瓶的唯一身份信息并进行存储。在对气瓶逐只进行气瓶水压试验和气瓶气密性试验时，水压试验装置和气密试验装置首先获取对应试验位的气瓶身份信息，然后再进行试验；通过唯一的气瓶身份信息来准确标识每个气瓶所进行的在水压试验装置和气密试验装置中所产生的试验记录。

将每个气瓶的气瓶身份信息、气瓶水压试验记录以及气瓶气密性试验记录注册到气瓶二维码追溯信息管理系统后，将气瓶身份信息、技术参数写入电子标签或将数据加密形成二维码加装到气瓶上，完成对气瓶身份的信息化标识。气瓶二维码追溯可以让用户通过扫描二维码方便获取所需要的压力气瓶相关信息，为压力气瓶的安全使用与流通奠定了基础。

（2）气瓶二维码追溯销售、租赁标识记录。

每个气瓶的气瓶身份信息、气瓶水压试验记录以及气瓶气密性试验记录都会上传到气瓶二维码追溯信息管理系统，加装在气瓶上的二维码都包含以上信息，在销售、租赁过程中，通过扫描二维码即可进行识别与查询，并能将识别记录形成销售台账上传到二维码安全管理系统。

（3）气瓶二维码追溯充装识别记录。

气瓶充装单位购买新瓶、回收旧气瓶一开始无气瓶二维码标识，从气瓶二维码追溯信息管理系统获取已注册气瓶的气瓶身份信息，将气瓶二维码追溯身份信息写入电子标签或将数据加密形成二维码，加装到气瓶上完成对气瓶的二维码标识。充装现场进行安全充装扫描，对气瓶身份信息的识别、充装开关阀的控制、充装记录的存储以及充装记录的标识进行现场全过程第三方独立控制和分布式存储。

（4）气瓶二维码追溯存储、运输、配送识别记录。

气瓶存储、配送单位在存储、运输、配送时，对气瓶的二维码标识进行识别，准确记录气瓶信息、充装记录、运输轨迹、交货位置信息、气瓶收发信息并上传到气瓶二维码追溯信息管理系统进行存储和共享。

（5）气瓶二维码追溯定期检验识别记录。

气瓶定期检验单位通过气瓶二维码追溯信息管理系统获取气瓶身份信息，并实时采集试验数据，同时进行数据存储。检验人员使用 App 软件现场检验评定，并分析得出气瓶充装是否合格的结论，形成检验记录上传到气瓶二维码追溯信息管理系统。经过电子签名的检验原始记录、检验评定表和检验报告，加密后形成只允许浏览打印不允许修改的 PDF 文件上传到气瓶二维码追溯信息管理系统。

（6）气瓶二维码追溯使用识别记录。

用户在使用气瓶时，识读气瓶二维码等信息化标签，获取气瓶身份信息、气瓶充装信息、气瓶配送信息，自动形成气瓶使用台账上报到气瓶二维码追溯信息管理系统。使用危标装置对气瓶集中存放地点和燃气管道阀门处的燃气泄漏情况进行动态采集，并通过4G/5G的形式动态上报至气瓶二维码追溯信息管理系统，实现气瓶和燃气安全的现场预警和远程报警。

（7）气瓶二维码追溯报废消除识别记录。

通过气瓶二维码追溯信息管理系统获取已经注册过的有合法身份的气瓶信息，上传判废处理之前的照片和进行压扁、解体判废处理之后的照片，完成对气瓶报废消除的有效跟踪。

（8）车用气瓶标识识别记录。

在对车用气瓶进行安装、销售、使用注册登记和定期检验时，制作车用气瓶二维码。车用气瓶二维码将包含车辆信息、气瓶信息、气瓶使用登记信息以及气瓶充装限制信息。然后将制作好的车用气瓶二维码粘贴到气瓶上，通过对气瓶上二维码追溯，进行车用气瓶的计算机信息化管理。

在对车用气瓶进行充装时，扫描二维码完成气瓶二维码追溯充装前检查，合格的加气，不合格的不允许加气。这样就实现了车用气瓶销售、安装、安装监检、定期检验、注册登记、充装、使用的全程闭环监管，落实法人责任。加气站现有加气机不做任何硬件改动，确保原厂家原产品防爆、计量体系不变。还可以语音安全预警提醒拒绝加气原因。

3.7 压力气瓶的RFID电子标签

我国是仅次于美国的压力气瓶生产与应用大国，而压力气瓶的追溯是安全使用与管理压力气瓶的重要手段。随着我国综合国力日新月异的发展，对人民生命财产安全的要求也越来越高，因此也对压力气瓶的管理提出了更高、更细致的要求。物联网技术和追溯技术是压力气瓶追溯的重要手段，工作人员可以通过这种系统清晰地了解自己使用与管理的压力气瓶的各种信息，包括制造记录、使用记录和流通记录等，从而安全地使用与流通气瓶。

前文叙述的二维码追溯技术就是一种廉价而智能的追溯技术，这是当前在压力气瓶追溯的应用中使用最广泛的手段之一。然而，二维码追溯技术还有一种“兄弟”追溯技术，这就是RFID电子标签。这种追溯技术也是压力气瓶追溯的重要组成部分，它在某些方面的应用具备二维码追溯技术所不具有的优势与特点，能更大规模地建立钢瓶安全状态、物理位置等全程安全监控系统，切实保证压力气瓶的使用与流通安全。

3.7.1 RFID电子标签的定义

RFID电子标签技术全称为Radio Frequency Identification，是一种基于物联网的通信技术，又称为无线射频识别，也可简单地称为电子标签。它是通过无线电信号对相应的目标进行识别并读取电子标签内所包含的相关数据，进行追溯与控制。这种方式无须使系统与相应目标之间建立机械或光学上的接触，即在具有一定距离的地方或隔着木板或墙的情况下也可精确定位与读取。

无线电信号是通过调成无线电频率的电磁场，把数据从相应的附着或镶嵌在物品上的标签上传送出去，从而可以实时地辨识、追踪与监控相应的物品。这种电子标签一般都具有唯一性，可以对信息实施远程、全寿命周期的追溯管理。

一个基本的RFID系统由标签（tag）、读写器（reader）、后台数据库系统组成。

3.7.2 RFID电子标签技术的工作原理和逻辑结构

工作人员持读写器进入扫描范围后，读写器天线的无线发射磁场侦测到RFID电子标签，若电子标签能接收到读写器发出的特殊无线电信号，就能凭借感应电流所获得的能量发送出存储在电子标签芯片中的相关数据与信息，有的电子标签自身也能发出信号，读写器读取信息并解码查询相关信息结果，转化为RFID码，再通过连接后台物联网信息数据库系统进行有关数据处理。

RFID电子标签是利用无线电信号来获取相应信息的，因此在压力气瓶上使用RFID技术需要将RFID、标签封装工艺、防转移粘贴工艺、微单片机和无线通信等技术相融合，形成抗金属反射、耐酸碱腐蚀等特性的无源抗金属反射的RFID电子标签。

3.7.3 压力气瓶RFID电子标签系统的架构体系

压力气瓶RFID电子标签系统一般可分为感知层、网络层、应用层三个层面。

其中，RFID电子标签系统的感知层就是通过读取器读取特定电子标签的环节。物联网系统在感知层使用RFID系统，必须结合物联网的中间件以及网络层将名称解析服务转换为应用层的信息使用，这样才能在物联网应用中突出RFID系统的作用。

压力气瓶的流通过程通常包括充装、检验、存储、配送、使用、存放以及报废，RFID电子标签可以随时修改芯片中储存的数据，公司和相关监管部门可以通过电子标签读写器采集每个气瓶在不同环节的具体数据，并实时上传后台。与二维码追溯不同，RFID采用无线电信号传递数据，就不需要专人扫描二维码，通过固定的自动采集系统即可监督管理压力气瓶生产的各个环节。通过布置在企业内的数据采集系统，人们能够有极强的适应能力来处理各种气瓶应用以及监督管理各种业务流程的组件。同时因为RFID电子标签对压力气瓶的唯一性，也不会出现人工扫描二维码时出现的重复错误。

RFID电子标签系统的网络层就是指无线电信号、数据信息传递的网络，压力气瓶安全管理信息和数据采集系统通常通过物联网技术实现与各个子系统的互联。另外，因为采用的是无线电信号，RFID 系统网络层的安全也是十分重要的。为确保网络安全，在保证信息易获取的同时，人们通常采用特定的频率以及密钥，或是采用认证授权机制，以保证采集的数据和信息完整、准确、有效和保密，并防止对信息和数据的篡改。

RFID 电子标签系统的应用层就是使用电子标签管理的相关单位、高校和监管部门构成的信息平台网络。通常来说，压力气瓶电子标签安全管理信息平台的构成包括：压力气瓶生产企业及充气企业对气瓶动态数据和信息的采集与上传，压力气瓶使用单位对气瓶安全信息和具体状态的查询，以及压力气瓶监管部门对相应气瓶数据的监督管理。

3.7.4 压力气瓶 RFID 电子标签的关键技术

压力气瓶在整个流通和使用环节中都需要实时监控，RFID 电子标签技术为了满足在流通和使用环节中的安全要求，需要有抗金属反射、耐酸碱腐蚀、防金属屏蔽、防止破坏与转移等特性。因此，对读写电子标签的防金属屏蔽、电子标签防脱落破损和外力冲撞、电子标签标识的防伪和认证、读写器在其读写范围内对附着在金属瓶体上的标签进行大批量并准确读写操作，都需要相应的关键技术，以满足压力气瓶 RFID 的技术需求。

3.7.4.1 防金属屏蔽技术

压力气瓶电子标签必须固接或镶嵌于金属气瓶表面，不可移动或修改。电子标签通过天线谐振接收来自读写器的信号和能量，此时读写器发出的无线电信号同时到达标签和金属表面，压力气瓶的金属表面会大量消耗无线电信号的能量，甚至反射一部分无线电信号，使电子标签的芯片的灵敏度下降，无法正常读写。该问题的解决方法通常是在电子标签封装时加入一定的特殊金属薄膜材料并缩小电子标签的天线面积，从而减少压力气瓶金属瓶体上电磁波的衰减和谐振频率的偏移，特殊的金属薄膜材料也能有效地防止无线电信号的反射，并增强无线电信号与标签的耦合能量，使电子标签能正常工作。

3.7.4.2 环境适应性要求

压力气瓶标签通常要求在-20 ℃~120 ℃环境下都能够正常读写，腐蚀性气体的压力气瓶标签则要求在化学活性物质环境下有耐腐蚀的功能，而液氯、液氮等低温液化压力气瓶的电子标签则更进一步要求达到密封、防水、抗干扰的应用效果，同时电子标签还必须具有防脱落、抗冲击撞击等机械环境的适应性，以保证压力气瓶的储存与流通。因此，压力气瓶电子标签通常选用特殊合金或特殊高分子材料作为标签封装材料，并通过严格检测其质量与牢固度，保证其使用寿命长、不易损坏与脱落，并适应各种复杂和恶劣的环境。

3.7.4.3 防转移和防破坏特性

压力气瓶的电子标签具有唯一性，这就要求电子标签与相应的气瓶一一对应。然而有不良个人与企业为节省成本，安全意识与责任意识淡薄，将通过检测与监督的压力气瓶上的电子标签人为转移到非法的伪劣气瓶上使用，造成压力气瓶的监管数据错误，形成巨大的安全隐患。压力气瓶电子标签的使用必须贯穿于对应压力气瓶的整个使用周期，不能改动与非法转移。人们通常使压力气瓶电子标签在遭受外力剥离时即会形成物理损坏，保证气瓶电子标签不会通过非正常的剥离手段而发生转移。与此同时，也要防止压力气瓶的电子标签因为正常的摩擦与碰撞而磨损。因此，压力气瓶的电子标签通常是镶嵌入压力气瓶瓶体中的，外表有特殊的封装材料，既能防止非法转移，也能防止碰撞破坏。

3.7.4.4　密码防伪技术

压力气瓶的电子标签具有存储信息的功能，其储存的气瓶数据是管理与流通压力气瓶的重要根据。RFID 电子标签技术具有随时修改存储内容、读取速度快的特点。因此，人们也需要对电子标签本身储存的数据内容进行保密和监管，防止伪造和篡改气瓶标签数据，防止压力气瓶生产和充装企业之间串瓶和非法压力气瓶流入正常流通渠道。压力气瓶电子标签必须拥有真伪身份识别的特性，只允许工作人员对其进行内容的修改。我们将电子标签唯一码、压力气瓶生产代码、气瓶充装单位代码及其他相关参数统一进行签名加密，形成代表气瓶唯一身份信息的数字签名，并通过读写器解读数字签名的真伪来对压力气瓶相关数据信息的真伪进行数字认证，避免篡改和伪造压力气瓶电子标签，杜绝假冒伪劣气瓶流入市场，排除相关安全隐患。

3.7.4.5　防爆技术

压力气瓶也需要充装一部分爆炸性气体，这些气体遇到电气设备的火花都会有爆炸的隐患，同时电子标签采用无线电信号，本质上是一种电子设备。因此，根据我国对所有在爆炸性气体环境中使用的电气设备提出的防爆要求，对读写器进行本质安全电路、最小点燃能量、最高表面温度和外壳防护设计等相关技术参数的严格检测与控制，使其达到符合国家标准的防爆要求。

3.7.5　压力气瓶 RFID 电子标签技术与二维码溯源技术的差异与特点

RFID 电子标签技术与二维码溯源技术经常被人们进行对比，因为操作和使用的相似性，甚至有人称 RFID 为“智能化的二维码”，但这样的称谓掩盖了 RFID 电子标签真正的特点，只是简单地关注了 RFID 电子标签技术与二维码应用的相似之处，让人们无法认清它与二维码之间的本质区别，也并没有发掘 RFID 电子标签技术的真正优势。RFID 电子标签技术与二维码溯源技术相比，具有一定的劣势，但也具有大量的优势特点。采用什么技术进行压力气瓶的监督与管理，是与使用环境与目的息息相关的。通常来说，RFID 电子标签技术具有很强的自动化识别和数据采集的能力，它不仅可以存储更多的信息，读取速度更快，也能适用于复杂和严苛的环境，还能够在无网络的环境和人工不可视的情况下工作。RFID 电子标签技术所拥有的这些优势可以在很多特殊的场合有更多的应用，这是二维码溯源技术所不具备的。

3.7.5.1　自动化程度不同

二维码价格低廉，容错能力强，但二维码必须由专人进行扫描，且位置必须准确才可以扫描到二维码，如压力气瓶管理员追踪压力气瓶流通和使用情况。但是如果需要在大量储存压力气瓶的场所或有特殊环境的场所，人工操作费时费力，还必须寻找二维码的准确位置。而 RFID 电子标签技术可以通过机器自动读取，甚至隔着一定的物品都能准确定位扫描，从而在大量管理压力气瓶的时候能快速高效地实现压力气瓶的自动化管理。

3.7.5.2　适应性不同

压力气瓶常常需要充装腐蚀性气体，因此标识的防腐蚀和防损坏的功能就十分重要。二维码的容错率虽然高，但如果二维码被腐蚀还是无法扫描的。二维码一般也是贴在压力气瓶瓶身表面，有脱落的可能，甚至还可能被直接涂改破坏。RFID 电子标签技术本身就具有良好的耐腐蚀和耐破坏的性能，并且电子标签一般都是镶嵌在瓶身上，也可以防止脱落，这是二维码所不具备的优势。RFID 电子标签技术能适应更多复杂环境的使用。

另外，二维码的扫描依赖于光学检测，需要找到二维码的位置，切实地观察到。在一些特殊的环境下（如压力气瓶被装在转运柜中），扫描二维码十分麻烦。RFID 电子标签技术依靠电磁波来发射无线电信号，并不需要连接双方的物理接触。这使得它能够无视尘、雾、塑料、纸张、木材以及各种障碍物建立连接，也不需要找到电子标签所在的位置，只要在扫描距离范围内就可以直接完成数据的扫描，得到的信息快速、准确。

3.7.5.3　效率不同

二维码追溯需要逐个扫描二维码，每个二维码都需读取一下，严重依赖网络的实时速度，如果网络信号不好，读取速度非常慢。而 RFID 电子标签技术的读写速度极快，一次典型的 RFID 传输过程通常不到 100 ms。高频段的 RFID 阅读器甚至可以同时识别、读取多个电子标签的内容，在有大量压力气瓶的情况下可以大大节省工作量。

另外，传统的二维码存储功能较弱，基本上都是存储较少的信息或指向一个专有的网站数据库，在网络信号差或没有网络信号时就无法工作。而 RFID 电子标签本身具有存储功能，我们可以对 RFID 电子标签进行编写信息，直接存储进电子标签中，这种存储的信息在没有任何网络的情况下，也能通过扫描器第一时间获得，能够在多种场合随时工作。而且电子标签中存储的信息还可以随时更新和更改，更进一步提高了压力气瓶的管理效率。

值得一提的是，二维码扫描速度大约为每小时 250 个，而 RFID 电子标签的读取速率达到每小时 25 000 个。RFID 电子标签在进行扫描读取的时候速度更快，这更能体现 RFID 电子标签技术的高效率。

最后，每个 RFID 电子标签都是独一无二的，包含的电子产品编码（EPC）赋予每个压力气瓶唯一的识别码，通过 RFID 标签与压力气瓶的对应关系，可以清楚地跟踪每一个压力气瓶的后续流通情况，具有唯一可识别性。

总而言之，RFID 电子标签技术与二维码溯源技术相比，有其自身的差异与特点，表 3-10 是二维码与 RFID 电子标签的相关对比，能让我们更清楚地了解两者的差异与优缺点。

表 3-10 二维码与 RFID 电子标签的对比

对比项目	二维码	RFID 电子标签
信息承载	一种编码方式	一种通信方式，实现信息交换
信息读取	读取速度慢，信息不可重置，阅读器需对准二维码，需要扫描读取信息的操作	读取速度快，信息可重置，阅读器只需在一定范围即可读取信息，只要靠近而不需要任何操作

3.7.6 RFID 电子标签技术的安全

RFID 电子标签系统可能会存在一定的安全问题，通常情况下读写器和后台数据库信息系统间的连接是独立的，所以一般都是安全可靠的。RFID 电子标签技术的安全问题主要源自读写器和电子标签本身，电子标签储存的数据在保密性、完整性、可用性等方面有可能具有安全隐患。

伪造读写器和篡改电子标签属于 RFID 电子标签技术的物理安全，伪造的设备能够修改相应的数据，从而使整个 RFID 系统的数据不可信，从而严重影响 RFID 电子标签的使用。

电子标签与读写器之间的无线通信通道也有不安全因素，因为采用了无线电信号进行数据的传输，攻击者就可以利用拦截技术非法截留无线电信号，干扰正常的数据传输，同时也有可能直接冒名顶替、篡改数据。

RFID 电子标签系统采用无线电信号传输数据，就有可能将敏感信息误传给未授权认证的读写器，这就是数据方面的安全隐患，有可能造成隐私的泄露与丢失。

为了消除这些隐患，人们一般采用对 RFID 电子标签的数据进行加密的手段，利用特殊加工工艺提高电子标签的伪造成本，并使读写器可识别的读取范围尽量不重叠。当然这样会造成电子标签成本的提高，因此根据所处环境的不同，辩证地选择安全防护的方式才是最优的选择。

第4章 压力气瓶事故案例及原因分析

本章从社会、高校两个方面，列举压力气瓶在运输、贮存、使用过程中出现的火灾、爆炸、泄漏、中毒等典型事故案例，分析造成人身死亡、人身伤害或设备设施损坏的原因；指出高校实验室压力气瓶的充装、运输、搬运、使用等环节的安全技术、安全措施，以及加强安全检查，纠正储存不规范、违规操作、管理不严等安全隐患。

人们在生产经营、教学实验活动中引起的人身伤亡、导致生产经营活动中断或造成财产损失的事件称为事故。把压力气瓶在运输、贮存及使用过程中发生的火灾、爆炸、有毒气体泄漏等造成的人身死亡、人身伤害或设备设施、楼宇建筑等遭受破坏的事件称为压力气瓶事故。通过典型气瓶事故的统计，结合高校实验室压力气瓶事故的各类现状发现，压力气瓶事故大多由管理不严、储存不规范、操作使用不当等因素造成。

4.1 压力气瓶典型事故案例

4.1.1 案例一：氧气瓶关闭中爆炸

（1）事故概况。

发生时间：2011年5月5日17时40分。

事故单位：新疆塔里木某油田。

伤亡与损失：人员伤亡，直接经济损失约500元。

（2）事故经过。

新疆塔里木某油田某一个矿区的水电维修班气焊工卢某，在完成钢板切割任务、收拾作业现场后，关闭氧气瓶减压阀时突然发生了氧气瓶爆炸事故。爆炸中氧气瓶从中部分裂为多块，氧气瓶碎片被强大的冲击波砸向四面八方。气瓶的碎片有的飞入附近墙体中，有的散落在附近地面上，还有的击中周边的设备，造成设备设施的损坏和人员伤害。

（3）事故原因。

事故调查发现，该矿区在安全管理方面存在以下问题：

① 在氧气瓶底部有油性物质。当油性物质接触到高纯度氧气时一般会发生化学

反应，化学反应时释放的热量是导致爆炸发生的直接原因。

② 气瓶颜色擅自涂改和充装。将氮气瓶标定为氧气瓶，是生产厂家违反原国家质检总局颁发的《气瓶安全技术监察规程》中严禁气瓶混用的规定；擅自将气瓶外部涂改为天蓝色的油漆（瓶身有黑色，钢瓶上有 N_2 字样的气瓶钢印标识，现改为天蓝色的氧气瓶标识），并改充氧气，同样违反《气瓶安全技术监察规程》中严禁气瓶混充的规定。

③ 多年未检。该气瓶最后检验日期为 2001 年 11 月（气瓶外部有显示），按照原国家质检总局颁发的《气瓶安全技术监察规程》每 3 年检验 1 次的规定，经核实已有 3 次漏检，累计 10 年没有检验过，且生产厂家也不能提供该气瓶的历史检验报告。

④ 生产厂家虽然有危险化学品经营许可证，但许可范围为氮气、二氧化碳、氩气和乙炔 4 项，没有氧气的生产和销售资质，但该厂家超出许可范围，生产经营氧气。

⑤ 矿区缺失气瓶入库验收管理。一是入库验收制度未建立健全，没有建立氧气瓶检验证件的审核制度，仅对数量、外观和氧气合格证进行了审核；二是未严格执行国家的《气瓶安全技术监察规程》规定，管理流于形式，没有严格检查气瓶的钢印标识、检验日期以及气瓶颜色，更没有发现氮气瓶涂装为氧气瓶的违规现象；三是生产厂家超范围供货，矿区对其资质审查不严格。

4.1.2　案例二：氧气瓶使用中爆炸

（1）事故概况。

发生时间：1970 年 12 月 15 日。

事故单位：郑州市某一修车点。

伤亡与损失：死亡 1 人，受伤 1 人，房屋遭受破坏。

（2）事故经过。

1970 年 12 月 15 日上午，郑州一修车店修理工在室内气割 10 mm 厚钢板，当割完一块后，感到气体不纯，影响切割，于是停下来想查找原因。当该修理工在关闭割枪的一瞬间，气瓶发生了爆炸，该修理工当场死亡，旁边另一名修理工身受重伤，3 间房屋倒塌。爆炸时，气瓶上部被炸成多处碎片，有的飞出百米以外，气瓶的下部被气压碾压成一张平板，气瓶的底座也被碾压成一条钢带。

（3）事故原因。

1970 年 12 月 11 日下午，郑州市某鞋业店也曾在关闭焊枪的瞬间，一只气瓶似火箭般腾空而起，在场 14 人全被震倒昏迷在地，压力气瓶完全被炸成碎片，碎片最大的达到 15 cm×10 cm。5 天内为什么连续发生性质一样的两起爆炸事故呢？原因是：

① 鞋业店人员借用一只氧气瓶去某工程机械厂充装氧气。该机械厂检查发现瓶内存有 0.4 MPa 余压的气体，但该气体不是氧气而是氢气，于是拒绝充装。此时，鞋

业店人员既缺乏安全知识，又违反气瓶不能混装的规定，强行要求充装。

② 该鞋业店人员又换到另外一家矿山机械厂要求充装氧气。但由于这家机械厂没有进行充装前的气瓶检查，结果在充装时将该气瓶内的氢气串入了另一只氧气瓶，形成了爆鸣气体，为事故埋下了安全隐患。事故责任方为鞋业店人员和矿山机械厂两方。

③ 两只氧气瓶在不同时间使用的过程中，由于爆鸣气体容易发生回火，回火串入气瓶后使得气瓶温度升高而造成爆炸。经事故调查，这两只气瓶就是鞋业店和修车店各自使用的氧气瓶。

4.1.3 案例三：乙炔气使用中爆炸

（1）事故概况。

发生时间：1983 年 8 月 11 日 15 时 15 分。

事故单位：山东青岛某造船厂。

伤亡与损失：死亡 8 人，重伤 5 人，轻伤 1 人，直接经济损失 75 万元。

（2）事故经过。

该厂生产的 7 号和 8 号船为平底泥驳船，工程已进入下水前的扫尾阶段。1983 年 8 月 11 日 15 时 10 分，在 8 号泥驳右舷船台下，乙炔发生器发生了乙炔胶管接头突然脱离的故障，使得船上乙炔作业无法完成，这时船上的工人李某与毛某 2 人下船检查、维修乙炔胶管接头脱离的故障。8 月 11 日 15 时 15 分，留在船上的刘某手持焊炬准备点火，由于没有带点火工具，就向电焊工郑某提出用电焊钳打火引燃气焊的要求，郑某同意并用电焊钳向左后方尾浮力仓人孔盖前部位点焊，随即，尾浮力仓便发生了剧烈爆炸，正在尾浮力仓左侧甲板上工作和等待工作的 13 名作业人员全被高速向上翻折的尾浮力仓甲板甩向空中，郑某也被掀翻，落在船梯附近。

（3）事故原因。

调查查明事故的原因为：

① 该厂生产指挥混乱，既未采取任何措施，防止易燃物品与明火交叉混合作业时存在的事故隐患，也未向有关部门及时报告现场作业动态，凭经验或片面认为泥驳船构造简单，四周均为钢板焊接而成，不存在防火防爆的问题。

② 易燃品混放。该船体的尾浮力仓是一个 250 m^3 的密闭仓室，通风性能很差，在这样的密闭仓室内，还存放约 25 kg 二甲苯和 200 号汽油的可燃气体，两种化学品释放的气体远超空气中含有这两种物质达到爆炸最低极限的程度，为此次事故埋下了隐患。

③ 施工过程检查缺失。当气温高达 41 ℃时，该船船尾浮力仓内可燃气体急剧膨胀，可燃气体沿人孔盖处向外溢出，由于缺乏必要的安全检查和防范措施，大量向外溢出的易燃气体遇到电焊火花后，随即引爆了尾浮力仓内的可燃气体。

4.1.4　案例四：乙炔气瓶未直立爆炸

（1）事故概况。

发生时间：2017 年 4 月 17 日 9 时 30 分。

事故单位：无锡市新吴区某压力气瓶公司。

伤亡与损失：无人员伤亡，近百个钢瓶报废，厂房坍塌。

（2）事故经过。

2017 年 4 月 17 日 9 时 30 分，无锡市新吴区某压力气瓶公司工人在进行气体灌装机运输作业，突然厂房中的乙炔气瓶发生爆炸，引燃近百个气瓶，场面非常惨烈：厂房顶棚受到冲击，部分厂房发生坍塌，救援人员出动多门水炮、水枪扑救灭火，救援人员同时扑救转移气瓶，2 个小时后火势才得到控制。

（3）事故原因。

初步调查，乙炔气瓶未能直立使用是事故发生的直接原因，另外还存在的其他原因有：

① 乙炔气瓶内装有填料和丙酮溶剂，当乙炔气瓶卧放时，瓶内的丙酮随乙炔气一并流出。这样的做法不仅增加了丙酮的消耗量，还会降低乙炔燃烧温度而影响使用效率，同时也会产生回火而引发乙炔气瓶燃爆事故。

② 乙炔气瓶卧放时很容易滚动，使得气瓶与气瓶、气瓶与其他物体之间受到撞击，撞击时形成激发能量，导致乙炔气瓶发生事故。

③ 乙炔气瓶配有防震胶圈的目的是防止气瓶在装卸、运输、使用中相互碰撞。防震胶圈一般是由绝缘材料制成的，将乙炔气瓶卧放等于将其放到了电的绝缘体上，倘若气瓶上产生了静电又不能向大地迅速扩散消失，而是聚集在气瓶的瓶体上，此时，聚集静电转变成静电火花，一旦遇到乙炔气泄漏，极易造成乙炔燃烧和气瓶爆炸事故。

④ 乙炔气瓶的瓶阀上装有减压器、阻火器和连接胶管。卧放的乙炔气瓶容易滚动而造成减压器、阻火器或连接胶管损坏，此时，气瓶内的高压将乙炔气从损坏部件处顶出，形成气体快速泄放，一旦遇到热源就会导致燃烧爆炸。

4.1.5　案例五：二氧化碳气瓶爆炸

（1）事故概况。

发生时间：1999 年 5 月 13 日 13 时 20 分。

事故单位：徐州市某铸造厂。

伤亡与损失：因爆炸时现场无人，未造成人身伤亡，但建筑遭到严重破坏。

（2）事故经过。

徐州市某铸造厂在露天设置仓库，存放一批二氧化碳气瓶，1999 年 5 月 13 日 13 时 20 分，露天仓库中的一只气瓶发生了爆炸。爆炸的气瓶飞出 5 m 之远，落在由石块构筑的墙根下，自瓶颈以下的瓶体被撕裂成平板，该气瓶爆炸时产生的冲击波推倒了 11 只气瓶，使 4 只气瓶向不同方向各飞出 11 m、15 m、43 m、52 m，推倒了附近 2 m 高的砖墙，10 m 以内的一栋二层楼房门窗全部被震碎。

（3）事故原因。

① 气瓶设计压力一般为 12.5 MPa，用户违反标准充装 CO_2，致使这只气瓶超装超压。对于充装 CO_2，应选择 15 MPa 和 20 MPa 级的气瓶。

② 露天存放且当时气温较高，因 CO_2 气瓶受高温影响，CO_2 汽化膨胀以致瓶内压力急增而发生爆炸。

4.1.6 案例六：氢气瓶爆炸

（1）事故概况。

发生时间：1993 年 11 月 26 日。

事故单位：扬州市某卫生防疫站。

伤亡与损失：现场 1 人伤亡，财产损失 60 多万元。

（2）事故经过。

1993 年 11 月 26 日，扬州市某卫生防疫站检验科副科长使用气相色谱对喂药器聚氯乙烯单体残留量送检样品进行检验，氢气是气相色谱中必不可少的燃气气源，该操作者在开启氢气瓶总阀时发生爆炸事故而当场被炸死。同样在当年 2 月 1 日，扬州市某制药厂 1 名操作工在开启氢气瓶总阀时也发生了爆炸，爆炸造成 1 人死亡。事故发生后，扬州市相关部门经过调查，发现该市卫生防疫站爆炸的氢气瓶和制药厂那只爆炸的氢气瓶为同一批，均由扬州市某晶体管厂氢氧站生产和充装。这两起爆炸事故致使 2 人死亡，经济损失 260 多万元。

1995 年，经扬州市中级人民法院公开审理，责令该市晶体管厂向上述两家单位赔偿经济损失 63 万余元。

（3）事故原因。

① 晶体管厂安全管理不规范。

② 工人在充装后未进行检验。

③ 调查组对同一批尚未使用的氢气瓶进行检测，含氧量高达 11%~18%。

4.2 压力气瓶事故案例汇总

4.2.1 1990—2000 年压力气瓶事故案例汇总

1990—2000 年十年间，《深冷技术》刊物及相关资料报道我国气瓶爆炸致人伤亡、财产损失的事故较多，主要事故类型及原因见表 4-1。

表 4-1　1990—2000 年主要气瓶事故汇总表

发生时间	事故概况	原因分析
1990 年 3 月 22 日	大庆某油田建设公司第九分公司一中队在切割作业中，氧气瓶突然爆炸，2 人当场被炸死。	以氢气瓶作为氧气瓶进行充装，极易造成化学性爆炸。氢气瓶漆色为深绿色，气瓶瓶阀为 QF-30 型，瓶阀螺纹为左旋。该瓶是某一灯泡厂的氢气瓶，氧气厂家未认真检查，擅自用氢气瓶充装氧气。
1991 年 10 月 23 日	上海某县高南乡小梁山废品堆放处，某公司临时工黄某拆下 1 只氧气瓶阀，将黄某身后 20 多米处的 1 名妇女当场撞死。	黄某擅自购买 1 只气瓶，又用管子钳等工具违规拆下另一只氧气瓶阀，没拧几圈就喷出一团雾气，气瓶喷出的雾气威力极大，并将气瓶形成反冲，当场撞死他人。
1992 年 1 月 14 日	抚顺某合资铆焊厂工人正在进行氧炔焊作业时，1 只氧气瓶发生粉碎性爆炸，2 名工人耳膜被击穿，厂房、物品损坏严重。	爆炸碎片击穿 2 只溶解乙炔气瓶，同时引发火灾，爆炸声极大，3 km 外的人都能听到。经分析氧气瓶中有积炭，未经专业清理和维护，瓶内甲烷含量高达 7.7%，使用中引发爆炸，属于化学性爆炸。
1993 年 6 月 8 日	浙江苍南县某制氧厂发生氧气瓶爆炸事故，死亡 1 人，炸毁厂房 7 间。	该厂建厂仅 1 年多时间就引发氢氧混充的化学性爆炸。查明该厂不符合氧气厂站生产条件，温州市劳动局将其关闭。
1993 年 12 月 7 日	黑龙江肇东市涝洲某粮库有一地磅需要气割作业，当电焊工气割割到一半时，氧气瓶突然爆炸，碎片当场击死 2 人，击伤 11 人。	经查气瓶底漆为银白色，表面为蓝色，说明该钢瓶原先为二氧化碳气瓶，但充装的是氧气，属于违规充装；气割作业初，由于割枪管路不密封，有液体冒出，时间延续长达 1 min，在场人员虽然闻到了类似酒精味，但麻痹大意，未引起注意。
1995 年 11 月 3 日	山东青州某电石公司充氧站，站内 5 只氧气瓶发生粉碎性爆炸，当场造成 2 人死亡，5 人受伤，约 300 m^2 厂房被炸塌。	该厂的设备采用的是水电解制氢、制氧，化验工发现氧气贮槽中氢气含量超标，没有及时制止充装工违规作业，当充装工继续充装一段时间后，导致爆炸发生。
1996 年 7 月 12 日	吉林市江北某火电三公司氧气厂，一个铆焊车间为 4 只气瓶充装氧气时，其中 1 只发生爆炸，死亡 1 人，重伤 1 人。	经查，爆炸的气瓶已超期使用 8 年多，在夏季运输时，无任何遮盖，卸车时又野蛮及违规装卸，将气瓶从车上 2 m 多高处直接推下，推下的众多气瓶击中地上 1 只钢瓶后，引起爆炸。
1997 年 4 月 2 日	无锡某锅炉辅机厂工人在开启瓶阀时 1 只氧气瓶发生粉碎性爆炸，造成 1 名操作者当场死亡。	分析为气瓶中混入可燃性气体，属于化学性爆炸范畴。

续表

发生时间	事故概况	原因分析
1997 年 8 月 11 日	浙江省乐清市某制氧厂 1 只充好的氧气瓶发生爆炸。	首先，该氧气瓶 19 年未试压检验，气阀关不严致使漏气；其次，瓶内气体全部用完，无余压，未关闭瓶阀便弃于海滩上，致使海水灌入瓶内；最后，充氧时又不做检查，在阳光曝晒下漏气而导致爆炸。
1998 年 8 月 1 日	南通江海某制氧厂，操作工在开瓶阀时发生气瓶爆炸事故，造成 1 人死亡，2 人受伤。	经查，事故发生的原因为开阀过快，快速开阀产生摩擦能量，点燃了气瓶内的爆鸣性气体而发生爆炸。
1999 年 5 月 16 日	镇江某乙炔、氧气充装站在关瓶阀时，1 只氧气瓶突然爆炸，3 人受伤，厂房房顶瓦楞板全部炸飞。	据鉴定，原因为用二氧化碳气瓶充装氧气，氧气瓶内留有油脂，关阀时由于摩擦而引起爆炸。
2000 年 2 月 12 日	香港元朗大生围一维修工场发生乙炔瓶爆炸，造成 3 人死亡，4 人受伤。	置外的 10 多个乙炔瓶用橡胶软管接进工场，因橡胶软管损坏，导致气体泄漏，工棚里充满了乙炔气，当工人进行切割时就引发了爆炸。
2000 年 11 月 14 日	青岛市东海某电器厂 1 只氧气瓶发生爆炸，造成 1 人死亡，1 人受伤。气瓶爆炸时还炸毁其他 4 只氧气空瓶、4 只乙炔气空瓶。	气瓶充装单位是青岛某氧气厂，该单位无气瓶充灌注册证，属无证充装。经查气瓶爆炸碎片，气瓶中下部腐蚀严重，说明长久未检，调取档案发现该气瓶是 1976 年 2 月制造的，最后一次检验日期是 1991 年 5 月。

4.2.2 近十年全国特种设备（含气瓶）事故案例汇总

由国家市场监督管理总局关于 2009—2018 年全国特种设备安全状况的情况通报不难发现：特种设备，包含锅炉、压力容器、压力气瓶、压力管道、起重机械、电梯、场（厂）内专用机动车辆等事故不断，其中各类压力气瓶的事故占特种设备安全事故的比例仍然较高，事故发生的主要原因在充装、储存、违章作业等方面。具体如下：

（1）2009 年发生特种设备事故 380 起，死亡人数 315 人，受伤人数 402 人。其中压力气瓶事故 26 起，较上一年度增加 73%，气瓶事故主要发生在充装运输存储、安装（拆卸）环节和维修改造环节。其中，违章作业仍是造成事故的主要原因。此外，使用中气瓶内介质泄漏、氧气瓶内混有油脂、安全防护措施不当也是发生事故的原因。

（2）2010 年发生特种设备事故 296 起，死亡人数 310 人，受伤人数 247 人。其中压力气瓶充装运输存储环节事故 8 起（如氧气瓶内混入可燃介质），占事故总数的 3%。此外，作业人员操作不当、违章操作，甚至是无证作业，同时设备维护缺失、安全管理不完善也是事故发生的原因。

（3）2011 年发生特种设备事故 275 起，死亡人数 300 人，受伤人数 332 人。其中压力气瓶事故27起，事故发生的主体在气体充装环节上，设备事故的种类为氧气瓶和车载气瓶，造成事故的原因主要是单位管理不严，充装前缺少检查和监管。此外，气瓶储存不当、违章作业仍是造成事故发生的原因。

（4）2012年发生特种设备事故228起，死亡人数292人，受伤人数354人。其中压力气瓶事故26起：充装运输环节事故14起，占6.1%；其他事故4起，占1.8%。另外，违章作业或操作不当引发的事故3起，非法充装引发的事故2起，非法销毁气瓶引发的事故1起。

（5）2013年发生特种设备事故228起，死亡人数292人，受伤人数354人。其中压力气瓶事故16起：违章作业、操作不当引发的事故5起；设备缺陷、安全附件失效引发的事故4起；气体泄漏引发的事故3起；非法充装引发的事故1起，非法销毁气瓶引发的事故1起。

（6）2014年发生特种设备事故283起，死亡人数282人，受伤人数310人。其中压力气瓶事故28起：违章作业、操作不当引发的事故6起；设备缺陷和安全附件失效引发的事故1起；气体泄漏引发的事故14起；非法充装引发的事故2起。

（7）2015年发生特种设备事故257起，死亡人数278人，受伤人数320人。其中压力气瓶事故29起，气瓶事故的主要特征是爆炸和气体泄漏着火，违章作业或操作不当引发的事故2起，设备缺陷和安全附件失效引发的事故2起，气体泄漏引发的事故2起。

（8）2016年发生特种设备事故233起，死亡人数269人，受伤人数140人。其中压力气瓶事故13起，气瓶事故的主要特征是爆炸和气体泄漏着火，违章作业或操作不当引发的事故6起，设备缺陷和安全附件失效引发的事故2起，非法充装引发的事故1起。

（9）2017年发生特种设备事故238起，死亡人数251人，受伤人数145人。其中压力气瓶事故7起，气瓶事故的主要特征是爆炸和气体泄漏着火，违章作业或操作不当引发的事故3起，设备缺陷和安全附件失效引发的事故1起，非法充装引发的事故1起，其他次生原因事故2起。

（10）2018年发生特种设备事故219起，死亡人数224人，受伤人数68人。其中压力气瓶事故6起，气瓶事故的主要特征是爆炸和气体泄漏着火，违章作业或操作不当引发的事故3起，设备缺陷和安全附件失效引发的事故1起，非法经营引发的事故1起，其他次生原因事故1起。

4.3　高校实验室压力气瓶事故案例

4.3.1　案例一：氢气瓶意外爆炸、起火

（1）事故概况。

发生时间：2015 年 12 月 18 日 10 时 10 分。

事故单位：北京某大学化学楼。

伤亡与损失：现场 1 人死亡，共 3 个实验室起火，过火面积 80 m^2。

（2）事故经过。

2015 年 12 月 18 日 10 时 10 分左右，北京某大学化学楼 231 实验室（内部存放有化学品），1 名博士后在进行催化加氢实验（这是一个常规实验）时，突然发生火灾爆炸，共 3 个实验室起火，过火面积 80 m^2。爆炸源是一个氢气瓶，爆炸点距离该博士后的操作台 2~3 m 处，气瓶底部爆炸，气瓶原长度大概 1 m，爆炸后只剩上半部 40 cm。据了解，气瓶厚度为 1 cm，爆炸威力巨大，造成该博士后当场死亡。据校内学生称，先是听到爆炸声较大，如同雷声，随后看到冒出明火和浓烟。据目击者提供的图片和现场视频显示，爆炸地点位于化学楼二楼，紧挨爆炸地点附近的几扇窗户玻璃均已破碎。火苗和黑色浓烟从实验室窗外窜出。二层窗外有一间小阳台脱落，房间内办公用具及玻璃碎片遍布地面。

（3）事故原因。

① 氢气瓶使用不规范，缺乏基本的条件。按照规定，使用氢气必须配置回火防止器及报警装置，实验室使用场所实现人气分离。

② 开关火花引爆，氢气不纯，在燃烧时极易发生爆炸。

③ 冬天房屋密闭，夜间达爆炸极限。

4.3.2 案例二：甲烷钢瓶爆炸

（1）事故概况。

发生时间：2015 年 4 月 5 日 12 时 40 分。

事故单位：徐州某大学化工学院 A315 实验室。

伤亡与损失：现场 1 人死亡，4 人受伤，直接经济损失约 200 万元。

（2）事故经过。

2015 年 4 月 5 日 10 时左右，甲实验员来到该大学南湖校区化工学院 A315 实验室做实验。10 时 30 分左右，乙实验员来到 A315 实验室，坐在甲南边的实验台做 2% 甲烷混合气体催化剂活性实验。11 时 40 分左右，丙实验员也来到了 A315 实验室，在该实验室南边窗口位置的桌子上上网找资料。这时，乙实验员做完实验后，坐到了丙实验员斜对面的桌子上整理资料。12 时 30 分左右，实验员丁 1 和实验员丁 2 来到 A315 实验室，他们两人在乙实验员离开的实验台上开始做甲烷混合气体燃烧实验，使用的是他们4 月 3 日自制的甲烷混合气体。12 时 40 分左右，一声剧烈的响声之后，甲烷混合气瓶突然发生爆炸，当场造成甲、乙、丙三人轻伤，丁 1、丁 2 两人重伤，其中丁 1 经医院抢救无效死亡。事故发生后，事故调查人员发现：

① 实验室爆炸：实验室中部地上有 1 只炸开的气瓶残骸，气瓶炸开的头部面朝东南方向，周边还有 5 块气瓶残片。在实验室中间靠近实验台位置，有炸开的瓶底，

瓶底将地板撞击出一个约 20 mm 左右的坑洞，部分瓶底碎片落在被撞坑内，瓶底位置上部的天花板部位也有明显的撞击痕迹。现场还发现氧气、氮气、氢气、甲烷混合气等 11 只气瓶，由于每只气瓶总阀处于关闭状态，庆幸没有发生连锁爆炸。事故造成实验室西侧墙体裂缝、穿孔，室内设施严重损毁，门窗脱落，实验室北侧走廊及天花板出现严重损坏等。

② 爆炸气瓶：专业气瓶检测单位对 6 块气瓶残片、1 只损毁的减压阀，以及气瓶外观、气瓶瓶体、瓶阀解体等进行了检测。检测结果表明：一是该气瓶外观反映气瓶出厂日期为 1972 年 6 月，编号为 77X617，气瓶的设计工作压力为 150 kgf/cm^2，气瓶容积为 41.7 L，气瓶瓶体平均壁厚 7.1 mm，属于无缝气瓶。二是爆炸气瓶断口处有明显撕裂，呈暗灰色纤维状；气瓶瓶体内部有燃烧痕迹并有黑色燃烧物质积存，气瓶瓶体外部存在过火痕迹。三是气瓶总阀呈开启状态，开度不足 7 天，拆卸气瓶总阀内部，发现铜阀芯明显烧热变色；检查结果表明：该气瓶有检验标记和色环，但最后一次检验时间为 2001 年 2 月。

③ 11 只气瓶来源及年限：1 只甲烷气瓶和 1 只氢气瓶由学校老师提供，使用年限已有 2~3 年；二氧化碳气瓶从气站购买，已经超过使用年限；其余气瓶都是以往做实验遗留下来的，均已超过检验有效期。

（3）事故原因。

① 直接原因。该气瓶装有甲烷、氧气、氮气的混合气体，气瓶内留存的甲烷含量已达到爆炸极限范围，当开启气瓶总阀门时，由于气流快速流出引起的摩擦热能或静电，导致气瓶瓶内的气体发生反应，是事故发生的直接原因。

② 甲烷特性分析。

a. 按照甲烷在空气中的爆炸特性，发生事故时，瓶内的混合气体已处于爆炸临界状态，甲烷在空气中爆炸极限一般是 5.0%~16%。据实验员刘某自述，在 2015 年 4 月 3 日配制混合气体时，有意将气瓶中的甲烷浓度控制在 16%以上，是模拟空气成分组成配制气体的，按 4∶1 比例充入氮气、氧气，他先从 1 只装有氮气的气瓶向甲烷气瓶导入作稀释气的氮气，使甲烷瓶内的压力升高达到 1.7 MPa，再从装有纯氧的气瓶中导入氧气约 0.3 MPa，此时气瓶内压力达到 2.0 MPa。扣除原瓶中 0.3 MPa 余压的甲烷，气瓶内的甲烷在 17%左右的可能性很大，处于爆炸极限浓度的上限附近，也验证了 4 月 5 日刘某发给实验人员丁 2 的短信“钢瓶里甲烷为 17%”的可信性。

b. 相关文献表明：初始压力增大导致甲烷与空气混合气的爆炸极限范围变宽。甲烷在标准状态空气中爆炸极限是 5.0%~16%，由于初始压力的增大，使爆炸极限的上限变大，下限变小，相同条件下，上限影响比下限更为明显。气瓶瓶内压力 2.0 MPa 就是标准状态的 20 倍，使得爆炸上限明显超出了 16%（即瓶内混合气体已处于爆炸的临界状态），当开启气瓶总阀门时，气流快速流出引起的摩擦热能或静电，相当于给了处于爆炸极限甲烷混合气一个“点火源”。

c. 此次事故的特征符合可燃气体化学反应引起爆炸的特点：一是从实验室墙体和门窗破坏严重程度看出，这是爆炸的瞬间释放大量的能量而造成的；二是从红外光谱仪器分析表明，瓶体残片留有的过火痕迹，总阀芯明显烧热变色，瓶体内壁残留物其主要成分为醇类，是甲烷或烷烃、含氧官能团结构物质与空气中水分、CO_2 燃烧或爆炸后形成的；三是从气瓶解体，瓶底与瓶身开裂来看，其断口处也呈撕裂状态，通过显微镜观察断口形貌，虽没发现明显的裂纹扩展区，但足以说明是由于瓶内气体体积迅速膨胀及大量能量释放造成气瓶迅速解体的。

③ 其他原因。

a. 实验人员在实验时误操作或操作不当，是事故发生的主要原因之一。

b. 对甲烷混合气的危险性认识不足，违规配制实验用气体。按照国家法律法规及相关标准，应严格按规定要求对气瓶实行充装。首先，刘某随意改变气瓶介质，直接采用瓶对瓶的导气方式，此种行为已违反了国家《气瓶安全技术监察规程》的规定；其次，刘某未经过相应的专业培训，没有按照配制气体的流程进行规范操作，工艺和检测手段不可靠，气瓶内气体成分未能有效控制；另外，刘某对气瓶内介质的危险性估计不足，存在侥幸心理，也是导致事故发生的原因。

c. 爆炸气瓶超过使用年限，属于超期服役。爆炸的气瓶出厂日期为 1972 年 6 月，超过相关法规标准规定的 30 年使用年限，其最后一次检验是 2001 年 2 月。通过瓶体的金相分析，气瓶残骸存在带状组织，并且气瓶内表面有脱碳现象，气瓶瓶体的材质强度有所下降。这也是导致事故发生的原因。

d. 江苏某科技股份有限公司未经徐州某大学同意，擅自将研究项目搬到该大学化工学院 A315 实验室进行。由于 A315 实验室缺少专用充装系统及仪器设备的配置条件，是导致事故发生的间接原因。

e. 该大学及学院对有关人员的安全教育培训不足，对国家有关法律法规和标准不熟悉不了解。实验人员没有掌握气瓶的存放、使用等安全知识和技能。将压力气瓶设在实验室 3 楼，且没有单独存放或有效防范，也是导致事故发生的间接原因。

f. 该大学的校、院、实验室 3 级安全管理存在薄弱环节。长期以来，气瓶安全管理意识淡薄，对存在的安全隐患未引起足够的重视，存在重科研、轻安全的思想，随意购进和存放装有易燃易爆介质的气瓶，实验室兼顾储存及配制实验用气体，缺少合理的安全管理制度或制度未建立健全是导致事故发生的另一个间接原因。

（4）事故性质。

这是一起典型的由于缺乏必要的气瓶安全知识和相应的操作技能、实验违规操作、安全管理不到位、安全规章制度未严格执行造成的责任事故。

4.3.3 案例三：硫化氢钢瓶泄漏

（1）事故概况。

发生时间：2015 年 3 月 3 日 13 时 30 分。

事故单位：上海闵行校区某大学环境学院 5 楼。

伤亡与损失：现场 1 人死亡。

（2）事故经过。

2015 年 3 月 3 日 13 时许，上海闵行区某大学环境学院 5 楼实验室需要硫化氢气体，通知 35 岁的唐某供货，唐某是硫化氢供应单位的业务员，也是该企业法人，虽然他从事化学品销售工作多年，但通常不会主动供货上门，很少将气瓶送进实验室。但恰恰在那天，唐某进了实验室，也为实验室更换了气瓶。在更换气瓶过程中，气瓶内的硫化氢气体发生泄漏，随后唐某中毒倒地，虽然唐某经 120 送医抢救，但医院工作人员表示，唐某送到医院时瞳孔散大，身上散发一股浓烈的恶臭，在救护车上已无生命体征，抢救无效死亡。

4 名研究生闻到异味后，发现有一名男子（系唐某）躺倒在实验室内，欲进入实验室救人，被赶来的导师及时制止，在要求戴上防毒面具后才实施救援，正是由于佩戴了防毒面具，才未造成更大的伤亡。消防部门事后调查确认，实验室尚有残余的有毒气体，为了防止师生受硫化氢气体扩散影响，校方安排在场人员前往医院进行身体健康检查。

（3）事故原因。

① 唐某对毒性气体认识不够。硫化氢具有毒性，作用在人体往往是急性及全身性的，硫化氢急性中毒死亡如同氰化物中毒一样迅速。当硫化氢气体浓度达 1 000 mg/m^3 以上时，重者吸一口即可致命，轻者中枢神经系统出现症状。

② 操作人员未进行专业培训。唐某对气体危害意识不强，连基本的防范意识都没有，没有戴好防护装置就进入实验室进行操作。

③ 使用民用车辆进行气瓶运输，不符合危化品安全运输相关规定。

4.3.4　案例四：一氧化碳钢瓶气体中毒

（1）事故概况。

发生时间：2009 年 7 月 3 日 12 时 30 分。

事故单位：杭州某大学催化研究所 211 室。

伤亡与损失：现场 1 人死亡，1 人受伤。

（2）事故经过。

7 月 3 日 12 时 30 分许，杭州某大学化学系的博士生于某昏厥倒在催化研究所 211 室，博士生袁某发现后便一边呼喊其他人寻求帮助，一边拨打 120 急救电话，但不久后，博士生袁某本人也晕倒在地；12 时 58 分，120 急救车抵达现场，将于某和袁某 2 人送往医院；13 时 50 分，医院急救中心宣布于某抢救无效死亡，袁某虽然被救活，但需留在医院继续治疗。

据该校的一位目击者介绍，该博士生于某研究的方向很少涉及危险化学品，按理说实验过程中不会出现化学中毒事件，但博士生于某昏厥的地点恰恰是在实验室内。

（3）事故原因。

调查发现，该校化学系教师莫某和杭州另一高校的教师徐某在催化研究所做实验，实验过程中需要用到一氧化碳气体，由于实验室和气瓶房是分开的，需要接入气体管道才能供气，在接入管道时由于疏忽，又忘掉检查和核对，结果误将本应接入化学系 307 实验室的气体接至 211 室，致使正在 211 实验室中学习的博士研究生于某在不知不觉中中毒、猝死。

（4）事故追责。

公安机关立案调查后，对莫某、徐某 2 人采取监视居住的强制措施，涉嫌犯罪行为的将依法处理。该校理学院分管安全工作负责人、理学院化学系主任、化学系分管安全工作负责人、化学系催化研究所所长等 4 人停职检查，接受调查。学校在公安机关立案调查的基础上，也对相关责任人做出严肃处理。

4.3.5 案例五：高纯氩气瓶气体泄漏

（1）事故概况。

发生时间：2011 年。

事故单位：北京某大学激光加工实验室。

伤亡与损失：现场 1 人死亡。

（2）事故经过。

2011 年，博士生王某在北京某大学激光加工实验室连续做实验，实验中王某发现氩气气压异常降低，觉得设备发生了故障，需要检查处理，于是向相关老师报告，由于是夜间，不能单独 1 人排查故障，这项要求没有得到老师的应允。然而，王某为了尽快做完实验，在缺失低氧浓度探测器的情况下，私自 1 人进入氩气瓶泄漏的环境中，在排查问题的过程中窒息死亡。

（3）事故原因。

① 氩气虽然为惰性气体，但其泄漏也会导致人员死亡。

② 没有报警装置，没有完善的管理制度。

③ 危险实验或夜间实验，至少应有 2 人在场，而本事故中仅 1 人在场。

4.3.6 案例六：氧气及乙炔气混合爆炸

（1）事故概况。

发生时间：2011 年 3 月 21 日 16 时。

事故单位：武汉某大学化学实验室。

伤亡与损失：现场 3 人受伤。

（2）事故经过。

2011 年 3 月 21 日 16 时许，位于武汉珞喻路马家庄某干休所内的 1 栋 2 层老式办公楼 2 楼发生爆炸，爆炸现场属于武汉某大学从事研发工作的 1 间化学实验室，爆炸的巨大冲击波将走廊内的 3 扇大窗户炸飞，并将实验室里间的墙体炸掉一半，事故造成 3 人受伤，现场还留有伤者的血迹，到处都是各种碎片和一些实验用的仪器，几个储存氧气、乙炔等化学品的气瓶等。

（3）事故原因。

① 操作不当引起化学反应，缺失相应的操作规程。

② 氧气、乙炔储存场所不符合相关规定，也没有相应的安全管理制度。

4.3.7　案例七：废弃实验室气瓶混合爆炸

（1）事故概况。

发生时间：2013 年 4 月 30 日 9 时。

事故单位：南京某大学 5 号门内一废弃实验室。

伤亡与损失：现场 1 人死亡，3 人受伤。

（2）事故经过。

事发地点建于 20 世纪 60 年代，位于该校南墙外 500 m 的地方，是该校化工学院已废弃多年的一个试验场。由于试验场周边逐步盖起了居民生活小区，学校为了安全考虑采取搬迁，搬迁中制订了包括销毁及爆破处理在内的安全拆迁方案，计划于当年 5 月中下旬完成。

该校试验场委托一施工队对其实验室进行拆除，为施工队发放了临时出入证。该施工队在拆除 307 实验室的空调、自行车棚等生活设施中，看到 319 实验室内存放大量金属构件时萌生歹意，于是利用临时出入证，欺骗门卫进入试验场中，并撬开 319 实验室大门，用携带的氧气瓶、液化气罐、割炬等工具，通过明火切割的方式私自拆卸实验室里的钢罐，由于钢罐旁边放着煤气罐和氧气瓶而引发爆炸。爆炸波及影响周边 2~3 km，引发 120 m^2 房屋坍塌，屋顶的钢架结构扭曲变形，废墟中掩埋着各种实验仪器，附近居民多家玻璃被震碎，现场造成 2 人受伤，3 人被埋，其中 1 名人员身受重伤，经医院抢救无效死亡。

（3）事故原因。

① 电焊工没有从业资质，学校也没有严格审查施工队资质。

② 行为违规，切割钢罐操作不当，电焊工缺乏安全知识。

③ 施工单位没有严格安全管理。

4.3.8　案例八：硫化氢气瓶泄漏中毒

（1）事故概况。

发生时间：2015 年 10 月 16 日 21 时 20 分。

事故单位：合肥某大学化工学院化工实践创新基地实验室。

伤亡与损失：现场 1 人中毒。

（2）事故经过。

2015 年 10 月 16 日 16 时 30 分，该校合肥屯溪路校区的化工学院化工实践创新基地实验室，2 名研究生在落实实验室安全整改中，移动硫化氢钢瓶时发生了硫化氢泄漏。2 人闻到异味后发现是硫化氢泄漏，在做了碱液中和处理后离开现场，并报告了导师。21 时 20 分左右，导师带人随即赶到，大家戴防毒面具进入实验室进行处理。在处理过程中，一位老师出现轻微中毒，晕眩摔倒，被立即送医。

（3）事故原因。

① 安全隐患整改需要制定严格的整改方案和整改步骤，不按规范进行就会发生更大的安全隐患及事故。

② 硫化氢是剧毒气体，对人的最低致死浓度约为 1 110 mg/（m^3 · 5 min）。硫化氢的毒性作用类似氰化物中毒，当人吸入后主要是抑制细胞色素氧化酶，会导致细胞窒息。此外，还有诱导产生自由基损伤等多种毒性机制。因此，处理硫化氢泄漏，必须熟悉规范的操作规程和应急预案后方可操作。

4.4 事故调查分析与处理

4.4.1 事件规律

从上述的案例基本可以看出，化学实验的爆炸事件大都发生于 11 月 5 日—次年的 2 月 4 日（每年的冬季），或 2 月 4 日—5 月 5 日（每年的春季），10 时左右事故发生较多。这成了一种规律，事故中的爆炸可以看成是一种短时间内高能量、大量气体的释放，就如黑火药反应一样。虽然这种化学反应破坏力极强，但是必须同时具有还原性和氧化性两种物质条件才能形成爆炸。爆炸也可以被看成一种剧烈的燃烧。我们知道燃烧的必要条件就是可燃物、温度和氧气。由于易燃易爆气体的特殊性，在一定空间内不同的气体很容易混合均匀，这种混合气体一旦遇到明火或电火花，在一定温度下很容易达到着火点。如氧气和可燃性气体混合，可燃性气体一旦遇到明火就会迅速反应，在短时间内释放出大量的热量，使气压突然骤增，最后产生冲击波，对周边造成极大的破坏性。

爆炸中可燃性气体和氧气之间各自存在一定的占比，所谓占比就是可燃性气体和氧气之间的分压比（不同气体的含量可以用这种气体当前的分压压力来表示），分压比也可以反映气体浓度发生爆炸的上限和下限。例如，在空气中，氧气的含量基本上是在 20%左右，基本不会变，若因化学反应、气瓶泄漏、生物发酵等原因造成甲烷、氢气等气体泄漏，那么空气中的甲烷、氢气占比将上升，即甲烷、氢气的浓度上升，从而达到爆炸的范围，此时一旦遇到明火就会发生爆炸。因此，实验室为了安全，应安装通风系统，定期通风，降低气体的浓度，避免易燃易爆气瓶因泄漏而发生爆炸事故。

进入冬季以后，因天气寒冷，实验人员常常是处在相对密闭的空间内开展实验活动，这就给可燃性气体浓度的升高提供了便利；有的实验需要在密闭的环境下进行，为了避免对实验造成干扰，实验室门窗往往处于关闭的状态；很多的本科生、研究生常常对同样的实验内容需要重复多次，主要是为了验证实验的重现性或取得精准的数据，这些学生自以为此项实验做了多次，认为不会发生安全问题，对教师反复强调的安全操作置之度外，在这样的情况下，极有可能忽视检查或违规操作，如发生易燃易爆气瓶泄漏、垃圾渗滤液发酵、气体管路龟裂等情况，导致实验室内氢气、甲烷等气体浓度上升等；从安全管理出发，管理者会要求本科生、研究生及其他实验人员在离开实验室时关好门窗、关闭水电。次日的早上，当这些本科生、研究生们来到实验室的时候，他们心里想得最多的就是加快完成自己的实验，于是未检查就开机，结果就很可能因为一个电火花的原因导致爆炸。这就是为什么近几年爆炸案频发、多发在冬季早上的原因。例如，江苏徐州某大学发生的气瓶爆炸事故，就是在天气比较寒冷、实验室没有暖气的条件下，学生关闭门窗，给易燃易爆气体积蓄提供了条件，次日早上发生了爆炸事故。

如果这些本科生、研究生或其他实验人员在实验前注意通风，哪怕通风一小段时间，实验室内气体的浓度就会降低，低于爆炸范围，就有可能避免这样的事故发生。由于氢气、甲烷等气体是无色无味的，很多师生不知道这时的可燃性气体的浓度已达到爆炸范围，不知道需要及时通风才能避免爆炸事故，更不知道需要通风多久才能把可燃性气体的浓度降到安全范围。

因此，对于从事危险化工等方面研究的本科生、研究生及其他实验人员，不要因为天气冷而忘了开窗通风，晚上离开实验室时既要随手关闭水电，也要开启通风系统，条件较差的应安装换气扇长时间将室内气体抽出至室外。

4.4.2　经验教训

国内压力气瓶爆炸事故频频发生，影响了社会的稳定。对于高校实验室来说，应加强安全检查和治理、强化预防报警，杜绝违规操作，配置基本的安全设施。只有牢记过去，深刻吸取教训，做到警钟长鸣，才能从根本上防止事故发生。

4.4.2.1　氢气与氧气瓶混充，没有专瓶专用

统计气瓶爆炸死亡事故不难发现，氢气、氧气瓶混充占了很大的比例。为了有效区分氢气瓶和氧气瓶，工厂在气瓶出厂前将充装可燃气体的氢气瓶总阀设置为左旋，充装非可燃性气体的氧气瓶总阀设置为右旋，氢气瓶、氧气瓶两种类型的总阀螺纹是不同的，使用人员只要了解两种总阀的旋转方向，就不会误将氧气瓶当作氢气瓶使用。但有的操作人员缺乏必要的了解，将氢气装进氧气瓶中，发生爆炸而酿成惨剧。例如，1998 年 5 月 26 日，发生在大同市的一起氧气瓶爆炸事故，现场 2 名工人没有认真进行识别，就开始将氢气装进氧气瓶中，在气体装不进去的情况下，请示班组长怎么办，班组长叫他们自己想办法，于是这 2 名工人硬是将氢气装进氧气瓶中，他们通过开瓶阀检查是否装进了气体，就在开阀一瞬间，氧气瓶发生了爆炸，惨剧发生了，班组长与另 1 名工人被当场炸死。经验告诉我们，气瓶必须专瓶专用，严禁违规混充。

4.4.2.2 气体用尽后不留余压，为下次充装留有隐患

单位或用户为了省一点钱，有意将气用尽，瓶内不留余压，这样的行为为事故埋下了安全隐患。例如，乙炔气瓶用尽后不留余压，再次充装时，倘若充装站工人不认真检查，就会埋下事故隐患。按照《气瓶安全技术监察规程》的规定，气瓶用完后应留有余压，如乙炔气瓶瓶内剩余压力应不小于 0.05 MPa。

4.4.2.3 充装违反规程，作业不按规章

有些事故是因使用人员违规操作或违章作业造成的，如开关阀门时动作过快、手套中夹带油脂进行充装作业、气瓶长期没有检验仍然充装、充装压力超过上限、充气站未禁烟火等。充装必须遵循“八个严禁充装”原则：

（1）钢印标识及颜色标识不符合规定，且无法判定瓶内气体的。

（2）改装不符合规定的或用户自行改装的。

（3）附件不全、损坏或不符合规定的。

（4）瓶内无剩余压力的。

（5）超过检验期限的。

（6）外观检查存在明显损伤，需进一步进行检查的。

（7）较强氧化性气体钢瓶上沾有油脂的。

（8）易燃气体钢瓶首次充装前未经过置换和瓶内抽过真空的。

4.4.2.4 氢气与氧气产品不纯，氢中混氧或氧中混氢

从上述气瓶爆炸的原因中不难看出，有不少事故来自充装站，事故所占的比例也很大。如电解时氢氧之间的隔膜不密，结果氧气中渗透进了氢气，或氢气中渗透进了氧气，当氢氧两气混合一段时间后就会达到爆炸极限，作业人员充装时就会发生爆炸事故。

4.4.2.5 不检验、不登记，气瓶在社会上大循环

现在不少氢气、氧气的销售厂商对送来的空瓶不识别、不登记、不检验，管理不善、无序混乱，没有建立气瓶档案管理制度，为了图省事、图快，采用的是气瓶在社会上大循环、大周转的方式，即来一个、换一个、走一个。其结果一是用户来充的气瓶是合格的，但换过的气瓶色标不明、标志不全；二是气瓶和用户单位没有一一对应，张冠李戴；三是发生安全事故，无法追溯，原因很难查明。

4.4.2.6 氧气瓶中含水，气瓶腐蚀变薄

氧气瓶在长期充装使用后会累积一定量的余水，若气瓶内留有的余水不按时处理，就会越积越多，水分会使气瓶遭到氧化腐蚀，使得气瓶壁厚逐渐减薄，尤其达到水界面时，就会出现“界面爆破”（爆破口发生在腐蚀界面处）、“薄壁爆破”（爆破口发生在气瓶壁厚减薄处）的现象。海水作业时要特别注意海水接触气瓶，因为海水极易造成“界面爆破”“薄壁爆破”的现象。腐蚀、减薄过的氧气瓶其检验周期最高为 2 年。例如，1996 年 5 月 13 日，烟台某气体压缩机总厂内发生了 1 只氧气瓶爆

炸事故，原因就是气瓶没有做定期检验，由于瓶体受到过严重的腐蚀及减薄，瓶身最薄处仅为1.8 mm，氧气瓶在使用中又经过曝晒，瓶内压力升高，在减薄处发生了爆炸。再如，1996年9月4日，天津华北某氧气厂在为1只氧气瓶充装时发生了爆炸，原因是气瓶单位为一家捕鱼公司，氧气瓶接触到海水，部分海水倒灌进瓶中，致使瓶壁腐蚀、减薄，气瓶最小壁厚处仅为2.2 mm，由于缺失必要的检验就充装，发生爆炸在所难免。

4.4.2.7　不禁油、不禁火，气瓶色标模糊

氧气虽然是助燃气体，但也容易爆炸。在氧气充装站、切割作业现场、钣金车间等场所，常常看到工人在气体充装、焊割作业时不执行禁油禁火，场地上到处油污漫流，又脏又乱，有的工人竟然在气瓶出气口采用点燃打火机的方式查看气瓶内部有无气体，还有的工人嘴里叼着燃着的香烟就随意开启氧气总阀，更有的工人明知气瓶专瓶专用，还是用氢气瓶去充装氧气，种种行为给事故发生埋下了隐患。为了防止人身伤亡事故的发生，在焊割场所，要求拉长氧气瓶、溶解乙炔气瓶的引气管，尽量将气瓶与作业人员保持一段安全有效的距离，作业人员必须禁油、禁火操作；对于气瓶颜色、类型不明的，充装作业人员必须按GB/T 7144—2016《气瓶颜色标志》的规定刷漆标色，按色标充气。

4.4.2.8　气瓶失效，超期不检仍在用

失效、报废的气瓶应交给专业公司处理，但有的单位仍使用报废的钢瓶。例如，1958年出厂的气瓶一直在某一单位转来转去使用，从未对气瓶进行过检验，1998年造成爆炸惨剧，造成人员伤亡和厂房损失。相关气瓶规定：盛装腐蚀性气体的气瓶，每2年检验1次；盛装一般气体的气瓶，每3年检验1次；盛装惰性气体的气瓶，每5年检验1次。发现有严重腐蚀、损伤或对其安全可靠性有疑虑时，应提前进行检验；对失效、超过检验期限的气瓶，严禁充装。

4.4.2.9　野蛮装卸碰撞，气瓶露天曝晒

有的工作人员采用脚蹬的野蛮装卸方法，即将气瓶用脚从车辆上直接踢到地下，由于气瓶受到碰撞，极有可能发生爆炸。气瓶装卸时严禁敲击、碰撞，必须轻搬轻放。气瓶装卸时应防止露天曝晒，因为气瓶在高温下，内部压力升高极易发生爆炸。如杭州曾发生河里的行船中的氧气瓶突然发生爆炸，将1名河边洗东西的妇女炸死的事故。原因是船上的氧气瓶在夏季受到烈日曝晒，气瓶内部升压后发生爆炸。在夏天高温季节，装运、使用氧气瓶时，要有遮阳物覆盖，尤其是露天堆放大量气瓶时，更应采取防晒遮阳的措施。

4.4.2.10　检验气瓶性质，严格把好质量关

一般发生气瓶爆炸事故的单位都没有对瓶内气体性质进行检验和判别，倘若气瓶外部色标不明，很容易造成错装、混装的现象。对于制气站、充装站均应落实充装前气体性质的检验工作，一点都不能大意，要严格把检验关，只有把好检验这道关才能

减少发生爆炸的可能性。检验时可以应用便携式可燃气体检测仪，对每只氧气瓶逐瓶检测，检测合格才能进入充装台；对于氢气、乙炔气、一氧化碳、甲烷、二甲苯等可燃气体，在用可燃气体检测仪检测后，还应和声光报警联动，报警设定值为爆炸下限，对检测结果不符合要求或检测时发生报警的，一律不得充装。在检验气体性质时，还要检验气瓶的外观、色标、瓶阀等，包括检查漆色、余压、检验日期、瓶阀螺纹的旋向和接头等。

4.4.2.11 不配套且快速充装，多酿出事故惨剧

现在有些液氧充装站没有配套基本的设备设施，尤其以加压泵和气瓶不配套的充装问题较多。如沈阳发生的一起气瓶爆事故，在充装的气瓶较少时，没有采用匹配的液氧输送泵，而是直接用大容量液氧泵充装较少的气瓶，这样充装时速度就变得很快，压力上升快，不符合氧气徐徐充装的要求，此时，若遇到油脂、爆鸣气体、关阀摩擦等爆炸的激发条件，极易发生事故。依据 GB/T 14194—2017《压缩气体气瓶充装规定》中的规定：气瓶的充气速度不得大于 8 m^3/h（标态），且充装时间不应少于 30 min。现在大多数都未贯彻执行，政府、安监局应高度重视，开展检查和整治，学校安全管理人员要常常教育学生，在气体充装时要注意有效距离防护。

4.4.2.12 气瓶使用一般规则

（1）要高度重视气瓶的安全管理工作，必须贯彻“安全第一，预防为主”的方针，指定专人负责气瓶的采购、储存、搬运、使用、处置等工作。

（2）使用单位应采购具有许可证资质的企业产品，并保证充装的是合格气体，不得使用改装气瓶和超期未检的气瓶。

（3）压力气瓶运输车辆在进入高校校区时，运输单位必须为采用专用的危化品运输车，押运人员在运送和装卸时应佩戴好个人防护装备。

（4）使用单位在接收及使用气瓶前，应进行安全状况检查，包括：气瓶的涂漆标示清晰正确，不得涂改；气瓶应有明确的成分标签；瓶阀、瓶帽等附件完好齐全；瓶体无撞击凹痕，表面无锈蚀状况。对于不符合安全技术规范要求的气瓶，严禁接收和使用。

（5）气瓶进入房间后，必须直立放置，适当固定，防止倾倒。气瓶存放的位置应阴凉、干燥、通风良好、远离热源（如阳光、暖气、炉火），要防止雨淋和日光曝晒；气瓶不应放置在焊割施工的钢板上及电流通过的导体上。气体性质不同或可能会发生反应的气瓶一般要相互隔离，不能混合存放，严禁混放可燃与助燃气体钢瓶。

（6）在房间内搬动或使用气瓶时，应旋紧钢瓶帽，以保护开关阀，防止其意外转动和减少碰撞；距离较长搬动时应使用钢瓶推车，搬运时的气瓶应妥善加以固定，避免途中滚动碰撞；互相接触后可能引起燃烧、爆炸气体的气瓶，不能同车搬运。

（7）严禁气瓶周围存放易燃物质，尤其是瓶阀周围不能沾有油脂等易燃物质；安装减压表时，要检查瓶阀和出气口内有无油脂等杂质。

（8）气瓶周边禁烟禁火，乙炔气瓶温度不得超过 40 ℃，液化气瓶温度不得超过 45 ℃，明火操作之间的距离应大于 10 m，气瓶总阀及胶管不得漏气，严禁明火试漏。

（9）严禁将气瓶内气体用尽，一般气瓶应保持 0.05 MPa 以上的残余压力。对于可燃性气体，气瓶应保留 0.2～0.3 MPa 的残余压力，其中氢气瓶应保留 0.2 MPa 的残余压力，以备充气单位检验取样，避免重新充气时发生危险。

（10）气瓶应定期到指定单位进行检测，一般气瓶 3 年检测 1 次，减压阀中的压力表一般 6 个月检测 1 次。

（11）严禁将氧气代替空气作通风使用。

（12）气瓶装置的防爆紫铜片不准私自调换。

（13）气瓶用后要将气瓶阀关闭。

（14）气体钢瓶出口处严禁对人。实验室中使用气瓶时，气瓶中的尾气必须经排放管道排至室外，不得将气体直接排放到实验室内。

（15）对于气瓶使用环境，需保持房间内通风良好，有条件的房间可以安装气体检测系统，做到预防报警和应急处理。

第5章 高校实验室压力气瓶安全管理

为确保高校师生员工的人身健康、财产安全，保证学校教学、科研任务的顺利进行，高校校、院、实验室应依据国家法律法规、学校规章制度等明确各层各级人员职责，制定压力气瓶安全管理制度，压实各层各级安全责任，组织各层各级安全管理员、本科生、研究生等人员的培训工作，使广大师生熟悉气体性质和危险性，掌握压力气瓶规范操作流程，同时还要定期与不定期开展压力气瓶的安全检查和隐患整改，将气瓶安全事故扼杀在萌芽之中。

高校实验室是进行教学、科研活动的重要场所，气体钢瓶是常用的高危实验设备。目前，我国高校实验室安全管理尚不够具体、细致，各级实验室人员贯彻规章制度还未到位，因此压力气瓶引起的事故仍然时有发生，且危害性较大。依据国家市场监督管理总局统计，近几年各类压力气瓶事故呈频繁态势，如2015年我国共发生压力气瓶事故29起，占特种设备事故的11.3%，其中高校实验室压力气瓶发生数起安全事故，大多集中在压力容器方面。例如，2015年4月，江苏徐州某大学实验室发生一起压力气瓶爆炸事故，当场炸死1人、炸伤4人；2015年12月，北京一高校实验室发生氢气瓶爆炸事故，1名博士后不幸遇难，多人受伤害。发生的各类气体钢瓶事故给社会和家庭造成了极大的伤害。

海恩里希指出：每一起事故的背后，必然有29起轻微事故和300多起未遂先兆以及1 000个事故隐患。按照海恩里希法则，高校之所以发生实验室压力气瓶的人员伤亡事故，其表象为使用中违规操作，究其根源是存在责任未压实、措施未到位、安全监管不严格，以及安全教育的缺失等事故隐患。为确保高校师生员工的人身健康、财产安全，保证学校教学、科研任务的顺利进行，高校各层各级部门应按照《中华人民共和国特种设备安全法》《气瓶安全技术监察规程》等相关法律法规和相关要求，开展压力气瓶安全管理工作。

5.1 压实各层各级人员职责

压力气瓶安全管理，应坚持“安全第一、预防为主、综合治理”的原则，贯彻“谁使用、谁管理，谁主管、谁负责”的安全工作责任制，落实高校各二级学院（单位）的主体责任，分层分级制定实验室工作人员岗位职责，压实从事实验室工作的教师、研究人员、实验技术人员、管理人员、学生等人员的安全责任，使每一个人各司其职。

5.1.1　学校归口部门安全工作职责

学校实验室是实验室压力气瓶安全管理的归口机构，应加强压力气瓶的准入管理，协同校内保卫处、资产处等部门进行顶层设计，明确管理机制，落实安全责任制，建立健全各项规章制度，开展压力气瓶专项安全知识教育，加强安全防范设施投入，采取定期与不定期相结合的方式，对全校实验室压力气瓶进行安全检查，一旦发现安全隐患，及时通知所属学院及实验室限期整改，对敷衍塞责、应付了事而造成安全事故的，应进行责任追究。

5.1.2　二级学院（系、研究所、实验室）主要负责人安全工作职责

学校二级学院主要负责人是实验室安全第一责任人，实验室工作的分管领导是所在学院实验室安全工作的直接负责人，各实验室主任为所在实验室安全负责人，各二级学院及实验室应设置专职或兼职的实验室安全管理员，其中：

（1）院主管实验室工作的负责人应代表所在单位与学校签订“实验室安全责任书”，明确压力气瓶安全职责。

（2）院分管实验室安全工作的直接负责人应落实院级实验室每一个人的工作职责，加强实验室人员安全教育和培训，组织全院气体钢瓶安全检查，落实隐患整改工作。

（3）实验室（系、研究所）主任应代表实验室与所在学院签订“实验室安全责任书”，组织实验室压力气瓶危险性评估，根据评估结果列出各项安全指标，细化要求，落实工作职责，强化过程管理。

① 各级实验室安全责任人对所在单位的安全负有检查、监督和管理的责任，实验室发生安全事故时，应采取积极有效的应急措施，及时处理，防止事故蔓延，同时应及时上报，不得隐瞒事实真相，否则按照学校责任追究办法对相应责任人予以追究。

② 各实验室必须认真贯彻“安全第一、预防为主”的方针，根据各实验室的具体情况，制定压力气瓶安全管理办法和操作规程，并张贴于实验室墙壁醒目处予以公告。

③ 实验室实行准入制度，所有从事气体钢瓶管理、采购、储存、使用的人员必须经过必要的安全教育和培训，在掌握各项安全管理规则和基本知识、熟悉各项操作规程后，方可开展相应气体实验。实验人员须履行工作场所和工作岗位的安全职责，对自己所在岗位的安全负直接责任。

5.1.3　安全管理员安全工作职责

安全管理员是实验室气体钢瓶管理的核心力量。各二级学院所属系、研究所、实

验室应设置专（兼）职安全员管理岗位。各级责任人既要守土有责，又要通力配合、齐心协力做好压力气瓶的安全管理。

5.1.3.1　安全管理员任职条件

安全管理员应有较强的语言表达能力、组织能力、分析能力和综合协调能力，敢于坚持原则，热爱本职工作，在工作中不断丰富自己的政治理论水平和安全工作管理经验，在掌握一定的安全技术专业知识的基础上，还要明确压力气瓶操作流程、工艺技术、使用方法。此外，安全管理员应能够深入实验室调查研究，密切联系师生，指导师生规范使用压力气瓶，监督安全技术措施和制度的执行情况，根据本单位实验过程中可能的危险部位，能够会同本单位及实验室改进落后的安全技术措施，或提出建设性意见供决策者参考。将取得安全员资格证或安全工程师资格证作为任职的基本条件。

5.1.3.2　安全管理员责任与职责

院安全管理员协助分管院长负责全院实验室的压力气瓶安全管理工作，防止事故的发生；实验室安全管理员协助系（研究所）主任负责所在实验室的压力气瓶日常安全管理工作，落实常规和重点检查相结合的制度。各级安全管理员应参加年度安全技术措施计划和安全操作规程、制度的制定工作，指导师生开展实验室安全工作，会同校、院、系等有关部门做好安全生产宣传教育和培训，总结和推广安全管理的先进经验，经常开展压力气瓶的安全检查，对发现各种安全隐患和问题，及时督促做好整改，并通过隐患整改的跟踪，有效压实整改结果；在做好安全管理工作的同时，还要协助有关部门做好气体实验防护用品的采购和发放工作，督促有关实验室做好防毒、防爆、防污染等劳动保护工作，对重大危险隐患、一时不能处理的问题，及时报告本单位安全管理第一责任人，对于发生的安全事故，应参加伤亡事故的调查处理，做好事故报告工作。

5.1.3.3　安全管理员的日常工作

安全管理员的主要日常工作是检查压力气瓶安全制度的建立及落实情况，对气瓶储存、使用现场进行安全检查并做出处理，加强安全技术监督检查和实验室安全教育。具体工作如下：

（1）建立健全安全规章制度。

安全规章制度应建立健全，包括安全责任制，以及安全技术措施管理、安全教育、安全检查、安全奖惩、气瓶检验与维护、隐患排查及控制、事故管理、防火防爆安全管理、安全值班等制度；同时要建立各项操作规程，包括安全技术方面的气瓶作业、危险场所防范、易燃易爆有毒有害气体处理、气瓶运输安全等安全操作规程等。

（2）开展安全检查与现场处理。

对压力气瓶安全检查中发现的隐患及问题应及时汇报并做好记录，会同各级管理人员围绕“三定”要求，制订整改方案，方案中要定整改责任人、定整改措施、定整改期限，对于安全整改应进行复查、验收、销号，形成闭环；现场处置的主要方法有：限期整改、禁止作业、封门等，这几种方法有时也可以合并使用，对于不按现场处置仍然带着事故隐患进行实验的单位和个人，提交到学校安全管理部门实现问责或处罚。

（3）其他工作。

定期分析压力气瓶安全管理方面的相关技术数据，及时汇总并填写报表；收集、整理、完善压力气瓶安全管理内部资料。安全管理资料主要有：安全组织机构情况、安全规章制度、安全教育与培训及考核资料、安全检查及隐患整改资料。安全技术资料主要有：

① 气瓶采购计划、气瓶安全措施、气瓶安全交底资料和重要安全设施的验收资料。

② 采用新工艺、新技术、新设备、新材料安全交底书和安全操作规程。

③ 气瓶台账、附件检验及日常维护记录。

其他资料主要有：有关安全文件和会议记录、实验室安全活动资料、人员动态管理台账、特种作业人员的登记台账、消防物资台账及日常检查记录、伤亡事故档案、安全奖惩资料、与各运输商安全运输协议等。

5.2　制定压力气瓶安全管理制度

通过建立健全压力气瓶安全管理制度、安全检查制度、使用人员登记制度等，科学规范地完成相关工作。

5.2.1　用气申请制度

由教师填写“××大学易燃易爆危险物品使用申请表”“××大学易燃易爆危险物品使用备案表”，签署“××大学易燃易爆危险物品安全责任书”“××大学易燃易爆危险物品实验安全承诺书”等备案申请资料。

5.2.2　审核制度

校、院、实验室三级负责人逐级审核签字，包括安排专人负责单位压力气瓶申请审核、供气单位资质审核、配送运输单位资质审核等日常安全管理。

5.2.3　备案制度

从正规厂家购置压力气瓶及相应的气体，由商家提交相关合格证复印件，到学校归口单位备案。

5.2.4　更换压力气瓶制度

规定使用人负责实验室内气体钢瓶的安全检查和所用气体钢瓶的更换等。

5.2.5　规范连接压力气瓶

依据 GB/T 15383—2011《气瓶阀出口连接型式和尺寸》标准，落实实验室压力气瓶连接制度，规范气瓶连接工作，确保无误。如对于乙炔表和氧气表连接，一般氧气表接红色的胶管，乙炔表接黑色的胶管。

5.2.6 检查接口气密性

使用人首先观察压力气瓶的外观，初步得出气密性是否良好的结论。对于压力气瓶及减压表存在漏气现象的，须进行深入检查找出原因，对气密性不良的应进行调整、修理或更换。检查方法有通过在接口处涂抹肥皂水（或液体洗涤剂）进行检漏，也可以通过专用检漏仪器进行检漏。

5.2.7 锁闭气瓶柜

气瓶柜是存放及固定压力气瓶的场所，具有防爆功能，它能在气体钢瓶发生泄漏时，启动排风扇通风，排出柜中的泄漏燃气，同时发出报警提示，能提高安全性且节省能源。气瓶放入气瓶柜后应尽快落锁。

5.2.8 锁闭气瓶房

气瓶房是集中存放及固定压力气瓶的场所，它能存放多个压力气瓶或气瓶柜，气瓶房具有通风和报警提示功能，能及时排出泄漏燃气。压力气瓶放入气瓶房后应尽快锁闭。

5.2.9 落实安全检查

安全检查是安全科学管理中的一项重要内容，也是安全管理工作的一个基本环节，通过明确检查内容、优化检查方法、落实安全检查制度，确保压力气瓶处在安全状态、实验室保持良好的安全状态。

5.3 加强人员安全教育与培训

缺乏安全知识是导致实验室事故的主要原因之一，加强实验室压力气瓶的安全培训，提高应险和避险能力尤为重要。学校在施行实验室安全准入制度的基础上，应要求各二级学院及实验室开展有针对性的实验室安全教育及相应的操作规程。实验人员在使用压力气瓶前，必须参加操作培训，培训合格后才能准许使用。

5.3.1 教育与培训对象

（1）从事瓶装气体工作的所有人员，含校、院、实验室三个层次的教师、学生、安全管理专（兼）职人员、装卸搬运人员等。

（2）专业从事气焊气割及气体作业等直接操作人员，除了应接受学校的安全教育外，还要接受专业培训。

5.3.2 教育与培训目标

（1）熟悉和掌握自己所操作和管理的气体的性质危害与防护方法。

（2）明确压力气瓶的结构、瓶阀及安全装置的组成，以及安全附件强制性检验要求。

（3）熟悉和掌握一旦发生紧急情况的处理方法，如可燃和氧化性着火，有毒气体泄漏等应急处理。

（4）了解和掌握国家有关安全监督管理部门对气体、气瓶的基本法规与技术标准规范。

5.3.3　校级安全教育与培训

压力气瓶的危险来源，一是气瓶本身自带的高压特性，二是充装压缩气体具有不同化学安全特性，由于高压和易燃易爆特性，使得气体钢瓶处在一种具备物理、化学伤害不安全的状态。因此，降低物理伤害和化学伤害等方面的风险是实验室安全管理一项重要内容。针对高校每年的“四新”人员（新学生、新教师、新员工、新干部）等流动性比较大的特点，在校级层面上，学校对进入实验室人员，一方面应定期与不定期地开展各种安全教育，不断提高他们的安全意识、法律意识和责任意识；另一方面将培训工作作为一项常态化工作来狠抓落实，通过形形色色的安全通识培训和举办安全文化宣传活动，严格落实安全准入制。

5.3.4　院级安全教育与培训

二级学院根据自身特点编制安全教材，内容包括气体钢瓶安全知识、实验室规章制度和操作规程、实验室人员的权利和义务、有关事故案例等。由于“四新”人员的层次各不相同，应分层分级开展安全教育和培训工作，一方面结合院系使用压力气瓶的具体安全问题，围绕气体的危险特性，制定针对性的培训课程；另一方面邀请来自地方气体供应商、质量监督局等的校外专家，利用他们的专业性优势，普及相应的安全操作知识和应急处置措施，提高相应人员的气瓶安全操作能力和紧急状态下的应对能力。

5.3.5　系（研究所）级安全教育与培训

系（研究所）开展的安全教育和培训应涵盖专业特点，内容包括：工作环境及危险因素、可能遭受的职业伤害和伤亡事故、操作技能及强制性标准、应急处置（自救、互救、急救、现场疏散、紧急处理等）、安全设备设施、个人防护用品的使用和维护、安全规章制度、预防事故和职业危害的措施及应注意的安全事项、事故案例以及其他需要培训的内容。

5.3.6　实验室级安全教育与培训

实验室级开展安全教育与培训应具体、实用，内容包括：实验（使用）安全操作规程、安全与职业卫生事项、有关事故案例以及其他需要培训的内容。

5.4　压力气瓶采购申请

压力气瓶原则上来自有许可资质的供应单位，学校对定点供应商的资质应进行审核，审核通过的供应商优先为学校供货，如因特殊情况，需从其他供应商处采购，需要先对供应商资质进行审核，并将其相关资质文件送学校实验室管理部门备案。实验室压力气瓶购买申请表见表 5-1。

表 5-1 ××大学实验室压力气瓶购买申请表

申购日期：

<table>
<tr><td>申购学院</td><td></td><td colspan="2">申购人及
联系电话</td><td colspan="4"></td></tr>
<tr><td>销售单位</td><td></td><td colspan="2">联系人及
联系电话</td><td colspan="4"></td></tr>
<tr><td>申购气瓶名称</td><td></td><td>数量</td><td colspan="2"></td><td colspan="2">用途</td><td></td></tr>
<tr><td>申购气瓶名称</td><td></td><td>数量</td><td colspan="2"></td><td colspan="2">危险性</td><td></td></tr>
<tr><td>存放地点</td><td></td><td colspan="2">保管人及联系电话</td><td colspan="4"></td></tr>
<tr><td rowspan="2">库存数量</td><td rowspan="2"></td><td colspan="4">是否有气体泄漏报警装置</td><td colspan="2"></td></tr>
<tr><td colspan="4">气瓶是否有固定装置</td><td colspan="2"></td></tr>
<tr><td>送气车辆
进入校园时间</td><td colspan="7">________校区________年________月________日</td></tr>
<tr><td>申购人承诺</td><td colspan="7">本次压力气瓶（气体）的申购人，对该次实验用压力气瓶在校期间的安全工作负全面责任。压力气瓶（气体）的购买、运输、储存、使用和回收均严格遵守国家相关法律法规、《××大学实验室安全管理办法》等有关规定。实验及储存场所符合要求，防范措施和应急预案完备，切实保证实验室安全，保证师生人身安全，防范和遏制事故发生。
本人保证遵守上述承诺，如因违反承诺导致发生责任事故，自愿按照国家法律、法规承担责任，同时接受学校规章制度的处罚。
申购人：</td></tr>
<tr><td>申购单位承诺</td><td colspan="7">我单位保证将申购的上述压力气瓶（气体）规范使用，严格执行相关规定，落实专人管理，做好使用台账，接受监督检查，在校园运输和使用过程中出现任何问题由本单位及相关人员承担责任。如有违反上述承诺，致使压力气瓶（气体）被非法使用或流入非法渠道，我单位自愿接受相应处罚。
项目负责人：　　　　分管院领导：
单位（公章）：</td></tr>
<tr><td colspan="2">实验处（公章/签字）：</td><td colspan="6">保卫处（公章/签字）：</td></tr>
</table>

续表

<table>
<tr><td rowspan="3">门卫现场确认声明</td><td>车辆是否有运输资质</td><td></td><td rowspan="2">车辆司机/随车人员姓名/资质/联系方式</td><td rowspan="2"></td></tr>
<tr><td>车牌号码</td><td></td></tr>
<tr><td colspan="4">现场确认运输压力气瓶（气体）的车辆资质、人员及其资质、气瓶数量、运输线路及收用单位等相关信息与本次申购单完全一致，允许该车辆及随车人员按既定路线及方案进入校园。
现场确认签字：
日期：</td></tr>
<tr><td>二级学院验收</td><td colspan="4">现场验收签字：</td></tr>
</table>

注：本申请表一式两份，分存相关二级学院与实验室处留档备案。

5.5　压力气瓶（气体）供应商资质审核

确保压力气瓶（气体）来源规范是学校的一项重要安全工作。针对压力气瓶（气体）供应商良莠不齐的现状，需要遴选合格、优质的供应商，遴选时一是应以行业经营资质与供气质量的保障为基本条件，二是以运输安全和及时响应服务作为必要条件，三是以具备安全培训能力和提供供货数据作为重要的参考依据，结合学校实际情况，形成逐层递进的评价体系。具体如下：

5.5.1　压力气瓶（气体）供应商资格条件

基本条件必须包括：危险品经营许可证、气瓶充装许可证、道路运输许可证、安全生产许可证。

必要条件应包括：特种设备核准证、ISO 质量认证、ISO 环境管理体系认证、钢瓶检验许可证。

企业制造供应商应提供具有制造许可证的合格气瓶，充装企业供应商应提供取得气瓶充装许可证的合格瓶装气体。

5.5.2　压力气瓶安全运输承诺

气瓶运输供应商必须承诺：在压力气瓶运输过程保证每一个气瓶具有瓶帽与防震圈，具有专用的运输车辆、司机和押运员，响应用户送货时间要求，将气瓶安全送至用户的指定地点。

5.5.3　服务及安全培训承诺

供应商在用户安全培训方面必须承诺：对压力气瓶及气体的使用者每年进行 1 次基本的安全培训，全年提供专业的安全知识及技术咨询。此外，用户更换和回收气瓶时，供应商应建立规范的气瓶档案，做到有据可依、有据可查，提醒用户到期检验压力气瓶等。

5.5.4 信息及时反馈

供应商应定期向学校提供供货信息，包括每年向学校管理部门提供压力气瓶供货记录、压力气瓶检验记录、提供气体性能参数；辅助学校监控气体使用情况。

5.5.5 专家审查

上述条件经过专家的资格审查、上门考查和现场答辩，拟从多家供应商中遴选出3~5家符合上述条件的压力气瓶（气体）供应商，通过建立奖惩机制，监督供应商服务质量，严惩不法行为，确保高校压力气瓶（气体）供应与运输环节的安全。

5.5.6 验收

申购（使用）人在接收到压力气瓶时应进行验收，对压力气瓶的瓶帽、瓶阀、外观油漆、油漆颜色、气瓶颈部钢印、状态等应进行全面检查。符合下列情形之一的应拒绝接收，并及时报告学校实验室处或保卫处：

（1）未按《安全目视化管理规定》的有关要求挂贴相应标签，或不符合安全技术规范及国家标准规定粘贴警示标签和充装标签。

（2）气体名称标识不清或不对应。

（3）压力气瓶颜色缺失或错误。

（4）压力气瓶缺乏检定标识或已超过检定周期。

（5）压力气瓶未佩戴安全帽（有防护罩的除外）或防震圈等。

（6）压力气瓶有缺陷或严重腐蚀，缺失其他安全附件等。

5.6 压力气瓶搬运

压力气瓶属于压力容器范畴，倘若不按照规范操作或不实行轻装轻卸，很容易泄漏或发生爆炸事故。如实验人员在手套上沾有油污的情况下搬运氧气瓶，由于静电作用，带有油脂类的手套和可燃性气体相接触，就会诱发火灾事故。压力气瓶搬运时应注意的事项如下：

5.6.1 了解气瓶的基本信息

气瓶搬运以前，必须了解气瓶内含有气体的名称、性质和安全搬运需要注意的安全事项，以及备齐相应的工具和防护用品等。介质为第7类有害、有毒、腐蚀、放射性和自燃气体时，应在安全技术、个人防护、卫生保健、安全管理等方面制定相应的预防措施。

5.6.2 防止震动或撞击

（1）在搬动气瓶前，必须对气瓶进行检查，应装上防震圈，旋紧安全帽，避免搬运时损坏开关阀，或在搬运过程中因受力而造成瓶阀损坏，甚至瓶阀飞出等事故的发生。

（2）搬运充装有气体的气瓶时，最好把气瓶固定在特制气瓶推车上进行搬运，也可以用手移动气瓶。

（3）近距离（5 m 内）水平移动气瓶时，用一手托住瓶肩，使瓶身慢慢倾斜，另一手推动瓶身沿地面旋转，使瓶底着地，边走边滚。当气瓶移动距离较远时，应使用专用小车搬运。

（4）气瓶在搬运过程中必须轻拿轻放，不准拖拽、随地平滚、顺坡竖滑或用脚蹬踢。严禁抛掷、摔扔、滑放、碰撞、溜坡、横倒在地上滚动或手抓开关总阀移动，以避免因野蛮装卸而发生爆炸事故。

（5）搬运（提升）高度超过 1.5 m 的气瓶时，应使用专用吊篮或装物架。人工将气瓶举放到高处或把高处的气瓶放落到地面时，必须 2 人同时配合，要求提升与降落的动作协调一致、轻举轻放。严禁在举放、放落气瓶时采用抛、扔、滑摔等方式。

（6）搬运中吊装气瓶时，严禁使用电磁起重设备。在起重机械吊运散装气瓶时，必须将气瓶装入集装箱或坚固的吊笼（吊筐）内，气瓶在集装箱或吊笼内应妥善加以固定；严禁使用钢丝或链条捆绑吊运气瓶，严禁用钩吊瓶帽等方式吊运气瓶，以避免吊运过程中气瓶脱落而造成安全事故。

（7）卸车时应在气瓶落地点铺上软垫或橡胶皮垫（乙炔气瓶除外），逐渐卸车，严禁溜放。

（8）装卸氧气瓶时，工作服、手套以及装卸工具、器具上不得沾有油脂。

（9）严禁使用叉车、翻斗车或铲车搬运气瓶。

5.6.3 气瓶不得混装

（1）配装各种气瓶的车辆，原则上应按化学危险物分类储存原则考虑配装，如液氯与液氨不能在同一车内共同配装，压缩气体与液化气体不得与爆炸品、氧化剂、自燃物品、易燃物品等混合配装。

（2）相互接触后可能引起燃烧、爆炸气体的气瓶（例如乙炔气瓶和氧气瓶），不能同存一车或同存一处，也不能与其他易燃易爆物品混合存放。装运气瓶的车辆上应设有“危险品”安全标志。

5.6.4 采取保护措施

性质不同的气瓶在同时搬运时，应按危险货物配装表的要求进行配装。搬运不同种类的气瓶时，还应根据不同危险品的特性，采取相应的防护措施。

（1）近距离搬运气瓶时，对于凹形底的气瓶和附带圆形底座的气瓶，可采用徒手倾斜滚动的方式搬运。对于方形底座的气瓶，应采用稳妥、省力的专用小车搬运，小车上设置软垫；距离较远或路面出现不平整时，应使用特制机械专用工具搬运，搬运时气瓶用铁链加以固定。严禁用肩扛、背驮、怀抱、臂挟、托举或两人抬运的方式搬运气瓶。

（2）使用电磁起重设备吊装气瓶时，电源供电及电气控制系统应设置双路供电，以防止单路电源中断或一路电气系统发生故障时，突然失去电磁作用，造成气瓶从高空摔落，引起冲击带来的爆炸事故。

（3）人工举放或放落气瓶时，不可将钢瓶阀对准人身，需两人同时操作，提升与降落的动作协调一致，轻举轻放，避免滑动、摔打和撞坏。

（4）气瓶搬运或运输中不得长时间在日光下曝晒，防止受压或着火。运输时氧气瓶不应靠近可燃气体气瓶、易燃物质及油脂，随车人员不得在车上吸烟。

5.6.5 压力气瓶运输

为避免气瓶在运输过程中发生泄漏或爆炸事故，造成人员伤亡和财产损失，必须对运输及押运人员进行安全技术教育，严格执行相关的安全制度。

（1）气瓶属于具有爆炸危险的容器，所以气瓶在运输及装卸时，首先要确认气瓶瓶阀没有泄漏、瓶体无损伤，其次要求气瓶应戴好瓶帽和防震圈，在车厢装卸气瓶的部位应垫橡胶垫子，以免使压力气瓶受到撞击或擦伤。

（2）装卸后的气瓶在确认其总阀不泄漏、瓶体无损伤的条件下，为了防止气瓶在运输途中移动位置和发生撞碰，最底层气瓶的下面应放置带凹槽的底垫或塞上制动垫木。如果遇到山道、坡度较大的桥梁、坑洼不平的道路，则还必须用绳索捆绑。

（3）气瓶应直立向上装在车上，气瓶帽应朝向一致，但不得朝向汽车油箱的一侧。车厢的高度应在瓶高的2/3以上。

（4）运输可燃性、助燃性永久气体的气瓶容量超过300 m^3，运输毒性气体的气瓶容量超过100 m^3，运输同类液化气体的气瓶质量达3 000 kg时，必须有专业人员押运。

（5）长距离运输可燃性、助燃性或毒性气体应配备2名司机轮流驾驶，以防因1人疲劳驾驶酿成交通事故，危及气瓶安全。

（6）不得同车运输化学性质相抵触的气体，如氧气或氯气与氢气、乙炔气和液化石油气等；易燃品、油漆和带有油脂的物品，不得与氧气或强氧化剂同车运输。

（7）运输气瓶的车辆上须严禁烟火，配备相应的灭火器材和防毒面具。可燃性气体运输车辆的排气口应带有阻火器，保证排气管没有明火。

（8）夏季运输气瓶时，车辆上必须具有遮雨、遮阳设施，要适当覆盖，避免暴晒。在炎热的白天运送气瓶，特别是二氧化碳气瓶，应遵守当地政府关于季节装运气瓶的有关安全规定。

（9）气瓶属于危险化学品范畴，应在车前悬挂“包装储运指示标志”规定的标志，同时还应在车上明显位置插上警告标志旗，目的是引起过往车辆的注意，车辆之间保持安全距离，标志旗外形符合交通安全管理部门的规定。

（10）严禁使用自卸汽车、挂车或长途客运汽车捎带气瓶，也不允许装运气瓶的货车载客。

（11）运送气瓶的车辆还应遵守公安、交通部门有关危险品运输的安全规定，服从指定路线行车，不得在繁华市区、人员密集区停靠等。危险性气瓶的运输车辆停靠时，司机和押运人员不得 2 人同时离开，至少留有 1 人。

（12）车辆启动与停车应缓慢，行进中要避免紧急刹车和急转弯。在运输中应检查气瓶捆绑是否牢固，若有松动必须再次将气瓶固定住，以避免运输中瓶与瓶之间激烈冲撞和滚动，发生泄漏和爆炸。

（13）气瓶经铁路、水路和航空运输时，应遵守交通部发布的《道路危险货物运输管理规定》以及铁路、水路、民航等部门的有关规定。

（14）司机和押运人员均须熟悉所运输气体的性质、安全注意事项和紧急处置方法。在装运的气瓶上严禁坐人，除了驾驶员或押运人员外，车辆上不得搭乘其他无关人员。

（15）装有液化石油气和乙炔气的气瓶不应长途运输。

（16）运输车辆上严禁吸烟或携带火种。

（17）到达运输目的地后，首先打开车厢板或解开绳索后，检查气瓶不会坠落，然后才能将气瓶卸下车辆。

① 卸车时应轻抬轻放，禁止采用抛丢、下滑或其他容易引起碰击的行为。

② 卸车作业最好使用专用的抬架或搬运车，不得从瓶帽处卸车，不得手执气门安全阀卸车。

③ 卸载氧气瓶时，工作服、手套和装卸工具、机具上不得沾有油脂。

5.6.6　搬运气瓶入库

气瓶搬运到仓库或实验室后，应将气瓶放置到平整的地面上，放置时气瓶应用链索固定，防止倾倒或滚动。气瓶上楼下楼搬运时，要在气瓶落地点铺上铅垫或橡皮垫；气瓶应按顺序逐个卸车，不应多个气瓶连续溜放。

5.6.7　应急处置

在搬运途中发现有气瓶漏气、燃烧等险情时，搬运人员应针对险情原因，进行紧急有效的处理。

5.6.8　其他注意事项

（1）不得搬运气瓶瓶体上有缺陷、安全附件不全或已损坏、气瓶有漏气、不符合技术检验标准或不能保证安全使用的气瓶。

（2）不应使用翻斗车或铲车搬运气瓶，用叉车搬运时应将气瓶装入集装箱或集装篮内。

（3）装卸、搬运时应有保护措施，避免气瓶受潮，防止气瓶复合层磨损、划伤。

（4）装卸作业时，不应将阀门对准人身，气瓶应直立转动，不准脱手滚瓶或传接，气瓶直立放置时应固定牢靠。

（5）装卸有毒气体的气瓶时，应预先采取相应的防毒措施。

（6）氧气瓶及专用工具严禁与油脂类接触，车上不得有残留的油脂，器具上不应沾有油脂。不能穿用沾有油脂或油污的工作服、手套等，因油脂很容易氧化发热，引起燃烧，如果氧气瓶瓶口沾有油脂，当氧气高速喷出时，高压气流与瓶口摩擦产生的热量能加速油脂的氧化过程，极易引起燃烧，甚至引起气瓶爆炸；装卸燃烧爆炸危险性气瓶使用的机械工具，应有防止产生静电火花的措施。

5.7 压力气瓶的储存与保管

压力气瓶内装有气体的品种多、性质复杂、压力较高，如可燃性、氧化性、窒息性、毒性、腐蚀性或高压存在的爆炸性。在储存气瓶的过程中，如遇到不符合气瓶贮存标准或条件的，或有可能引起灾害事故的情况，不能擅自作业，马虎存放，一定要按照气瓶贮存的各项规章制度，认真落实。

5.7.1 气瓶库房建设要求

（1）气瓶库房的建设必须经环保、公安、消防和安全监察部门的批准。

（2）库房的建筑按国家有关标准、规范的要求进行建设。库房应具有防雨（雪）淋、防水浸、防爆、防雷、防潮、防火、防鼠等安全要求，有良好的通风、遮阳（避免阳光直射）和防爆照明设备及监控设备。

① 库房的耐火等级、层数和面积应严格执行《建筑设计防火规范》的有关规定。

② 具有爆炸危险的甲、乙类和高压气瓶的库房不应设在建筑物的地下室和半地下室内，也不能设置在办公室或休息区域。

③ 易燃、可燃液化气体气瓶的库房应设置防止液态气体流散的设施，库房内不应有地沟、暗道和底部通风孔，并且严禁任何管线穿过。

（3）库房的安全出口不得少于 2 个，对于面积较小的库房可以设 1 个。

① 库房门窗均须向外开，以便人员紧急疏散和气体泄爆。

② 门窗上的玻璃最好采用毛玻璃，或在透明玻璃上涂上白漆，也可以挂上白色的窗帘，以防止气瓶被阳光直射后压力升高，或发生催化或其他化学反应。

（4）库房应有足够的泄压面积，以减少爆炸事故的发生。氢气等甲类火灾危险的气瓶库房，其泄压面积与库房面积之比应达到 0.05~0.1。

（5）储存气瓶的库房应是轻质屋顶的单层建筑，其高度不应低于 4 m，设有天窗或自然排风口，向外开窗。对于储存可燃或有毒气体的库房，应安装强制通风换气装置，排风量的基数为事故最小排气量，每小时换气量应为基数的 7 倍以上；另外，库房内应配备喷淋装置，作为应急所需。

（6）库房内的地面要求平整、粗糙不打滑。储存可燃气体的气瓶库房，其地面可采用铝板、沥青、水泥或木砖，防止撞击产生静电火花。库房墙壁及房顶应用防火或半防火材料建造。

（7）储存可燃、爆炸性气体气瓶的库房，其照明灯、换气扇等电气装置均须采用防爆型，其中电气开关和熔断器应装在库房外面。

（8）库房内的温度控制应根据气瓶内的介质确定。一般库房温度允许的范围为5 ℃~35 ℃，当库房温度高于35 ℃时应采取降温措施。库房内严禁使用煤炉、电热器或其他明火取暖设施。

（9）储存可燃气体气瓶的库房不要建在高压线附近，如不在避雷保护区域内，则必须装设避雷装置。

（10）对于储存有毒、可燃或窒息性气体的库房，在内部要安装气体泄漏检测和自动报警装置。

（11）库房内最大存瓶数量不得超过3 000只（以40 L气瓶计）。如库房用密闭防火墙分隔成单室，则每室存放可燃、有毒气体气瓶不得超过500只；存放一般气瓶不应超过1 000只；存放乙炔气的储存不得超过240 m^3（相当于40瓶）时，耐火等级不低于2级。

（12）库房与其他建筑物应保持一定的安全有效距离。

① 要远离学校、厂矿、村镇等人口稠密处、交通要道及其他建筑物，安全距离必须符合现行的国家标准及相关规定。

② 库房与明火作业或生成火花场所的距离至少大于15 m，与散发易燃气体作业场所要有安全距离，必须符合防火设计范围。

③ 在库房显要位置，安装严禁明火作业警示标志。

（13）为了便于气瓶装卸和减少气瓶损伤，库房应设计装卸平台，便于气瓶装卸，装卸平台的一般宽度为2 m，平台高度按气瓶并参照主要运输工具的高度来确定。

5.7.2　库房管理员要求

气瓶库房应设有专职管理人员，库房管理员必须严格认真地贯彻《气瓶安全技术监察规程》的有关规定。对库房管理员的具体要求如下：

（1）应经过安全技术培训，熟悉气体的性质和特点，能够辨识气瓶中盛装气体的种类。

（2）熟悉压力气瓶及其安全附件的结构特点与操作要领。

（3）明确专用工器具原理，能够使用、定期检查和维护。

（4）能够根据瓶内气体的性质准确使用、熟练操作消防器材。

（5）工作认真负责，发挥各类气瓶保管作用。

（6）严格贯彻执行各项规章制度。

（7）准确、工整地做好各项工作记录。

5.7.3　气瓶入库前验收

入库前的严格检查和细致验收，是压力气瓶安全储存与及时准确供应的基础，在很大程度上能够避免事故的发生。

（1）对入库的气瓶，必须细致地逐瓶检查其外表面的瓶色、字样、字色、色环是否与入库单据相符。气瓶外表面的颜色应符合 GB/T 7144—2016《气瓶颜色标志》的规定，标志清晰。

（2）气瓶应由具有“特种设备制造许可证”的单位生产，有出厂合格证，有完整的防震圈和防护帽。气瓶外表面无影响气瓶安全使用的缺陷，如严重的腐蚀、机械损伤、凸起变形等。进口气瓶应经特种设备安全监督管理部门认可。

（3）气瓶入库前，应由专人负责，逐瓶逐项进行检查，对不符合要求的气瓶应与合格气瓶隔离存放，并做出明显标记，以防止相互混淆。检查内容至少应包括：

① 检查总阀应无泄漏。对于一般危害性气体钢瓶可用感官或试验液测试，对于盛装特殊危害性气体钢瓶必须用专用气体测漏器或用试验液测试。对于氯气或氯的化合物气体泄漏（产生白雾现象），可以用浸入氨水的棉花团检验，也可以用试纸检验氨、砷烷、磷烷（试纸变色）。

② 气瓶应有钢印。入库的气体性质应与气瓶制造钢印标识一一对应，充装气体的名称或化学分子式应一致。

③ 根据 GB/T 16804—2011《气瓶警示标签》规定，制作的警示标签上印有的瓶装气体的名称及化学分子式应与气瓶钢印标识一致。

④ 规定所装气体的螺纹型式应与瓶阀出气口的螺纹相符合，防错装接头各零件应齐全、灵活。

⑤ 气瓶外表面应无裂纹、严重腐蚀、明显变形及其他严重外部损伤缺陷。

⑥ 气瓶应定期检验，在规定的检验有效使用期内。

⑦ 气瓶气嘴应无变形，开关总阀应无缺失，外观正常，颜色统一，其他安全附件应齐全，在有效检验期内，符合安全要求。

⑧ 氧气或其他强氧化性气体的气瓶，其瓶体、总阀不应沾染油脂或其他可燃物。

⑨ 气瓶颈部应贴有追溯二维码。

5.7.4 气瓶入库后储存

气瓶储存安全总体要求是：专人管理、设计规范、分室存放、远离明火、保持通风、避免日晒、适量储存、限期存放、记录清晰、附件齐全、标识明显、消防保障。

高校压力气瓶仓库储存解决方案：一是依据规范，分房间分区管理（易燃储存区、易爆储存区、有毒有害储存区、腐蚀性储存区、接收区、分发区、消防区）；二是结合气瓶（气体）属性及禁忌性，采用科学储存设备（包括有毒废弃瓶和无毒废弃瓶暂存）；三是配备符合规范的技防设备设计；四是规范地监测监控系统；五是制定紧急逃生路线（设置应急防护专区）；六是配备专业化人员。

（1）气瓶入库后，应按照气体的性质、公称工作压力、空瓶和实瓶，严格分类、分处存放。

① 空瓶和满瓶分开、氧气和其他氧化性气体与易燃气瓶分开，并在栅栏的牌子

上注明。

② 性质相抵触的气瓶必须分隔存放，以防泄漏与性质抵触的气体相遇后引起火灾、爆炸和中毒。对于盛装可燃性气体的气瓶，不准与氧化性气体钢瓶同库贮存。乙炔气瓶与氧气瓶、氯气瓶及易燃气瓶分室存放，毒性气体钢瓶分室存放，气瓶介质相互接触能引起燃烧、爆炸、产生毒性物质的气瓶分室存放。

③ 氧、氯、氯化氢、氯甲烷、氧化氮、二氧化硫、六氟化硫等气瓶，不准与氨气瓶同库贮存。

④ 甲烷、一甲胺、二甲胺、三甲胺、氟化硼气瓶，不准同氯气瓶同库贮存。

⑤ 氢、氨、氯乙烷、环氧乙烷、乙炔气瓶，不准与一氧化二氮气瓶同库贮存。

⑥ 氟磷化氢（磷烷）、硫化氢，不准与一甲胺、二甲胺、三甲胺气瓶同库贮存。

（2）按照气瓶的类型，做好相应的固定工作，防止倾倒。

① 气瓶（包括空瓶）储存时应将瓶阀关闭，卸下减压器，戴上并旋紧瓶帽，整齐排放。

② 有底座的气瓶，气瓶应直立储存，应采用阻燃材料的栏杆或支架加以固定或扎牢，同时应保护气瓶的底部免受腐蚀；或将气瓶直立于指定的栅栏里，用可移动的铁链将栅栏拦住，防止气瓶倒地。

③ 无底座的凸形底气瓶，可水平地横放在带有衬垫的槽木上，以防气瓶滚动，瓶帽应朝向一侧。如需堆放，则堆放层数不应超过 5 层，高度不得超过 1 m，宽度不小于 1 m，距离取暖设备 1 m 以上，便于检查与搬运。小容积气瓶应放在特制的带有凹槽的拖垫上。

④ 在栅栏区域显要位置挂上标有气体名称、数量和入库日期的标牌。

⑤ 禁止在气瓶的瓶阀或头部用链条固定气瓶。

（3）气瓶限期贮存，存放到期后应及时处理。

（4）先入库或临近检验期限的气瓶应优先使用，尽量将这些气瓶贮存在一起并在栅栏的牌子上注明日期。

① 光气（90 天）、二氧化硫（180 天）、溴甲烷以及不宜长期存放的氯乙烯、氯化氢、甲醚等气体，均应注明贮存期限。

② 对于容易发生聚合反应或分解反应的气体钢瓶，除应远离电磁波振动源外，还必须注明及规定贮存期限。有的气瓶应控制储存点的最高温度，还要避开放射源。如四氟乙烯这类气瓶不能存放在有放射线的场所，否则就可能发生聚合或分解反应。

（5）可燃性气体钢瓶不能存放在绝缘体上，以防静电引起事故；也不能将气瓶放置到可能导电的地方。

（6）气瓶在贮存期间，除一日一次定期检查外，应随时查看有无漏气、腐蚀和堆垛不稳等情况。

① 根据气体性质，做好气瓶漏气的人体保护，关紧瓶阀，保证安全。

② 若瓶阀失控或漏气点不在瓶阀上，应采取应急处理措施。

③ 发现气瓶腐蚀倾倒等安全隐患，应及时整改。

④ 检查毒性气体气瓶的库房前，应按库房换气、穿戴防毒用具、入库检查的流程进行。

⑤ 有毒气体或易燃易爆气体气瓶有渗漏时，应采取措施或送气瓶制造厂处理。

⑥ 检查储存场所的用电设备、通风设备、气瓶搬运工具和栅栏、防火和防毒器具等，发现安全隐患应及时整改。

（7）对于限期储存的气体按 GB/T 26571—2011《特种气体储存期规范》要求存放，气瓶在贮存期间应定期测试库内温度和湿度。特别是夏季雷雨期间，应有效控制储存场所的温度和湿度。

① 库房最高允许温度应根据贮存的气体性质而定。例如，贮存乙胺，库温应低于 10 ℃。

② 贮存光气、氯甲烷、溴甲烷、乙烷、甲醚、氯乙烯、丁烯、丁二烯、一甲胺、二甲胺、三甲胺等气体，库温应低于 30 ℃。

③ 贮存环氧乙烷、库温应低于 32 ℃。

④ 贮存氯乙炔、氟化氰、二氧化硫气体，库温应低于 35 ℃。库房的相对湿度，应控制在 80%RH 以下。

（8）定期测定新入库的有毒气体或可燃气体气瓶的浓度，空气中毒性气体或可燃性气体的浓度一旦超标，应强制换气或通风，查明危险气体浓度超标的原因，采取整改措施，必要时可以设置自动监测报警装置。单独存放的有毒气体钢瓶，存放地点应设置毒气鉴定装置，严防有毒气体逸出。

① 在 3 天内应定时测定库内气体浓度，如浓度超过规定值，应强制换气通风，并将泄漏的气瓶送去处理。

② 若 3 天内测定值在允许范围内，由定时改为定期测定。

（9）气瓶在库房内通道宽度适当。在库房显要位置应设有“禁止烟火”“当心爆炸”等各类警示、警告等安全标志。

（10）库房内还应有标准明晰的运输和消防通道、消防枪和消防水池，每隔一定距离配备专用灭火器、灭火工具和防毒用具。

（11）气瓶库房周围 10 m 的范围内禁止存放任何易燃物品，也禁止任何明火作业，倘若一定需要明火作业，气瓶与作业点的距离不得小于 10 m，且气瓶放置地点不得靠近热源。

（12）实验室作为气瓶暂存点，不能过量存放气体钢瓶，一般不超过 2 瓶，气瓶周围不得堆放易燃、易爆物品，应远离热源，避免阳光曝晒和强烈震动，与明火的距离应大于 10 m。惰性气体钢瓶超过一定数量的，需加装氧浓度报警装置。

（13）严禁在实验室走廊和公共场所存放气体钢瓶，单独用于存放气体钢瓶的实验室和气柜应上锁。

（14）定期对库房内外的用电设备、安全防护设施进行检查。

5.7.5 严格气瓶出库

（1）建立并执行气瓶出库管理制度。

（2）气瓶库建立台账，按时盘点，先入先出，数量准确，账物相符。

（3）限制实瓶的贮存数量，尽量满足当天使用量和周转量，以减少贮存量。

（4）库房管理员必须认真填写气瓶发放登记表，登记内容包括：

① 序号。

② 气体名称。

③ 气瓶编号。

④ 气瓶入库日期（年、月、日）。

⑤ 气瓶检验日期（年、月、日）。

⑥ 验收者（或保管员 1）姓名。

⑦ 气瓶出库日期（年、月、日）。

⑧ 出库者（或保管员 2）姓名。

⑨ 使用（领用）单位。

⑩ 作业人（领用人）签字。

⑪ 其他。

5.8 压力气瓶的管路连接

5.8.1 规范气路连接

（1）供气管路应选用合适的管材，并委托专业人员进行规范安装。

（2）易燃、易爆、有毒的危险气体连接管路必须使用金属专用管。乙炔、氨气、氢气的连接管不得使用铜管。

5.8.2 做好气路标识

（1）气体管线应整齐有序，不得直接放置在地上，并做好开关、气路方向的状态标识。

（2）存在多条管路或外接气源的实验室，应绘制并张贴气体管路布置图。

5.8.3 检测气体泄漏

（1）气体钢瓶上选用的减压器要分类专用，安装后及时检漏。

（2）使用中要经常查看有无漏气、压力表读数是否准确等，防止气瓶过压、气体外泄。

5.9 压力气瓶的使用

5.9.1 压力气瓶使用原则

(1) 使用者应对压力气瓶进行安全现状检查，检查的重点：

① 盛装气体是否符合作业要求。

② 瓶体是否完好。

③ 减压器、压力表、连接管、防回火装置是否存在泄漏、磨损及接头松动等现象。

(2) 压力气瓶必须分类保管，直立放置时要用链条固定稳妥，气瓶要远离热源，避免强烈震动，一般应远离人员办公区、居住区 10 m 以上。

(3) 气瓶应防止曝晒、雨淋、水浸，环境温度超过 40 ℃时，应采取遮阳措施降温。

(4) 气瓶应在通风良好的场所使用。

① 如果在通风较差或狭窄的场地使用气瓶，应采取相应的安全措施，防止出现氧气不足或危险气体浓度增大而造成人员窒息。

② 安全措施包括强制通风、氧气监测、气体浓度检测、警示报警等。

(5) 实验室内使用的气瓶数量不得超过 2 瓶，使用前首先查看气瓶是否符合以下条件：

① 在钢瓶肩部钢印标记制造厂、制造日期、气瓶型号、工作压力、气压试验压力、气压试验日期，气体容积、气瓶重量，以及下次送验日期。

② 为了防止各种钢瓶使用时发生混淆的现象，一般在钢瓶上漆上不同的颜色区分气体性质，并标明瓶内气体名称。常见气体钢瓶标志见表 5-2。

表 5-2 常见气体钢瓶标志

气体类别	瓶身颜色	字样	标字颜色	腰带颜色
氮气	黑	氮	黄	棕
氧气	天蓝	氧	黑	—
氢气	深绿	氢	红	红
压缩空气	黑	压缩空气	白	—
氨	黄	氨	黑	—
二氧化碳	黑	二氧化碳	黄	黄
氦气	棕	氦	白	—

续表

气体类别	瓶身颜色	字样	标字颜色	腰带颜色
氯气	草绿	氯	白	—
乙炔	白	乙炔　不可靠近	—	—
石油气体	灰	石油气体	红	—

（6）高压气瓶上选用的减压阀要分类专用，安装时螺扣要旋紧，防止泄漏。

① 开、关总阀和减压阀时，动作必须缓慢；使用时应先开总阀，后开减压阀。

② 用完后，先关闭总阀，放尽余气后，再关减压阀。切不可只关减压阀不关总阀。缓慢开关减压阀、总阀和止流阀，特别是易燃易爆的气瓶，以防止过快开关产生摩擦或产生静电火花。

（7）使用高压气瓶时，操作人员一般站在与气瓶接口处垂直的位置上比较安全，严禁操作中敲打撞击。操作人员应经常检查有无漏气，注意压力表读数变化。

（8）氧气瓶或氢气瓶等，应配备专用工具拆卸减压阀，拆卸中严禁与油类接触。操作人员不能穿戴沾有各种油脂或易感应产生静电的服装、手套操作，以免引起燃烧或爆炸。

（9）可燃性气体和助燃气体钢瓶，与明火的距离应大于10 m，一时很难做到时，应采取隔离措施后方可操作。

（10）瓶内气体不得全部用尽，必须保留一定剩余压力。对于永久气体钢瓶，用后的剩余压力应不小于0.05 MPa（0.5 kg/cm^2表压）；对于可燃性气体钢瓶，用后的剩余压力约在0.2~0.3 MPa（2~3 kg/cm^2表压）；对于液化气体钢瓶，用后的剩余压力不小于0.5%~1.0%规定充装量的剩余气体；对于氢气钢瓶，用后最小压力应保留0.2 MPa，不可用完用尽。

（11）各种气瓶必须定期打压检验。充装一般气体的气瓶3年打压检验1次，在使用中发现有严重腐蚀或严重损伤的，应提前打压检验。

5.9.2　压力气瓶使用要点

（1）合理使用，正确操作，经检查符合要求后再进行使用。

（2）使用单位应做到专瓶专用，不应擅自更改气体的钢印和颜色标记。气瓶投入使用后，不得对瓶体进行挖补或焊接修理，严禁擅自更改气瓶的钢印和颜色标记，严禁敲击、碰撞气瓶。

（3）气瓶使用时应立放，并应有防止倾倒的措施。

（4）近距离移动气瓶，可采用徒手倾斜滚动的方式移动；远距离移动时，可用轻便小车运送。不应采用抛、滚、滑、翻的方式。气瓶在复杂的工地使用时，应将气瓶固定在专用车辆上。

（5）实验人员的工作服、手套和装卸工具、机具上不应沾有油脂时使用氧气或其他强氧化性气体的气瓶。

（6）在安装减压阀或汇流排时，应检查卡箍或连接螺帽的螺纹是否完好。保证连接气瓶的减压阀、接头、胶管和压力表的完好性。

（7）开启或关闭总阀时，应用手或专用扳手，不应使用锤子、管钳、长柄螺纹扳手。

（8）发现总阀漏气或打开后无气体输出等其他缺陷时，应关闭总阀，做好标记，将气瓶返还到充装单位处理。

（9）在可能造成回流的使用场合，使用设备或系统管路上必须配置防止回流（倒灌）的装置，如单向阀、止回阀、缓冲罐等。

（10）不应将气瓶内的气体导入到其他气瓶，不应自行处理气瓶内的余气，严禁自行处理瓶内残液。

（11）气瓶使用场地应设有空瓶区、满瓶区，并有明显标识。

（12）不应敲击、碰撞压力气瓶。

（13）不应在气瓶上进行电焊引弧。

（14）不应用气瓶作支架或其他不适宜的用途。

5.9.3 气瓶使用注意事项

（1）实验人员应熟悉所用气体的特性和危害，具备气体钢瓶操作的技能，做好相关防范措施。

（2）实验人员应保证气瓶在正常环境温度下使用，预防夏季高温、烈日曝晒、周边热源干扰等情形。瓶温较低时，不得采用高压蒸汽直接喷射气瓶的加温方式。

（3）气瓶应专瓶专用，不得任意改动，严禁串用、代用、混用。空瓶应与实瓶分开放置，且有明显标志并妥善固定。

（4）气瓶使用前应进行安全状况检查，对盛装气体进行确认，严格按照使用说明书和操作规程操作，不符合安全技术要求的气瓶严禁使用。

（5）操作易燃易爆气体钢瓶时，应配备专用工具，并严禁与油类接触，以免引起燃烧或爆炸。

（6）分类选用气瓶上的减压阀，减压阀安装时螺扣要旋紧，防止泄漏；特殊气体钢瓶要使用专用减压阀，严禁乱用减压器或擅自改装减压阀。

（7）气瓶总阀或减压阀有冻结、结霜现象时，不得用火烤，可将气瓶移入室内或气温较高的地方，或用温水或温度不超过 40 ℃ 的热源解冻，再缓慢地打开总阀。禁止用明火烘烤或超过 40 ℃ 的热源对气瓶加热。

（8）安放气瓶的地点周围 10 m 范围内，不得进行明火或可能产生火花的作业，高空作业的明火距离为垂直投影到地面的距离。

（9）氧气瓶和可燃气瓶的减压阀不能互用。总阀或减压阀泄漏时不得继续使用。禁止用钢制工具敲击气瓶阀，以防产生火花。

（10）气瓶外表面的油漆作为气瓶标志和保护层，要经常保持完好。如因水压试验或其他原因使气瓶内部进入水分，在气体充装前应进行干燥，防止腐蚀。气瓶改装其他气体时，必须由专业单位负责放气、置换、清洗、改变漆色等。

（11）禁止将气瓶与电气设备及电路接触，与气瓶接触的管道和设备要有接地装置。在气、电焊混合作业的场地，氧气瓶放置的地面是铁板时，要垫上木板或橡胶垫加以绝缘。

（12）严禁气瓶泄漏的情况下使用。使用过程中发现气体泄漏，要查找原因，及时采取整改措施，消除漏气故障。

（13）气瓶使用完毕后，要妥善保管，气瓶上应有状态标签，如空瓶、使用中、满瓶标签。

5.10　几种特殊气体的安全使用

永久气体包括氧气、氮气、氢气、天然气、惰性气体等。溶解气体主要为乙炔气。

5.10.1　氧气

氧气是一种无色、无味、无臭的气体，氧气的熔点为-218.4 ℃，沸点为-182.97 ℃，密度为1.428 9 kg/m^3，气体相对密度为1.105（空气为1），蒸气相对密度为1.43（空气为1）。液氧（相对密度为1.13）为淡蓝色，透明且易于流动，不易溶于水。氧气的分子式为O_2，相对分子质量为31.998，高纯氧含量（体积）≥99.99%，饱和蒸气压为506.62 kPa（-164 ℃），临界温度为-118.4 ℃，临界压力为5.97 MPa。

5.10.1.1　溶解性

不易溶于水，但溶于水、乙醇。

5.10.1.2　危险性

人在常压下吸入超过40%浓度的氧（氧分压为60～100 kPa），轻者会发生类似中毒的现象，长期吸入会发生眼睛损害，严重者造成眼睛失明；若吸入40%～60%浓度的氧，轻者出现胸骨不适、有轻微咳嗽，重者出现胸闷、胸骨后部烧灼感、呼吸困难、咳嗽加剧；长期吸入会发生肺水肿、呼吸窘迫综合征等疾病；若吸入80%以上浓度的氧，轻者出现面部肌肉抽动、面色苍白、眩晕、心动过速、虚脱，重者会出现全身性抽搐、昏迷、呼吸衰竭甚至死亡。

5.10.1.3　燃爆危险性

除重金属金、银、铂以及惰性气体外，其他所有气体都能与氧发生化学反应。氧气纯度越高，氧化反应越强，这由氧气特别活泼的性质所致。与纯氧发生反应是异常剧烈的，反应过程中会释放出大量热量，在局部会产生高温，是一些原在空气中不易燃烧的物质很容易在纯氧中发生燃烧的原因。

爆鸣性气体是氧气与可燃性气体按一定比例混合而成的一种具有爆炸性的混合物，爆鸣性气体的爆炸浓度下限一般都比较低，而其上限则比较高，一旦遇到燃点或引火条件，就会剧烈反应产生威力巨大的化学性爆炸。例如，少数用户通过对气瓶外表涂色来改变气瓶的用途，更有的把原装氢气的气瓶改用充装氧气，只要在留有余压 0.2 MPa 的氢气瓶中充装 15 MPa 的氧气，就很可能形成爆鸣性的混合物，此时遇到燃点或静电火花等条件，即可发生强烈爆炸。

爆炸极限是爆炸事故发生的临界点，倘若在一个密闭的容器（如气瓶）中混合氧气与氢气，由于气体很容易扩散，在整个容器中瞬间就能混合得十分均匀。氢气的最小点火能量极小，仅为 0.019 mJ，非常容易引起燃烧爆炸。此时，若氢气、氧气混合持续加大，密闭的容器中的混合气体很快就达到爆炸极限。分析以往的气瓶爆炸事故，我们发现超过爆炸极限的氢氧混合爆炸在事故中占很大的比例。

氧气与一氧化碳、甲烷等可燃性气体按一定比例混合，也会形成爆鸣性气体而发生爆炸，这样的爆炸事故也屡见不鲜。

油脂为不饱和的碳氢化合物，当与纯氧接触后会产生氧化热，油脂与纯氧反应速度快，集聚氧化热，迅速升高的温度很快达到油脂的燃点而引发自燃。实验中的压缩氧气（压力高于 2.9 MPa）一旦接触到各类油脂，也能发生异常剧烈的氧化反应，随即发生燃烧或爆炸，此类事故比较普遍。因此，在制氧生产过程中，明文规定氧气接触的物件不能含有任何油脂；此外，氧气瓶或氧化性气瓶上的瓶阀与瓶身也不得沾染任何油脂。

液氧属于不燃的液化气体，但它助燃性较好，液氧溢漏遇到可燃物时，可能会引起燃烧及爆炸。当液氧装置的绝热层遇到破坏时，液氧溢漏会引起装置爆炸，此时实验室及消防人员应采用雾状水灭火剂和二氧化碳灭火。当液氧接触到皮肤后会引起严重冻伤，对细胞组织有严重的破坏作用，急救处理方法是将冻伤的皮肤轻轻浸泡在冷冰的水中解冻，不要采用冷冰摩擦皮肤表面降温的方式，急救处理后立即就医诊治。当温度高于液氧沸点时，液氧也会急剧蒸发而膨胀，膨胀的体积较大，约为液体体积的 860 倍，此时若液氧在密闭容器内受到高温，则压力急剧增加而引发爆炸。

5.10.1.4 急救措施

氧气虽是人类赖以生存的物质，但当人吸入高浓度纯氧时，会引起氧酸性中毒，俗称“富氧病”。吸入高浓度氧气时应迅速使伤者脱离现场至空气新鲜处，保持呼吸道通畅。长久吸入氧气致使伤者呼吸停止的，应立即进行人工呼吸并就医。

5.10.1.5 消防措施

（1）危险特性。易燃物、可燃物能氧化大多数活性物质，是燃烧爆炸的基本元素。

（2）灭火方法。迅速切断气源，用水浸湿容器冷却，以防受热爆炸，实验室及救援人员根据着火原因，选择适当灭火剂灭火。

5.10.1.6 泄漏应急处理

（1）切断泄漏源，实验人员迅速撤离泄漏污染区至上风处，对污染区进行隔离，严格限制人员出入。救援人员佩戴自给正压式呼吸器，穿一般作业工作服，避免与可燃物或易燃物接触。对泄漏污染区通风疏散。妥善处理、修复泄漏容器，泄漏容器委托专业单位检验。

（2）关闭火源。由于液氧蒸发很快，救援人员进入溢漏现场后，容易处于富氧状态，因此应避免产生火花，发生爆炸危险。

5.10.1.7 操作注意事项

气体运输前大多经过压缩而贮存在专用高压容器内，氧气瓶相当于一个专用高压容器，它由瓶体、瓶口、瓶阀和瓶帽 4 部分组成，一般在瓶体外部套有两个防震胶圈，氧气瓶瓶体颜色为天蓝色，瓶体中部用黑漆标明“氧气”两字，用以与其他气瓶区分。操作人员应处在良好的自然通风条件下，轻装、轻卸氧气瓶，防止钢瓶及附件损坏。操作氧气瓶时应严格遵守操作规程，远离火种和热源，远离易燃和可燃物，在作业区严禁吸烟。操作人员还要避免氧气与活性金属粉末接触，配备一定品种和数量的消防器材，以及泄漏应急处理必要设备，防止气体泄漏、扩散到工作场所。

（1）氧气瓶防止与油类接触，充装过程避免其他可燃性气体混入氧气瓶中，氧气瓶储存过程应严禁阳光曝晒。

（2）缓慢开启瓶阀和减压阀，因为氧气中含有其他的杂质成分，快速开启瓶阀会造成强气流的冲击和摩擦，使得管路过热着火。

（3）压缩纯氧的环节严禁通风换气或进行吹扫清理，风动工具的动力源不能采用压缩氧气来替代压缩空气，否则会引起爆炸。

（4）缓慢操作氧气阀门，一般是缓慢旋转几圈后，管道内压力均衡后方可开大，氧气严禁与油脂接触，氧气存放周边 30 m 范围内严禁烟火，实验人员穿戴的工作服、手套严禁油脂污染，氧气管道要远离热源。

5.10.1.8 储存注意事项

氧气瓶储存于阴凉、通风的库房，远离火种、热源。库房温度不宜超过 30 ℃。氧气瓶应与易燃物、可燃物、活性金属粉末等物品分开存放，切忌混存。储存区应备有氧气泄漏应急处理的设备。

氧气瓶不得与可燃气体在同一地点存放。焊炬（割炬）作业时，氧气瓶、溶解乙炔气瓶必须互相错开存放，氧气瓶与焊炬明火分开存放的距离应在 10 m 以上。

5.10.1.9 氧气瓶使用中常见的几种隐患

（1）超检验期充装。氧气瓶应符合 GB/T 5099—1994《钢质无缝气瓶》标准。氧气瓶有效期 15 年，3 年强制检验一次，检验合格后方可使用。强制检验是为了获得氧气瓶安全数据，对存在的缺陷进行整改，对事故隐患妥善处置，杜绝氧气瓶超期未检而违规充装的现象。

（2）附件损坏或丢失。氧气瓶的附件有瓶阀、手轮、瓶帽和防震圈。瓶阀是气体输出开关；手轮是瓶阀开关的手柄；瓶帽是为了保护瓶阀在搬运过程中受损，特别是防止受到撞击而损坏；防震圈具有一定的厚度和弹性，是一种保护装置，起到气瓶受撞的缓冲作用。TSG R0006—2014《气瓶安全技术监察规程》明确规定，运输和装卸气瓶时，必须佩戴好防护帽和防震圈。但在安全检查中，我们发现一部分实验室氧气瓶没有瓶帽、手轮和防震圈，总阀因运输中受损或强力用扳手开启，表现为阀杆被撞弯甚至严重变形，这给使用过程带来严重的威胁。

（3）太阳曝晒。在夏季运输和使用时，因氧气瓶的容积是一定的，倘若气瓶曝晒会使瓶内介质（氧气）温度升高，导致瓶内压力骤增，使气瓶处于一种危险状态。在夏季室外温度经常达到 40 ℃以上，倘若气瓶本身存在缺陷，一旦充装过量或者相互撞击，就有可能发生爆炸事故。所以，运输人员及实验操作人员应采取遮阳措施，严禁将氧气瓶置于太阳下曝晒。

（4）安全距离不够。氧气瓶存放或使用时，必须远离明火，严禁氧气瓶和乙炔瓶在同一室存放。尤其在焊接作业或实验时，氧气瓶距焊接点的距离要大于 10 m，决不能在作业现场将氧气瓶、乙炔瓶同室存放。同时还要考虑气瓶漏气，遇上明火发生爆炸的安全隐患，将预防工作前置。

（5）野蛮装卸。野蛮装卸情形一：短距离运输时，很多实验人员为了图省事而将氧气瓶推倒在地，沿地面滚动；野蛮装卸情形二：乙炔气瓶搬运到车辆上时横放，而没有直立摆放，或氢气瓶、氧气瓶混放在一起；野蛮装卸情形三：运输时气瓶固定不牢，气瓶相互之间发生碰撞，到达目的地后将气瓶从车辆上直接推下地面。如某市一家运输单位，卸车时将众多氧气瓶直接从车辆推下，一只气瓶撞击另一只气瓶时，发生两只气瓶同时爆炸的事故。

（6）超装。不少充装单位为了追求更多利润，违反操作规程超装氧气，使瓶内压力升高，最后发生过量、过压致使气瓶爆炸。

5.10.1.10　氧气瓶安全使用注意事项

国家先后颁布了《气瓶安全技术监察规程》《压缩气体气瓶充装规定》等法规和标准，对氧气瓶的设计、制造、检验、充装和使用等都做了科学和明确的规定。为保障氧气瓶的使用安全，实验室和实验人员必须严格遵守、落实注意事项。

（1）使用的氧气瓶必须是具有资质单位生产的。新气瓶必须有合格证和锅炉、压力容器安全监察部门出具的检验证书。

（2）氧气瓶必须按规定进行定期检验，检验不合格的气瓶严禁充装。

（3）氧气瓶禁止与油脂接触。实验人员不能穿戴含有油污的工作服、手套，不能手上沾油接触氧气瓶阀及减压器等附件。

5.10.1.11　个人防护

（1）呼吸系统防护：一般不需要特殊防护。

（2）眼睛防护：一般不需要特殊防护。

（3）身体防护：穿一般工作服。

（4）手防护：戴一般作业防护手套。

（5）其他防护：避免高浓度吸入。

5.10.1.12　主要用途

氧气可用于切割、焊接金属，制造医药、燃料、炸药等。此外氧气还有以下用途：

（1）氧气是钢铁企业不可缺少的原料，用来强化冶炼的过程，提高材质品质。此外，氧是火箭推进剂的主要成分，其优点是氧能实现气流控制推力，在必要时既能点火，也能灭火。

（2）氧气易于实现加压氧化，是化肥工业中主要的氧化剂。

（3）氧气在化学工业中的应用主要是强化生产。

（4）氧气用于机械工业中的自动焊接和替换清洗。

（5）氧气是地球上生命机体赖以生存的物质。

5.10.1.13　制取方法

（1）空气液化分馏法。空气液化分馏法，简称空分法，或称深冷制氧法。空气是一种由多种气体组成的混合物，气体各成分的沸点是不相同的。利用各种气体沸点的差异，通过设备和工艺液化空气，分离出氧气，这种方法叫空分法。空分法制取的氧气纯度可达99.2%~99.7%。

（2）水的电解法。制取氢气与氧气的另一种方法叫水的电解法，通过这种工艺在制取氢气的同时还可获得副产品氧气。例如，在制取2 m^3氢气的同时，可获得1 m^3氧气。分解反应式如下：

$$2H_2O \xrightarrow{\text{电解}} 2H_2\uparrow + O_2\uparrow$$

5.10.1.14　运输信息

（1）危险货物编号：22001。

（2）UN编号：1072。

（3）包装类别：o53。

（4）包装方法：钢质气瓶。

（5）运输注意事项：运输气瓶时必须戴好气瓶上的安全帽，气瓶上车摆放一般为平放，并将瓶口朝同一方向，瓶与瓶相互间不交叉。装载气瓶的高度不得超过车辆的防护栏板，气瓶最下层用三角木垫卡牢，防止滚动。氧气瓶严禁与易燃物、可燃物、活性金属粉末等混装混运。在夏季运输时应选择早晚运输，主要是防止日光曝晒。采用铁路运输时禁止溜放，在行进中摘钩，既保证溜至预定地点，又不能与在线运行的车辆碰撞。

5.10.1.15 法规信息

化学危险品的安全使用、生产、储存、运输、装卸等应遵守《危险化学品安全管理条例》(国务院令第591号)、《化学危险物品安全管理条例实施细则》(化劳发[1992]677号)、《工作场所安全使用化学品规定》(劳部发[1996]423号)等法规。

5.10.2 氮气

5.10.2.1 性质

氮气是一种无色、无味、无臭、不燃的气体，分子式为 N_2，相对分子质量为28.013。在标准状态下，其密度为1.250 6 kg/m^3，气体相对密度为0.967(空气为1)，熔点为-210.5 ℃，沸点为-195.8 ℃，临界温度为-147.05 ℃，临界压力为3.39 MPa，饱和蒸气压为1 026.42 kPa(-173 ℃)。液氮无色透明且易于流动，相对密度为0.804(水为1)。氮气微溶于水、乙醇。

常温下，氮气的化学性质不活泼，在工业上常用氮气作为安全防火防爆的置换气体或试验用气。氮遇热时能与锂(Li)、镁(Mg)、钨(W)等元素化合。高温下，氮能与氧和氢化合。氮的氧化物除 N_2O、NO、NO_2、N_2O_3是强氧化剂外，其余氧化物呈剧毒特性。

5.10.2.2 用途

氮气是氮肥工业的主要原料。

氮气在石油工业中用量极大，常用于合成氨、制硝酸。

氮作为洗涤气和保护气，广泛用于电子工业、化学工业、石油工业和玻璃工业。

液氮是一种低温冷冻剂，可用于食品冷藏等。随着低温技术的发展，其已广泛应用于医疗事业。

氮气在冶金工业中主要是用作保护气，如氮气保护轧钢、镀锌、镀铬、热处理、连续铸造等过程。向高炉中喷吹氮气，可以明显改进铁的质量。此外，喷轧金属薄板、制造超细金属粉末、淬火处理高级钢等，都需要用到氮气。

5.10.2.3 制取方法

空气液化分馏法。与用空气液化分馏法制取氧气一样，由于空气中 N_2在体积比上占78%，故以空分法制取氮，这也是制取氮气的一种主要方法，其分馏过程不再重述。

5.10.2.4 危害与防护

(1)危险特性。

密闭容器中的氮气遇到高热后压力增大，会造成容器开裂和爆炸。

(2)健康危害。

氮气虽然无毒、无味，但若空气中氮气含量过高，氧气含量会下降，容易引起人缺氧窒息。若人吸入含量高于82%浓度的氮，轻者感到胸闷、气短、疲软无力；重者出现“氮酩酊”，即烦躁不安、极度兴奋、乱跑、叫喊、精神恍惚、步态不稳、昏睡或昏迷状态。若人吸入氮含量高于94%浓度的氮，会在数分钟内昏迷、呼吸仓促、心跳停止而死亡。

若从高压环境下过快转入常压环境，会得“减压病”，即体内会形成氮气气泡，压迫神经、血管或阻塞微小血管，因此从高压环境转入常压环境要分阶段、缓慢进行。当人吸入一定量的氮气，乃至出现窒息症状时，急救人员应将伤者迅速脱离现场，移至空气新鲜处，保持伤者呼吸道通畅。如果伤者已停止呼吸，急救人员应采取嘴对嘴的人工呼吸，如果呼吸困难，应及时输氧并就医。

5.10.2.5　灭火方法

一旦氮气瓶起火（氮气一般不燃），应尽量能将氮气瓶从火场移至空旷处，持续喷水冷却，直至灭火结束。

5.10.2.6　泄漏应急处理

（1）将泄漏污染区的实验人员迅速撤离至上风处，隔离污染区，不得让其他人员靠近。

（2）尽快切断或隔离泄漏源。合理通风污染区，降低泄漏浓度。

（3）漏气容器送专业单位妥善处理，修复、检验后才能使用。

5.10.2.7　操作处置与储存

（1）操作注意事项：实验人员应选择在良好的自然通风条件下操作，操作前须经专业培训，严格遵守操作规程。搬运时做到轻装轻卸，防止钢瓶及附件损坏，掌握泄漏应急处理设备的使用，防止气体泄漏到作业场所中。

（2）储存注意事项：应储存于阴凉、通风、干燥的地方，远离火种和热源。库区温度不宜超过 30 ℃，备有泄漏应急处理的设备。

5.10.2.8　个人防护

（1）呼吸系统防护：一般不需要防护，当实验场所空气含氧浓度低于 18%时，要求作业人员佩戴空气呼吸器（氧气呼吸器）或长管面具。

（2）眼睛防护：一般不需要特殊防护。

（3）身体防护：穿一般作业工作服。

（4）手防护：戴一般作业手套。

（5）其他防护：避免高浓度氮吸入，若人进入密闭储罐、限制性密闭空间或其他高浓度实验场所，必须有人监护。

5.10.2.9　废弃处置

处置前应参阅国家和地方有关法规，氮气一般经过简单过滤后可以直接排入大气中。

5.10.2.10　运输信息

（1）危险货物编号：22005。

（2）UN 编号：1066。

（3）包装类别：o53。

（4）包装方法：钢质气瓶；安瓿瓶外普通木箱。

（5）运输注意事项：氮气瓶运输时必须戴好钢瓶上的安全帽，在运输车辆上钢瓶一般平放，并应将瓶口朝同一方向，瓶与瓶之间不可交叉。装载高度不得超过车辆的防护栏板，气瓶最下层用三角木垫将瓶卡牢，防止滚动。氮气瓶严禁与易燃物或可燃物等混装混运。夏季应选择早晚运输，运输过程防止日光曝晒。铁路运输时要禁止溜放，即在行进中摘钩，既保证气瓶溜至预定地点，又不与在线车碰撞。

5.10.2.11　法规信息

《危险化学品安全管理条例》（国务院令第 591 号）、《化学危险品安全管理条例实施细则》（化劳发［1992］677 号）、《工作场所安全使用化学品规定》（劳部发［1996］423 号）等法则，针对化学危险品的安全使用、生产、储存、运输、装卸等方面做了相应规定。其他法规如 GB/T 3864—2008《工业氮》。

5.10.3　液氮

液氮是一种压缩气体，无色、无臭，熔点为-209.8 ℃，相对密度（水为 1）为 0.81（-196 ℃），沸点为-95.6 ℃，蒸气相对密度为 0.97（空气为 1），分子式为 N_2，相对分子质量为 28.013，饱和蒸气压为 1 026.42 kPa（-173 ℃），临界温度为 -147 ℃，临界压力为 3.40 MPa，能溶于水、乙醇，主要用作制冷剂等。

5.10.3.1　健康危害

皮肤直接接触液氮可致冻伤，常压下过量汽化的氮气可使空气氧分压下降，引起人缺氧窒息。

5.10.3.2　燃爆危险

本品不燃，具有窒息性。密闭容器内的液氮若遇高热，压力会增大，会造成开裂和爆炸危险。

5.10.3.3　急救措施

（1）皮肤接触：若有冻伤，就医治疗。

（2）吸入：迅速脱离现场至空气新鲜处，保持呼吸道通畅。如患者呼吸困难，应输氧。如患者呼吸停止，应立即进行人工呼吸并就医。

5.10.3.4　消防措施

火场中的液氮容器可以用雾状水持续冷却，雾状水喷淋时可以加速液氮蒸发，但应防止水枪直接喷射到液氮。

5.10.3.5　泄漏应急处理

（1）将泄漏污染区的实验人员迅速撤离至上风处，隔离污染区，不得让其他人员靠近。

（2）应急处理人员应佩戴自给正压式呼吸器，穿防寒服进入泄漏现场。

（3）不要直接接触泄漏物，防止气体在低凹处积聚，遇到火源着火爆炸。合理通风污染区，降低泄漏区浓度。

（4）漏气容器要送专业单位妥善处理，修复、检验后才能使用。

5.10.3.6　操作处置与储存

（1）操作注意事项：实验人员应选择在良好的自然通风条件下操作，操作前须经专业培训，严格遵守操作规程。实验人员操作前应穿上防寒服，佩戴防寒手套，搬运时做到轻装轻卸，防止钢瓶及附件损坏。实验人员应掌握泄漏应急处理设备的使用方法，防止气体泄漏到作业场所中。

（2）储存注意事项：储存于阴凉、通风、干燥的地方。库区温度不宜超过30 ℃，备有泄漏应急处理的设备。

5.10.3.7　个体防护

（1）呼吸系统防护：一般不需要特殊防护，但当实验场所空气中氧气浓度低于18%时，必须佩戴空气呼吸器（氧气呼吸器）或长管面具。

（2）眼睛防护：戴安全防护面罩。

（3）身体防护：穿防寒服。

（4）手防护：戴防寒手套。

（5）其他防护：避免高浓度吸入，防止液氮冻伤。

5.10.3.8　废弃处置

处置前应参阅国家和地方有关法规，废气可以直接排入大气中。

5.10.3.9　运输信息

（1）危险货物编号：220016。

（2）UN 编号：1977。

（3）包装类别：Z01。

（4）运输注意事项：液氮钢瓶运输时必须戴好钢瓶上的安全帽，在运输车辆上钢瓶一般平放，并应将瓶口朝同一方向，瓶与瓶之间不可交叉。装载高度不得超过车辆的防护栏板，气瓶最下层用三角木垫将瓶卡牢，防止滚动。夏季应选择早晚运输，运输过程防止日光曝晒。

5.10.3.10　法规信息

《危险化学品安全管理条例》（国务院令第 591 号）、《化学危险物品安全管理条例实施细则》（化劳发［1992］677 号）、《工作场所安全使用化学品规定》（劳部发［1996］423 号）等法规，针对化学危险品的安全使用、生产、储存、运输、装卸等方面做了相应规定。

5.10.4　氢气

氢气是一种无色、无味、无臭的气体，分子式为 H_2，相对分子质量为 2.016，在标准状态下的密度是 0.089 87 g/L，仅为空气的 2/29。氢气的分子运动速度很快，具有较快的扩散速度和超高的导热性，其导热能力是空气的 7 倍。氢气的沸点为 −252. 78 ℃，熔点为−259. 24 ℃。液态氢是无色透明的液体，蒸气相对密度（空气为 1）为 0. 07 g/cm^3（−252 ℃），饱和蒸气压为 13. 33 kPa（−257. 9 ℃），燃烧热为 241. 0 kJ/mol。临界温度为 240 ℃，临界压力为 1. 30 MPa，固态氢是雪状固体，其密度为 0. 080 7 g/cm^3（−262 ℃）。

5. 10. 4. 1　*溶解性*

氢气在各种液体中溶解甚微，不溶于水，不溶于乙醇、乙醚。在 0 ℃时，100 mL 水中仅能溶解 2. 15 mL 的氢气；在 20 ℃时，100 mL 水中仅能溶解 1. 84 mL 的氢气。

5. 10. 4. 2　*危险性*

氢气的爆炸上限为 74. 1%（*V/V*），爆炸下限为 4. 1%（*V/V*），引燃温度为 400 ℃。氢气是一种可燃性气体，且具有扩散速度快，点火能级低等特点，氢气与空气或纯氧混合后，由于混合气体比空气轻，在室内使用和储存时，泄漏的氢气上升滞留在屋顶而不易排出，在有火源条件下，极容易发生燃烧或爆炸，且爆炸的威力十分巨大。如当氢气与空气含量比为 18. 3∶59. 0（体积比）时，已达爆炸极限，此时极易引起自燃自爆，爆炸燃烧速度约为 2. 7 m/s。

氢气与氟、氯、溴等卤素也会剧烈反应。如氢气和氯气在加热或光照的作用下会发生剧烈反应，可发生爆炸、燃烧，生成物为氯化氢。

从事氢气的生产、充装、运输、实验操作，务必予以足够重视，必须做到以下几点：

（1）制氢单位的管理者和操作者应管好制氢设备，精心操作，特别应对生产出来的气体定时做认真监测与分析，符合质量标准的气体方可压缩充瓶或输出供用户使用。

（2）重视防火防爆。制氢设备厂房，氢气净化、贮存、加压、充装等场所的防火防爆设施应符合有关法规要求，在这些场所的建筑物室内最高处应有通风换气设施。

（3）氢气充装单位必须严格执行 GB 14194—2017《压缩气体气瓶充装规定》和 GB 27550—2011《气瓶充装站安全技术条件》等法规及技术标准。氢气瓶充装前对气瓶的检查处理包含纯 N_2置换、抽真空操作，充装速度、氢气流速等必须符合规范和技术标准。

（4）气瓶充装、使用、营销各环节的管理人员或实验室人员应严格遵循《气瓶安全技术监察规程》。气瓶不得混装、错装，更不得改装，以防止氢气与氧气等强氧化性气体混装发生恶性爆炸事故。

5. 10. 4. 3　*危害与防护*

（1）健康危害：空气中高浓度的氢会降低空气中氧分压，引起人窒息，在高分压下，氢气对人也产生麻醉作用。

（2）呼吸系统防护：一般不需要特殊防护，高浓度接触时可佩戴空气呼吸器。

（3）眼睛防护：一般不需要特殊防护。

（4）身体防护：穿防静电工作服。

（5）手防护：戴一般作业防护手套。

（6）其他防护：避免高浓度吸入。进入罐区、密闭限制性空间或其他高浓度区实验时须有人监护，现场禁止吸烟。

5.10.4.4　急救措施

（1）皮肤接触：立即脱去污染的衣物，用大量流动的清水冲洗并就医。

（2）眼睛接触：提起眼睑，用流动清水或生理盐水冲洗并就医。

（3）吸入：使患者迅速脱离现场至空气新鲜处，保持呼吸道通畅。如患者呼吸困难，应输氧；如患者呼吸停止，立即进行人工呼吸并就医。

5.10.4.5　消防措施

（1）迅速切断气源；若不切断气源，则不允许熄灭泄漏处的火焰。

（2）灭火剂选择雾状水、泡沫、二氧化碳、干粉等。

5.10.4.6　泄漏应急处理

（1）将泄漏污染区的人员迅速撤离至上风处，与其他人员隔离开来，污染区不得让其他人员靠近。

（2）应急处理人员应佩戴自给正压式呼吸器，穿防静电工作服进入泄漏现场。

（3）切断火源，合理通风污染区，降低泄漏区浓度。

（4）漏气容器要送专业单位妥善处理，修复、检验后才能使用。

5.10.4.7　用途

（1）由于氢气密度小，人们很早就用它来填充气球。氢气广泛用于航空、油脂加氢裂化、合成氨和甲醇、石油精制、照明等。

（2）氢气是可燃气体，氢氧焰可达 3 000 ℃的高温，可焊接、切割金属，加工石英器件、硬质玻璃、光学玻璃、人造宝石等。

（3）液态氢原料丰富、干净，没有污染，具有质量轻、发热量高的优点，其单位质量所产生的热能是汽油的 3 倍，而且燃烧时不释放有害气体，是汽车、飞机、火箭的理想燃料。液态氢也常常用于低温技术。

（4）在冶金工业和电子工业中，氢气主要用作保护气体和还原气体，如防止金属表面在高温下氧化热处理、合金的高温机械试验、炉内钢材的加热、高熔点的钨丝及钼丝的加工、稀有金属（钨、钼、钽、铌等）的粉末冶金制取、粉末压制品的烧结，以及半导体材料（硅、锗）的提取和外延层的生长、器材烧结等。

（5）氢还被用来冷却大型发电机，以及用于原子能工业。

5.10.4.8　制取方法

（1）水电解制氢。水电解是一种比较简单的制取纯度较高的氢气的一种方法，其纯度可达99.8%以上。在电解过程中，还同时获得氧气。

(2) 变压吸附法（FSA）制氢。利用吸附剂对氢气吸附，通过变压分离制取氢气。变压吸附法是近期发展起来的新工艺，是国内外普遍采用的一种制取氢气的新方法。

5.10.4.9　操作处置与储存

(1) 操作注意事项。

实验人员应选择在良好的自然通风条件下操作，操作前须经专业培训，严格遵守操作规程。实验人员操作前应穿静电工作服，避免与氧化剂、卤素接触。在氢气传送过程中，钢瓶和容器之间必须接地和跨接，操作过程中使用防爆型通风系统和设备，防止产生静电。在搬运时做到轻装轻卸，防止钢瓶及附件损坏。操作现场要远离火种、热源，工作场所严禁吸烟。实验人员应掌握泄漏应急处理设备的使用方法，防止气体泄漏到实验场所中。

① 禁止敲击、碰撞氢气瓶，气瓶不得靠近热源，在夏季应防止曝晒。

② 须使用专门的氢气减压阀，轻缓开启气瓶时，操作者应站在阀门的侧后方。

③ 不得继续使用泄漏的总阀门与减压阀，严禁在瓶内有压力的情况下更换损坏的阀门。

④ 氢气瓶内气体严禁用尽，应保留0.2~0.3 MPa以上的余压，瓶内压力至少为0.2 MPa。

⑤ 对连接部件可涂上肥皂液检查是否漏气，确认不漏气后才能使用。

⑥ 使用结束后，先顺时针关闭钢瓶总阀，再逆时针旋松减压阀。

(2) 储存注意事项。

储存于阴凉、通风、干燥的地方。氢气应与氧化剂、卤素分开存放，切忌混储。库区温度不宜超过30 ℃，相对湿度不超过80%RH，备有泄漏应急处理的设备。

① 室内储存氢气必须通风良好，保证空气中氢气含量不超过1%（体积分数）。室内通风换气次数每小时不得少于3次，局部通风每小时换气次数不得少于7次。氢气瓶最好放置在室外专用的小屋内或设置氢气专用柜单独存放，以确保安全，储存点严禁设置在实验室内，严禁烟火。

② 氢气瓶与氧化性气体的容器、盛有易燃易爆物质容器的间距不应小于8 m。

③ 氢气瓶与明火、电气设备之间的距离不应小于10 m。

④ 氢气瓶与空调装置、空气压缩机、通风设备等吸风口的间距不应小于10 m。

⑤ 氢气存放点的通风防爆电器与照明构成密闭安全系统。

⑥ 氢气与强氧化剂、卤素等禁配。

⑦ 氢气瓶应避免光照。

5.10.4.10　*废弃处置*

根据国家和地方有关法规的要求处置，或与厂商或制造商联系，确定妥善处置方法。

5.10.4.11　运输信息

（1）危险货物编号：21001。

（2）UN 编号：1049。

（3）包装类别：o52。

（4）包装方法：钢质气瓶。

（5）运输注意事项：

① 采用钢瓶运输时必须戴好钢瓶上的安全帽，钢瓶在车辆上一般平放，并应将瓶口朝同一方向，瓶与瓶之间不可交叉。装载高度不得超过车辆的防护栏板，气瓶最底层用三角木垫将瓶卡牢，防止滚动。

② 运输车辆应配备相应品种和数量的消防器材。装运氢气瓶车辆的排气管必须配备阻火装置，装卸时禁止使用易产生火花的机械设备和工具。

③ 氢气瓶严禁与氧化剂、卤素等混装混运。

④ 夏季应选择早晚运输，防止日光曝晒，中途停留时远离火种、热源。

⑤ 公路运输时要按规定线路行驶，切勿在居民区和人口稠密区停留。铁路运输时禁止溜放，不与在线车碰撞。

5.10.4.12　法规信息

《危险化学品安全管理条例》（国务院令第 591 号）、《化学危险物品安全管理条例实施细则》（化劳发［1992］677 号）、《工作场所安全使用化学品规定》（劳部发［1996］423 号）等法规针对化学危险品的安全使用、生产、储存、运输、装卸等方面做了相应规定。其他法规如 GB 4962—2008《氢气使用安全技术规程》、GB/T 3634.1—2006《氢气　第 1 部分：工业氢》。

5.10.5　氯气

5.10.5.1　性质

氯气是一种黄绿色、有刺激性臭味的毒性气体。分子式为 Cl_2，相对分子质量为 70.906。在标准状态下，其密度为 3.214 kg/m^3，气体相对密度为 2.49（空气为 1），沸点为-34.6 ℃，熔点为-120 ℃，临界温度为 144 ℃，临界压力为 7.76 MPa。氯气在 0.588~0.78 MPa 或在-40 ℃~-35 ℃常压下就可以液化，变成黄色透明的液氯装入钢瓶；在常温下其密度是水的 1.4 倍。液氯汽化较快，在标准状况下，1 L 液氯可汽化为 484 L 氯气，且吸收大量热。因此，液氯气瓶在使用中常见表面有结霜现象，此时，可用自来水加温，以补充汽化热。

氯是化学性质很活泼的一种元素，它在自然界中通常以化合物形式广泛存在着。在不同温度下，能直接与许多金属、非金属及其有机物和无机物反应，生成各种氯化物或含氯化合物。

5.10.5.2　溶解性

在通常条件下，氯稍溶于水，在水中的饱和浓度为0.09 mol/L；氯的水溶液称为氯水；氯溶解到水中后会发生不同程度的反应；氯在有机溶剂（如乙醇、四氯化碳、乙醚苯、二硫化碳等）中的溶解度比在水中的溶解度大得多，并呈现一定的颜色。

5.10.5.3　强氧化性

氯最突出的化学性质是其氧化性。

（1）氯能和各种金属作用，且反应较为剧烈，如氯气与金属钠、铁、铜的反应较为剧烈。

（2）氯气遇锑粉会冒火星，紧接着出现白烟，经剧烈反应生成三氯化锑（无色液体、无毒）和五氯化锑（白色固体）。

（3）干燥的氯气不与铁和其他金属作用，为了延长设备和气瓶的寿命，充装到气瓶中的氯应控制含水量，不能超标。

（4）氯也能与大多数非金属直接化合，有的则需要预热才能化合；氯气还可以与不饱和烃（如乙烯）发生反应。

（5）氯与无机物如NaOH、$Na_2S_2O_3$、$Ca(OH)_2$，一般在常温下发生放热反应，生成氯化物。同时，氯也可以与有机物如C_6H_6、C_2H_4、CH_3COOH（醋酸）反应生成氯化物。

5.10.5.4　腐蚀性

按照现行安全监察管理法规与气体分类标准，氯气被划为酸性腐蚀性气体。

氯气遇水可生成盐酸及次氯酸。次氯酸在热和光的作用下，很容易分解释放出氧气，盐酸对钢质气瓶有很强的腐蚀性，所以气瓶生产单位应严格控制氯的纯度。GB/T 5138—2006《工业用液氯》规定：氯(体积分数)≥99.6%，水(质量分数)≤0.05%。

5.10.5.5　危险性

（1）氯气与氢气在常温、暗处或散射光条件下反应很慢，但当氯中含氢量达到了3.5%~97%（体积分数）时，就会组成Cl—H二元爆炸性气体；受到强烈照射、打击、高温或催化剂作用后，则因反应猛烈而发生爆炸。氯气与氢气的反应方程式如下：

$$H_2+Cl_2\xrightarrow{\text{点燃}}2HCl+184.19\text{kJ}$$

（2）氯气与氨气反应后生成氯化铵、三氯化氮。三氯化氮是一种极易爆炸且爆炸力很强的物质，设备或容器中大量积累三氯化氮常常会发生爆炸的事故。所以，在液氯的生产、贮运和使用中，特别是在密闭管路和设备中，要设法避免氯与氨直接接触，对容易积累三氯化氮的部位进行排污清洗，防止爆炸事故的发生。

（3）氯气的膨胀系数较大，在0 ℃~60 ℃范围，盛装的氯气气瓶温度每升高1 ℃，瓶内压力增加0.87~1.47 MPa，故超装液氯极易爆炸。

（4）氯气属于剧毒品范畴。

5.10.5.6 用途

（1）氯气是实验室常用的气体，是无机和有机生产中的重要原料，如可用于生产氯乙烯、聚氯乙烯、聚偏二氯乙烯、硅树脂、氯化石蜡等。

（2）氯气可用于生产氯乙烯、氯甲烷、二氯乙烯、六氯苯、农药（六六六、DDT）以及农药生产中的中间体，即有机氯化物。

（3）氯气可用于生产氯化亚锡（还原剂）、聚氯乙烯、聚偏氯乙烯等合成纤维。

（4）氯气可用于生产照相用的氯化银，配制溶剂用到的三氯乙烷、三氯乙烯、四氯乙烯、四氯化碳等，人造丝工业用的氯乙炔、氯乙醇，冷冻剂中用到的氯乙烷和二氯甲烷等。

（5）氯丁橡胶、聚硫橡胶、硅橡胶的合成需要大量氯气；盐酸、次氯酸、漂白粉的生产也需要消耗大量氯气。

（6）形形色色的氯产品离不开氯，如洗涤剂、甘油、烯烃、乙二醇等。

（7）氯气能杀菌，净化水源；可以漂白纸浆、棉丝及纺织品；还被用来处理某些实验室、工业废水。

5.10.5.7 制取

（1）电解法。

工业上用的大量氯气主要是通过电解饱和食盐水制取的。反应中除产生氯气以外，还可得到氢气和苛性钠（氢氧化钠，俗称烧碱、火碱），其反应方程式如下：

$$2NaCl+2H_2O \xrightarrow{电解} 2NaOH+Cl_2\uparrow+H_2\uparrow$$

制备活泼金属用到氯化物电解熔融，电解时还可以得到高纯度的氯气，其反应方程式如下：

$$MgCl_2(熔) \xrightarrow{电解} Mg+Cl_2$$

$$2NaCl(熔) \xrightarrow{电解} 2Na+Cl_2$$

（2）化学法。

利用空气（或氧气）催化将氯化氢氧化为氯气，已成为工业制取氯气的主要途径。

5.10.5.8 健康危害

（1）氯气对眼睛、呼吸道黏膜有刺激作用。

（2）急性中毒：轻者出现流眼泪、咳嗽、胸闷、气管炎和支气管炎症状。

（3）长期接触低浓度氯气，可引起慢性支气管炎、支气管哮喘、职业性痤疮及牙齿酸腐蚀症。长期接触中浓度氯气，轻者出现呼吸困难，轻度紫绀等；重者发生肺水肿、昏迷和休克，甚至出现气胸、纵隔气肿等并发症。若吸入极高浓度的氯气，则会发生“点击样”死亡，即神经反射性心跳骤停或喉头痉挛而死亡。

（4）皮肤接触液氯或高浓度氯，在暴露部位可有灼伤或急性皮炎。

5.10.5.9　环境危害

氯气对环境有严重危害，对水体可以造成污染。

5.10.5.10　燃爆危险

氯气助燃，高毒，具有刺激性。

5.10.5.11　急救措施

（1）皮肤接触：立即脱去污染的衣物，用大量流动清水冲洗并就医。

（2）眼睛接触：提起眼睑，用流动清水或生理盐水冲洗并就医。

（3）吸入：将患者迅速脱离现场至空气新鲜处。若患者呼吸心跳停止，立即进行人工呼吸和胸外心脏按压术并就医。

5.10.5.12　消防措施

（1）灭火方法：消防人员及实验人员必须佩戴安全面罩、过滤式防毒面具或隔离式呼吸器，穿全身防火防毒服，在上风向灭火。

（2）切断气源；对火场容器喷水冷却，尽可能将容器从火场移至空旷处。灭火剂选用雾状水、泡沫、干粉。

5.10.5.13　泄漏应急处理

（1）应急处理。切断泄漏源，实验人员迅速撤离泄漏污染区至上风处，立即隔离污染区。小泄漏时，隔离距离大于 150 m；大泄漏时，隔离距离大于 450 m。严格限制人员出入。

（2）应急处理人员佩戴自给正压式呼吸器，穿防毒服。

（3）加速通风扩散，用喷雾状水稀释、溶解。也可用酸式硫酸钠或酸式碳酸钠溶液吸收氯气，或将漏气钢瓶浸入石灰乳液中。

（4）漏气容器要送至专业单位妥善处理，修复、检验后再用。

5.10.5.14　操作处置与储存

（1）操作注意事项。

① 严加密闭，局部排风和全面通风。

② 实验作人员必须经过专门培训，严格遵守操作规程。实验前操作人员应佩戴空气呼吸器，穿戴个人防毒面具、面罩式胶布防毒衣，戴橡胶手套，配备有预防氯气中毒的解毒药物。

③ 远离火种、热源、易燃物、可燃物，防止气体泄漏到工作场所空气中。

④ 避免与醇类接触。搬运时轻装轻卸，防止钢瓶及附件损坏。配备相应品种和数量的消防器材及泄漏应急处理设备。

⑤ 氯气钢瓶不能直接与反应器连接，中间必须有缓冲器。

⑥ 金属钛和聚乙烯等材料不得应用于液氯和干燥氯气系统。

⑦ 连接氯气的铜管应尽量少弯折，以防铜管破损，发现铜管破损后应及时更换。

如果空气中有大量泄漏的氯气，则可以使用氯气捕消器，使用时一定要佩戴好自动供氧形式的呼吸面具，以防止使用过程中缺氧而发生意外。

（2）储存注意事项。

① 应设有专用仓库储存氯气钢瓶，储存氯气的库房要阴凉、通风、干燥；库房温度不宜超过 30 ℃，相对湿度不超过 80% RH。

② 远离火种、热源，避免阳光曝晒；当气温在 30 ℃以上时，应将钢瓶放入库房，露天的钢瓶应覆盖草包并用水喷洒冷却；严禁用热源烘烤和加热钢瓶。

③ 应与易（可）燃物、醇类、化学品分开存放，切忌混储混放；不应与氧气、氢气、液氨、乙炔、油料等化工原料同室存放。

④ 储区应备有泄漏应急处理设备。

⑤ 严格执行剧毒物品“五双”管理制度。

5.10.5.15　监测方法

甲基橙分光光度法。

5.10.5.16　个体防护

（1）呼吸系统防护：空气中氯浓度超标时，佩戴空气呼吸器。紧急事态抢救或撤离时，必须佩戴氧气呼吸器。

（2）眼睛防护：参照呼吸系统防护。

（3）身体防护：穿戴面罩式胶布防毒衣。

（4）手防护：戴橡胶手套。

（5）其他防护：工作现场禁止吸烟、进食和饮水，保持良好的卫生习惯。进入罐区、密闭限制性空间或其他高浓度区作业，须有人监护。

5.10.5.17　主要用途

氯气可用于漂白，制氯碱化合物、盐酸、聚氯乙烯等。

5.10.5.18　禁配物

易燃或可燃物、醇类、乙醚、氢。

5.10.5.19　其他有害作用

氯气对环境有严重危害，应特别注意对饮用水的污染。

5.10.5.20　废弃处置

把废气通入过量的亚硫酸氢盐、亚铁盐、硫代亚硫酸钠溶液等还原溶液中，中和后用水冲入下水道。

5.10.5.21　运输信息

（1）危险货物编号：23002。

（2）UN 编号：1017。

（3）包装标志：有毒气体。

（4）包装类别：o52。

（5）包装方法：钢质气瓶。

（6）运输注意事项：铁路运输氯气时，应严格按照铁道部《危险货物运输规则》中的危险货物配装表进行配装，运输前必须戴好钢瓶上的安全帽。氯气瓶在车辆上一般平放，并应将瓶口朝同一方向，瓶与瓶之间不可交叉，高度不得超过车辆的防护栏板，气瓶最底层用三角木垫卡牢，防止滚动。铁路运输耐压液化气企业自备罐车的氯气，装运前需报有关部门批准。严禁氯气与易燃物或可燃物、醇类、化学品等混装混运，氯气不得与氧气、氢气、液氨、乙炔气同车运输，不得与易燃、易爆、油脂及沾有油脂的物品同车运送。夏季应选择早晚运输，防止曝晒。公路运输时要规定线路行驶，禁止在居民区和人口稠密区停留。铁路运输时禁止溜放，又不与在线车碰撞。

5.10.5.22　法规信息

《危险化学品安全管理条例》（国务院令第 591 号）、《化学危险物品安全管理条例实施细则》（化劳发［1992］677 号）、《工作场所安全使用化学品规定》（劳部发［1996］423 号）等法规针对化学危险品的安全使用、生产、储存、运输、装卸等方面做了相应规定。GA 57—1993《剧毒物品分级、分类与品名编号》中，氯气被划为第 1 类 A 级无机剧毒物。其他法规如 GB/T 5138—2006《工业用液氯》。

5.10.6　惰性气体

惰性气体是指氩（Ar）、氦（He）、氖（Ne）、氪（K）、氙（Xe）和氡（Rn）。惰性气体的化学性质不活泼，很难与其他物质发生化学反应。由于这 6 种气体在空气中的含量不足 1%，故又叫稀有气体。

5.10.6.1　性质

惰性气体在常温、常压下均呈单原子状态，这是惰性气体独有的特性。因不活泼，惰性气体分子之间的作用力随着原子序数的增加而加大。惰性气体的熔沸点都较低，较难液化。惰性气体在常压下，只要低于它们的沸点 3 ℃～6 ℃就可液化，冷却一段时间后就形成固化物。氦很难液化，因为它的沸点是最低的，为−268.94 ℃。

惰性气体的氟化物、氧化物都具有很强的氧化性，广泛用于科学研究。

5.10.6.2　用途

（1）氩。

6 种惰性气体中，氩的使用量最大，因为氩在空气中所占比例比其他 4 种（氡除外）惰性气体的总量还要大，占空气体积的 0.932%，接近 1%，而其他惰性气体的体积只占空气体积的千分之几到百万分之几，如氙（Xe）的体积在空气中的比例仅为 8×10^{-6}。所以氩的制取比其他惰性气体要容易得多。

人们利用氩气的惰性将其作为保护性气体。例如，在金属焊接切割操作中，用氩气保护避免金属被氧化。氩气的化学惰性也被用于特殊金属的冶炼。如金属吹炼中，氩气保护是提高钢材品质的重要途径。

氩气具有高密度和较低的热导性，充进灯泡中可以延长灯泡寿命和提高亮度。氩气也被用于照明工业和充填各种放电器，还用于激光器和手术止血的喷枪。此外，氩气还可作为大型色谱仪的载气。

（2）氦。

氦是一种极为重要的工业气体。随着超低温技术的发展，氦已成为一种战略物资，而且显得越来越重要。

氦被用来发射火箭、制造核武器；氦在红外探测技术与低温电子技术中起到提高灵敏度和精确性的作用。

氦还可用于超导技术，因为在液氦低温环境下，导体会失去阻值，当电流通过导体时不发热及损失，形成“超导电”特性。

钛、锆、硅、锗等特种稀有金属冶炼，以及宽厚的高级合金的弧焊、切割都需要氦。

由于氦气的折光率很大，因而在光学仪表上被作为填充气，可获得很高的灵敏度。

氦具有特别强烈的扩散性，是压力容器和真空系统最好的检漏指示剂。氦还可用于食品保护、飞船内部填充物，以及等离子体切割、雷达探测、飞船高空摄影等。

（3）氖。

把氖和氩混合在霓虹灯里，可以产生美丽的蓝光。

可将氖用于电压显示管、蒸气灯、气体继电器、闸流管等各种放电管，作为信号装置。

由于氖气导电性较好，在真空下对氖通电，会发出透视力较强的红光，可作为港口、机场、交通等重要航标灯。

将氮、氖按一定比例进行配比，利用各种滤光玻璃，就可以制成各种绚丽多彩的霓虹灯及字模灯光。

氖还可用于封闭循环式微型制冷机、导弹的红外检测器、抽真空的大容量排气低温泵。

（4）氪。

氪气可充填高级电子管、连续紫外光灯。

氪能制成原子灯，克服没有电源的困难。

氪气制成的灯泡寿命长、省电，可比同功率的氩气灯泡寿命延长 2~3 倍、省电 20%~25%。

氪气灯的透射率特别高，常用于越野战车上的照射灯光、飞机跑道降落点的指示灯光。超高压水银灯、钠灯特殊照明、闪光灯、频闪观测器等都用到氪。

在游离（电离）室中测量射线（辐射）用到氪气作为填充物，X 射线工作时的遮光材料也用到氪。

氪用于气体激光器和等离子流，氪的同位素 Kr-85、Kr-87 等放射性稀有气体是医院诊断大出血位置的显踪剂，也是检查心肺机能和治疗脑、肾、卵巢等疾病的辅助材料。

此外，用Kr-85作为长度的国际基准标定，比以前任何测定值都更为精确。Kr-85由于具有高发光强度，也被称为“黄金气体”，它的放电强度超过太阳，用它充填长弧氪灯能穿透迷雾，所以普遍用于机场、车站码头和广场。

（5）氙。

氙在空气中的含量是惰性气体中最少的。拍摄彩色电影要用氙灯。

氙灯光线经凹镜聚光后用于焊接，聚光温度可达2 500 ℃，能够焊接钛和钼这类难熔金属。

由于氙的相对分子质量大，具有极强的麻醉作用，因此氙被认为是理想的无副作用的深度麻醉剂。

（6）氡。

氡具有极高的医疗价值，在医学上常用作辐射治疗。

测量地下水中氡的含量变化，可以预测地震。

氡-铍混合物装置被用作中子源的材料。

5.10.6.3　*制取方法*

除氡是镭、钍等放射性元素蜕变的产物，氦是从天然气或以天然气为原料的工业中回收的外，其余4种惰性气体均可从大型的空气液化分离塔内，在制取氧或氮的同时，从馏分中分出。

5.10.6.4　*危害与防护*

惰性气体同氮气一样，可引起急速窒息，属于窒息性气体。贮存和使用时，要有足够的通风。一旦发现惰性气体有窒息症状，第一时间的救护方法和氮气的处理方法相同。

5.10.7　二氧化碳

在常温下，二氧化碳是一种无色无臭、稍有酸味且无毒性的气体，二氧化碳又称碳酸气，也叫碳酸酐或酸酐。二氧化碳是碳的氧化物，分布于地球的每个角落。自然界的形成和发展离不开二氧化碳，它又影响着自然界的生态平衡，与人类的生存密不可分。

二氧化碳的沸点为-78.5 ℃（101.325 kPa），熔点为-56.57 ℃（527 kPa），液体密度为929.5 kg/m^3（3 485 kPa，273.15 K），气体密度为1.977 kg/m^3（1 101.325 kPa，273.15 K），相对密度（水为1）为1.57（-79 ℃），蒸气相对密度（空气为1）为1.53，饱和蒸气压为1 013.25 kPa（-39 ℃），临界温度为31.1 ℃，临界压力为7.39 MPa，分子式为CO_2，相对分子质量为44.01。

液态二氧化碳的密度受外界压力的影响很小，但受温度的影响较大。将二氧化碳液体压力急剧降低时，会蒸发膨胀，并吸收周围大量的热而凝成固体，俗称“干冰”，此时密度为1.564 kg/L，升华温度为-78.4 ℃。固态二氧化碳的密度受压力和温度影响不大。

5.10.7.1　溶解性

二氧化碳能溶于水、烃类等多数有机溶剂。

5.10.7.2　稳定性

二氧化碳在常温下的化学性质稳定、难分解，不与其他元素反应。但在高温下，它却很容易分解成一氧化碳和氧气，因而具有氧化性。二氧化碳也具有一切酸性氧化物的化学性质，并能与碱性氧化物或碱发生化学反应。

5.10.7.3　危险性

盛装二氧化碳的钢瓶遇阳光、火源、高热等，在容器内部压力增大，会引起开裂和爆炸的危险。液态二氧化碳的体积膨胀系数较大，在-5 ℃～35 ℃范围内，盛装二氧化碳气瓶，温度每升高1 ℃，瓶内气体压力相应升高314～834 kPa。因此，液体二氧化碳不能急剧升温，否则会引起气瓶爆炸，超装二氧化碳液体也会容易造成气瓶爆炸。

5.10.7.4　危害性

（1）二氧化碳气体本身无毒，它的比重大于空气，常常积聚在低洼处，弥散于二氧化碳作业现场、实验室等地方，当二氧化碳浓度大于一定量时，往往会不知不觉地使人、畜及其他动物中毒，甚至窒息致死。其中毒原理是高浓度二氧化碳具有的刺激和麻醉作用，使肌体缺氧发生窒息。

（2）健康危害。二氧化碳中毒的临床症状，是根据吸入二氧化碳的浓度高低和时间长短决定的，医学界把它分成3度：

① 轻度（低浓度）：对呼吸中枢呈兴奋作用，高浓度时则产生抑制甚至麻痹作用，如头晕、头痛、肌肉无力和全身酸软等。

② 中度：头晕、胸闷、鼻腔、咽喉疼痛、呼吸紧促；剧烈性头痛、耳鸣、皮肤发红、血压升高、脉搏加快。

③ 重度（高浓度）：人吸入高浓度二氧化碳几秒后就会昏迷倒地，憋气，心悸，神志不清，皮肤、口唇和指甲青紫，血压下降，光反射消失，瞳孔扩大或缩小、大小便失禁、呕吐等。严重者全身松软，心跳停止及休克，甚至死亡。急性期后，患者留有嗜睡及记忆力减退等症状。

此外，二氧化碳的固态（干冰）和液态在常压下迅速汽化，能造成身体局部-80 ℃～-43 ℃低温，引起皮肤、眼睛和其他有机组织出现严重的冻伤或灼烧。经常接触较高浓度的干冰，释放的气体使人出现呼吸困难，头晕、头痛、失眠、易兴奋、无力等神经功能紊乱等。当在空气中二氧化碳的浓度达到5 000 ppm时，使人丧失意识，呼吸困难而死亡。

5.10.7.5 急救措施

发现二氧化碳中毒者，要迅速使其脱离中毒环境，转到空气新鲜处，解松伤者衣服，进行人工呼吸，有条件的可用高压氧治疗。

（1）皮肤接触：若引起冻伤，须用水冲洗并就医。

（2）眼睛接触：须用水冲洗，急送医院就诊。

（3）吸入：经口罩或鼻孔吸入蒸气，引起呼吸困难，须迅速脱离现场至空气新鲜处，保持呼吸道通畅。如呼吸困难，应输氧。如呼吸停止，应立即进行人工呼吸并就医。

5.10.7.6 个体防护

（1）呼吸系统防护：一般不需要特殊防护。高浓度接触时可以佩戴空气呼吸器。

（2）眼睛防护：一般不需要特殊防护。

（3）身体防护：穿一般作业工作服。

（4）手防护：戴一般作业防护手套。

（5）其他防护：进入罐区、密闭限制性空间或其他高浓度区作业时，应避免高浓度吸入，旁边应有人监护。

5.10.7.7 消防措施

（1）灭火方法：尽可能将火场容器移至空旷处。对容器持续喷水冷却，直至灭火结束。着火的环境中，用雾状水喷浇容器外壁。

（2）灭火注意事项：灭火人员及实验人员须穿戴防护用品，火场用雾状水保护救火人员。

5.10.7.8 泄漏应急处理

（1）应急消除方法。关闭泄漏的钢瓶、储槽阀门，并开雾状水保护关闭总阀，若解决不了，将二氧化碳排放到大气中，驱散周围的人和动物。

（2）将泄漏污染区实验人员迅速撤离至上风处，隔离污染区，严格限制人员出入。

（3）应急处理人员佩戴自给正压式呼吸器，穿专用作业服；处理泄漏物必须佩戴氧气面具并穿防护服，防止液体二氧化碳灼烧。

（4）尽可能切断泄漏源。合理通风，加速扩散。漏气容器送专业单位妥善处理，修复、检验后再用。

5.10.7.9 操作处置与储存

（1）操作规程。

① 二氧化碳储瓶在充装前必须进行置换，清理焊接物、钢锈、垢泥、灰尘及气体杂质，保持罐体及管道干净。贮存罐和管道应用无油的空气或氮气试验，试验压力为工作压力的 1.15 倍。

② 调节阀、快速切断阀的管道应采用铜管或无缝钢管。

③ 二氧化碳气体贮存压力不得超过气瓶额定工作压力，各种安全阀、减压阀、自动调节阀等应经常保持灵敏可靠，不得随意拆卸。发现异常应立即报告，并采取措施。

④ 汽化后的气体在输送过程中，阀门的开、闭应缓慢进行，尤其是在压力较高的情况下，更应缓慢进行。

⑤ 贮存气体的设备、管道、阀门等应定期检查，不得有泄漏或裂缝，不得在室内排放气体，在室外排放必须引至安全地点。

⑥ 动火检修容器和管道前，应经有关部门批准，报至消防队备案。

⑦ 所有测量仪表应定期校验确保性能良好。压力表每年校验不少于 2 次，压力容器及管道应按规定做定期检验，并有定检标志。

⑧ 实验员进入房间时要注意通、排风，检查并及时排除泄漏点，消灭事故隐患。

⑨ 二氧化碳压力气瓶使用前要仔细阅读和理解 DPW650-480-2. 5 型焊接绝热气瓶的使用说明书，遵照其中的各项要求执行。

（2）操作注意事项。

① 密闭操作在自然通风条件下进行。实验人员发现大量液体二氧化碳的情况下是不能盲目进入操作的，因为在这样的环境下容易使人中毒和窒息死亡，若一定需要进行实验操作，要先通风，在确保安全后才可进行。

② 实验操作人员必须经过专门培训，严格遵守操作规程。

③ 防止气体泄漏到工作场所空气中。

④ 钢瓶应远离易燃、可燃物。搬运钢瓶时应轻装轻卸，防止钢瓶附件损坏。配备泄漏应急处理设备；二氧化碳钢瓶在日光曝晒或搬运时易膨胀，若钢瓶阀门被摔坏，易引起爆裂。

⑤ 钢瓶装液体二氧化碳，须配有安全附件，搬运时避免滚动和撞击，储存液体二氧化碳的容器须时刻检查容器的阀门、仪表灯和容器外壁。

⑥ 实验前，可用肥皂液检验连接部位是否漏气，在确保不漏气后才可进行操作。

⑦ 实验时先逆时针打开钢瓶总开关，观察高压表读数，记录高压钢瓶内总的二氧化碳压力，二氧化碳的输出压力要大于或等于 1. 3 MPa 时才可以操作，否则要升压后才可以输出，以减少冷凝为干冰的可能性。高压气体由高压室经节流减压后才能进入低压室，输出压力要大于或等于 2. 1 MPa 后才可以使用。操作完成后，先顺时针关闭钢瓶总开关，再逆时针旋松减压阀。

⑧ 实验后的气瓶一定要有余压或少量的液体，使瓶体处于冷态为好。

⑨ 千万不能直接从液相阀向大气中排放液体，否则阀口就会结成干冰而堵塞阀门。

（3）储存注意事项。

① 二氧化碳气瓶应储存于阴凉、通风、干燥的库房内。

② 防止气瓶使用温度过高。气瓶应远离热源（如阳光、暖气、炉火）处，周边温度不得超过 31 ℃，以免液体二氧化碳温度升高，体积膨胀而形成高压气体，产生爆炸危险。

③ 应与易（可）燃物分开存放，切记混储，储区应备有泄漏应急处理设备。

④ 气瓶不能卧放。如果气瓶卧放，在打开减压阀瞬间，出口处二氧化碳液体迅速汽化，容易发生导气管爆裂，造成大量二氧化碳泄漏。

⑤ 正确连接管、压力调节器装置，确保无泄漏、没有损坏、状况良好。

⑥ 二氧化碳不得超量填充。二氧化碳的填充量一般不要超过钢瓶容积的 75%，夏季不要超过 66.7%。

⑦ 使用一定年限的气瓶须定期接受安全检验。超过规定年限的，必须接受压力测试，合格后才能继续使用。

5.10.7.10　主要用途

二氧化碳可用于制糖、制碱、制铅白等，也可用于饮料生产、灭火及有机物合成。

（1）二氧化碳用途很广，用量很大，仅次于氧气，在工业、农业、国防、商业、运输等领域均得到了广泛的应用。例如：

① 用于生产碳酸饮料。

② 合成基本的化工原料。

③ 作为进行低温热源发电的介质。

④ 用二氧化碳吹炉炼钢，起搅拌和脱氢作用，提高钢的质量。

⑤ 以二氧化碳为溶剂进行超临界萃取。

⑥ 作为合成蛋白质的原料。

（2）二氧化碳是一种制冷剂，最普通的用途是用来冷冻食品。

① 固态二氧化碳（干冰）具有冷却性，可以用来治疗皮肤病；干冰还可用来进行人工降雨，解决大面积干旱，也可以用来扑灭森林火灾等。

② 二氧化碳气体可以保鲜、贮藏各种水果、蔬菜和粮食。

③ 由于二氧化碳无毒、不燃、无污染、导电率低，所以被广泛应用于精密仪器、贵重设备、图书、档案等初期火灾的扑灭。

（3）焊接。二氧化碳气体可以广泛地用于多种材料的焊接。二氧化碳是开采原油的一种有效驱油剂。

（4）二氧化碳可应用于化学合成：

① 用 CO_2 和 NH_3 合成尿素或生产碳氢氨。

② 用 CO_2 和苯酚合成水杨酸。

③ 用 CO_2 与环氧乙烷合成乙烯碳酸酯。

④ 用于铸造工业和制糖工业等。

5.10.7.11 制取方法

（1）生产石灰副产品二氧化碳。将石灰石与炭混合装入石灰窑，加热后，$CaCO_3$ 分解。化学方程式如下：

$$CaCO_3 \longrightarrow CaO + CO_2 - 179.6\ kJ$$

此外，还有炭的燃烧也生成二氧化碳，化学方程式如下：

$$C + O_2 \longrightarrow CO_2 + 404\ kJ$$

（2）发酵过程副产品二氧化碳。二氧化碳是发酵酿酒过程中的重要副产品，总的化学反应方程式如下：

$$C_6H_{12}O_6 \xrightarrow{\text{酒化酶}} 2CO_2 + 2C_2H_5OH + 108.68kJ$$

由上式计算，气态二氧化碳的产量为酒精产量的 95.5%，若生产液态二氧化碳则只能得到理论产量的 50%~70%，其纯度可达 99%~99.5%。

5.10.7.12 废弃处置

参照国家和地方有关法规处置。废气直接排入大气。

5.10.7.13 运输信息

（1）危险货物编号：20019。

（2）UN 编号：1013。

（3）包装类别：o53。

（4）包装方法：钢质气瓶；安瓿瓶外普通木箱。

（5）运输注意事项：气瓶运输时必须戴好钢瓶上的安全帽。装车的气瓶一般平放，瓶口朝同一方向，瓶与瓶不可交叉；装车高度不得超过车辆的防护栏板，气瓶最底层用三角木垫卡牢，防止滚动。严禁与易燃物或可燃物等混装混运。夏季应选择早晚运输，防止曝晒。铁路运输时要禁止溜放，不与在线车碰撞。

5.10.7.14 法规信息

《危险化学品安全管理条例》（国务院令第 591 号）、《化学危险物品安全管理条例实施细则》（化劳发［1992］677 号）、《工作场所安全使用化学品规定》（劳动部发［1996］423 号）等法规针对化学危险品的安全使用、生产、储存、运输、装卸等方面做了相应规定。

5.10.8 氨气

5.10.8.1 性质

氨气是一种无色透明而带刺激性臭味的气体。在标准状态下，其密度为 0.771 kg/m^3，相对密度为 0.591（空气为 1），分子式为 NH_3，相对分子质量为 17.031。常压下氨气的沸点为-33.41 ℃，熔点为-77.74 ℃，临界温度为 132.5 ℃，临界压力为 11.48 MPa。

5.10.8.2 溶解性

氨极易溶于水，常温常压下 1 体积水能溶解 900 体积的氨；在 273 K 时，1 体积水能溶解 1 200 体积的氨。通常把溶有氨的水溶液称为氨水（$NH_3 \cdot H_2O$），氨水呈弱碱性。

5.10.8.3 氨的危险性

氨在高温下能分解成氢气和氮气。

无水氨与空气或氧气混合能形成爆鸣性气体。

氨与氯气接触形成不稳定的氯化氨，氯化氨能发生自燃和爆炸。

氨具有较高的膨胀系数，在 0 ℃~60 ℃范围内，盛装液氨的气瓶每升高 1 ℃，其压力升高 1.32~1.80 MPa，因而液氨气瓶超装极易发生爆炸。

此外，氨气对铜、铜合金及镀锌、镀锡表面有腐蚀作用。因此，液态氨中水的含量不应超过 0.1%。

5.10.8.4 用途

（1）氨是生产氮肥的原料，如硫酸铵、尿素、过磷酸铵和各种含氨化合物都要利用它。

（2）氨是生产炸药的原料。化工实验中生产各种胺基、酰基、硝酸、含氨试剂等都要用它作为原料，特别是炸药制造要消耗大量的氨。

（3）氨是生产生活用品的原料。苏打、烧碱的生产也要用到氨。用次氯酸钠处理过量的氨水可以制备联氨（又称肼，肼是有机化合物，含氨碳化物的一类），用它可以聚合成尼龙，是轻纺工业原料。

（4）氨不溶于油，释放热量高，在管道中流动时阻力小。氨也是应用最早、最广泛的冷媒，当氨泄漏时有臭鸡蛋味，容易发现，因此适应于大、中型制冷机使用的工质。

（5）氨也是冶金、医药等工业的原料。

5.10.8.5 制取方法

工业级制氨唯一的方法是采用直接合成法，其工艺流程大致分为：

（1）原料气体的制备。首先在水煤气发生炉中往红热的焦炭上吹空气和水蒸气，以得到 N_2、H_2 混合气体，然后用洗涤、热交换、凝缩 CO_2 和 CO_2 吸收等工序进行精制。

（2）合成。精制的混合气体经过滤器、冷却器、氨分离器以及加热器送入合成反应器，再经分离器分离出液氨；对于未反应的气体，混入新原料气中循环重复使用。

5.10.8.6 危害

（1）氨的挥发性大，刺激性强烈。过量氨气刺激鼻黏膜，能使人咽喉发生红肿，引起咳嗽，严重的会引起窒息。

（2）长期在高浓度氨气作用下会引起肺气肿、肺炎。

（3）氨能刺激人的神经系统，破坏呼吸机能和血液循环。

（4）高浓度氨接触皮肤时会吸收组织水分、碱化脂肪，容易造成溶解性组织坏死；液氨接触皮肤会引起化学性灼伤，致使皮肤生疮糜烂。

（5）液氨溅入眼内会引起冻伤，伤部为苍白色。

（6）氨具有毒性。当实验室中氨的浓度达到 3 500～7 000 mg/m^3时，短时间即会致人死亡。实验室使用氨一般不允许泄漏，长时间接触大于 25×10^{-6} mg/m^3的氨浓度后，嗅觉器官的灵敏性将会变差。

5.10.8.7　防护

（1）用雾状水可以有效地清除氨对大气的污染，用雾状水也能灭火。虽然雾状水对吸收氨气相当有效，但绝不能将水洒到液氨上。

（2）当大量氨泄漏或氨气瓶破裂时，人应撤离，隔离污染区域。如实验人员进入污染区域，须戴自供式呼吸器，穿专用防护服和靴子。

（3）氨水又叫氢氧化铵，蒸气遇到空气能形成爆炸性混合物。氨气具有毒性和刺激性，操作人员在进行氨实验时应配备专用呼吸器。

5.10.8.8　应急处理

（1）冻伤：脱掉被污染的衣服和鞋袜，用大量的水清洗患处 15 min，但不能清洗冻伤处，清洗后给予治疗和护理。

（2）灼伤：氨水可以造成人体不同程度伤害，轻者灼伤眼睛、刺激皮肤，使眼睑及嘴唇起肿；重者皮肤烧伤、糜烂。皮肤接触，应脱掉被污染的衣服，用冰水加柠檬汁、醋或 2%醋酸冲洗后，再用大量水冲洗，并用 3%～5%硼酸、乙酸或柠檬酸溶液温敷。

（3）中毒：将伤者迅速移到空气新鲜处。若伤者呼吸停止，应进行人工呼吸；若伤者呼吸困难，则应输氧。

5.10.9　水煤气

水煤气是一氧化碳和氢气的混合物，是无烟煤或焦炭在煤气发生炉中作用产生的，制取方法有两种：一种是间歇法，是蒸汽和空气轮流吹入发生炉而产生水煤气；另一种是连续法，是蒸汽和氧气一起吹入发生炉而产生水煤气。水煤气的主要成分是氢和一氧化碳，以及少量的二氧化碳等。水煤气是一种有毒气体，相对密度为 0.5（水的相对密度为 1），气体密度轻于空气，热值约 10 450 kJ/m^3。

（1）主要用途：可用作燃料，或用于制造合成氨、合成石油、合成甲醇等的原料，也用于羟基合成等。

（2）水煤气与强氧化剂、卤素禁配。

（3）水煤气的储存应避免光照。

5.10.10　氧化亚氮

氧化亚氮也叫“笑气”，受热时可分解成为氧和氮的混合物。氧化亚氮遇可燃性气体形成混合物，并能氧化燃烧。氧化亚氮具有麻醉兴奋作用，压缩到气瓶中的氧化

亚氮在搬动过程中具有很大的危险性。

5.10.11　乙炔

常温常压下（20 ℃，101.32 kPa），纯乙炔是无色、无臭的可燃气体，乙炔俗称风煤、电石气，分子式为 C_2H_2，相对分子质量为 26.038；在标准状态下，其密度为 1.171 7 kg/m^3，气体相对密度为 0.906（空气为 1）；临界温度为 35.18 ℃，临界压力为 6.19 MPa；和其他气体一样，乙炔气也是在临界温度以下通过压缩变为液态的；液态乙炔无色，正常沸点为-824 ℃，在-82.5 ℃以下凝为固态；固态乙炔升华点为-83.66 ℃。

气态乙炔如果很纯，有乙醚一样的香味；工业乙炔含硫化氢、磷化氢等，有大蒜气味。

乙炔气体化学性质非常活泼，很容易发生氧化、分解、聚合反应。

5.10.11.1　溶解性

乙炔气能溶于许多液态溶剂中，其溶解度的大小因温度、压力和溶剂种类的不同而不同。乙炔气和水接触时，在一定的条件下能生成固态雪片状水合物，其平衡态由温度和压力决定。当温度高于 16 ℃时，不论压力多么高，乙炔也不会生成水合晶体；当温度低于 16 ℃时，在不同温度和压力下，乙炔就会生成水合晶体。有人认为，这种晶体只能在压缩机至高压干燥器之间的管道内生成，它会造成管道堵塞，导致恶性事故的发生。

5.10.11.2　制取方法

天然乙炔气体在自然界是不存在的，一般采用工业方法制取。乙炔制取的方法有多种，如电石法、甲烷裂解法、烃类裂解法，以及目前已开发的等离子体裂解法等。

（1）电石法。

首先将碳酸钙含量在 96%以上的石灰石进行焙烧，得到氧化钙含量为 92%的生石灰；再将生石灰与块状焦炭按一定比例混合，在高温电弧炉中熔融，进行化学反应，制成电石（碳化钙）；然后将电石放入乙炔发生器中，使其和水反应，生产出乙炔气体。

工业电石不纯，含有硫、磷、硅等少量化合物，它们在电石中以硫化钙、磷钙等形式存在。工业电石在乙炔发生器中与水反应，其中一些杂质与水作用释放出相应气态杂质。人们一般把混有杂质的乙炔气称为粗乙炔气，粗乙炔气还要经净化、加压、干燥后才能充装到溶解乙炔气瓶之中。

电石法的缺点是电耗大、成本高。

（2）甲烷裂解法。

由于天然气的主要成分是甲烷，生产乙炔的基本原理是使甲烷进行氧化反应，生成一氧化碳和水，同时释放出大量热能，当甲烷加热至 1 500 ℃～1 600 ℃时就发生了裂解，其反应方程式如下：

$$CH_4+O_2 \longrightarrow CO+H_2+H_2O-278\ MJ/mol$$

$$2CH_4 \longrightarrow C_2H_2+3H_2+3.77\ MJ/mol$$

生成物在反应区停留时间很短（小于 0.01 s），裂解反应后立即进行急冷；裂解气体中除乙炔外，还含有大量气体副产物，如氢气等；裂解气中乙炔含量较低，为制得纯乙炔气，还要经过若干分离装置进行分离提纯。

在裂解过程中，所需要的热量是依靠燃烧一部分原料来提供的，故此法也叫部分氧化法或部分燃烧法；此外，甲烷也可以在电弧中进行裂解。

（3）烃类裂解法。

以乙炔、液化石油气、石脑油、煤油、柴油高碳烃类为原料，经过高温裂解，也可以制取乙炔。

5.10.11.3　乙炔气瓶

乙炔气瓶是用优质钢材轧制而成的无缝瓶体，外表漆成白色，并用红漆标有“乙炔”字样使用，温度一般不超过 40 ℃。

乙炔气瓶的额定压力为 1.5 MPa，高纯度乙炔在 0.21 MPa 时就会发生爆炸。因此，在乙炔瓶内要浸满丙酮，温度在 15 ℃时，1 体积的丙酮能溶解 23.5 体积的乙炔；温度不变，压力升高 16 个大气压时，丙酮可溶解 360 体积的乙炔。丙酮有良好的溶解性，能使乙炔稳定而安全地储存在气瓶内。使用时，溶解在丙酮内的乙炔就会分解，通过瓶阀流出，而丙酮仍留在瓶内，可以多次溶解乙炔。

乙炔气瓶内还装有多孔活性炭填料，气瓶中活性炭孔率为 75%。当乙炔充装到气瓶中溶于丙酮时，乙炔分子就进入活性炭细小的孔洞中，这些细小孔洞迂回曲直，容易使乙炔分子被分离、扩展。

5.10.11.4　用途

（1）乙炔是有机合成原料。乙炔是有机合成工业的重要原料之一，常被人们称为有机合成“工业之母”，如乙炔与氢接触生成乙烯和乙烷、乙炔和水加成（加成反应是重要的有机反应之一）生成乙醛。

（2）乙炔可用于金属焊接与切割。乙炔在氧气中燃烧生成二氧化碳和水，并放出大量的热，温度可达 3 500 ℃。其反应方程式如下：

$$2C_2H_2+5O_2 \xrightarrow{点燃} 4CO_2+2H_2O$$

1 m^3乙炔完全燃烧时，理论上需要 2.5 m^3氧气（或需要 2.5 m^3/0.21 = 11.905 m^3空气），放出热量 Q = 1.3 MJ/mol。因此，在标准状态下，乙炔最高发热量为 58.19 MJ/m^3，最低发热量为 56.51 MJ/m^3。实际上，乙炔与氧在喷嘴内燃烧时，并没有按理论比例燃烧，而大致按 1 :（1～1.2）氧气燃烧。因为这是一种不完全燃烧的过程，所以焊接和切割过程中的乙炔有效热量只有 21.43 MJ/m^3。也就是说只利用了乙炔理论燃烧热的 1/3 左右，其余的热量散失到大气中去了。

氧-乙炔混合气体燃烧最高火焰温度与发火速度，随混合气中乙炔含量而变化。当乙炔含量为45%时，火焰温度最高；当乙炔含量为2%时，发火速度最快。

（3）乙炔广泛应用于金属喷镀、表面淬火和热加工。

（4）乙炔在医药工业中应用，如合成避孕药等。

（5）乙炔在仪器分析上使用。原子吸收分析仪分析各种元素已在各行各业得到应用，而原子吸收分光光度计必须用乙炔作原料，是因为溶解乙炔具有运输方便、杂质少、纯度高、分析结果准确等优点。

5.10.11.5　危险性

（1）乙炔与空气（含有7%~13%乙炔）或乙炔与氧气（含有30%乙炔）混合，能在极宽的范围内形成爆炸性气体，最易发生爆炸，与氢气一样，仅需0.019 mJ的能量即可点燃。

（2）乙炔和氯、次氯酸盐等化合物反应是一个危险的反应，反应一开始就异常猛烈，也会发生燃烧和爆炸。

（3）乙炔与铜、银、汞及其盐类长期接触，反应生成爆炸性化合物。

（4）乙炔是极易燃烧、容易爆炸的气体，威力足以摧毁坦克或其他装甲车辆。

5.10.11.6　危害

与氢气、氮气一样，纯乙炔气是没有毒性的，对人体的影响很小，但它会使人窒息。

（1）乙炔浓度占空气的20%以上时，空气中氧含量的减少会使人感到呼吸困难或头昏。

（2）若乙炔浓度达40%以上，则人会产生虚脱。

（3）乙炔还有阻碍氧化的作用，使脑缺氧，引起昏迷、麻醉。

（4）乙炔中含有较多杂质（如硫化氢、磷化氢等）时，中毒症状加快。

5.10.11.7　防护

（1）当人吸入乙炔时，会引起昏睡、发绀、瞳孔发直、脉搏弱而不齐，苏醒后会丧失记忆能力。

（2）预防措施是注意通风换气，凡使用乙炔的地方，都要控制乙炔浓度在25%以下。

（3）实验人员进入高浓度乙炔的密闭空间时，要戴防毒面具和自给式呼吸器。

（4）在可能有乙炔爆炸危险的地方，实验人员不能穿带钉子的鞋和穿着化纤服装。

（5）应急处理。

① 发现人员中毒以后，应立刻将中毒者移至新鲜空气处；若症状持续时，则以使用吸氧器为好，并根据症状进行人工呼吸，尽快请医生治疗。

② 乙炔瓶发生着火应急处置：

a. 若火势较小，实验人员可以用水、干粉灭火器、泥土、浸水石棉等扑灭火焰，泄漏气体应用雾状水及时驱散。

b. 对周边的氧气瓶要搬出着火现场，清理周围可燃物，防止事故扩大蔓延。

c. 不间断用水对着火乙炔瓶进行冷却，防止气瓶温度过高，引起乙炔分解爆炸。

d. 若总阀、易熔塞着火，不要轻易扑灭火焰，可以让其自行烧尽，因为扑灭后有大量的乙炔气喷出，与空气混合形成爆炸混合物，会引发爆炸或使人窒息。

5.10.11.8　使用注意事项

（1）乙炔瓶使用时只能直立，禁止横躺卧放，以防止丙酮流出。如果使用已卧放的乙炔气瓶时，必须先直立 20 min，然后连接乙炔减压阀后使用。严禁卧放乙炔瓶的原因：

① 由于乙炔在压力下溶解在丙酮中，开启阀门后压力减小，溶解的乙炔变成气体排出；若卧放时开启阀门，压力会压出丙酮和溶解乙炔，乙炔与空气混合会发生爆炸，丙酮蒸气与空气混合达到 1.6%~13%时遇明火会发生爆炸。

② 卧放易滚动，瓶与瓶、瓶与其他物体易发生撞击，导致乙炔瓶爆炸。

③ 乙炔瓶配有防震胶圈，其目的是防止在装卸、运输、使用中相互碰撞。胶圈是绝缘材料，卧放即等于乙炔瓶放在绝缘体上，导致气瓶上产生的静电不能向大地扩散，聚集在瓶体上静电遇热会产生火花，当有乙炔气泄漏时，极易造成燃烧和爆炸事故。

④ 乙炔瓶阀出口装有减压阀、回火防止器、连接胶管，乙炔瓶卧放易滚动，损坏减压阀、回火防止器或拉脱胶管，造成乙炔气向外泄放，导致燃烧爆炸。

（2）乙炔瓶应轻装轻卸，用专用小车输送，不要肩扛或在地上滚动，不得遭受剧烈震动或撞击，因为碰撞会造成活性炭破碎，使得膨胀空间增大，聚集乙炔气，容易形成高压状态，具有发生爆炸的危险。夏季高温会使气态乙炔发生聚合作用而发生爆炸。

（3）乙炔气瓶使用时必须配合格专用减压阀和回火防止器，还要注意防止气体回缩。如发现乙炔气瓶有发热现象，说明乙炔已发生分解，应立即关闭总阀，并持续用水冷却瓶体，将气瓶移至远离实验人员区域；发生乙炔燃烧时，实验人员严禁用四氯化碳灭火。

（4）乙炔胶管一般为红色，允许工作压力为 0.3 MPa。

（5）打开气瓶总阀时，实验人员要站在气瓶出气口侧面；开启或关闭瓶阀时，应用手或专用扳手，开启或关闭瓶阀应缓慢。

（6）气瓶总阀或减压器有冻结、结霜现象时，禁止火烤，实验人员可以将气瓶移入室内或气温较高的地方，或用 40 ℃以下的温水冲浇，然后缓慢打开瓶阀，才能使用。严禁用超过 40 ℃的热源加热。

（7）正常使用时，乙炔气瓶的放气压不得超过 0.1 MPa/h；实验完毕或暂时中断使用时，实验人员要先关闭气瓶总阀，后关闭焊炬、割炬的阀门。严禁一边点燃焊炬、割炬，一边调节减压器或开、关乙炔气瓶总阀。

（8）乙炔气瓶应距火源 10 m 以上，夏季不得在烈日下曝晒，要有防晒措施。乙炔气瓶的温度不得超过 40 ℃，因为丙酮的沸点为 58 ℃，温度越高丙酮挥发越快，容易析出乙炔，使瓶内压力急剧增加，危险增大。

（9）乙炔气瓶的剩余压力应大于 0.05 MPa，即不少于 0.5%～1.0%规定充装量的剩余乙炔气体，因为气体用尽后存在负压，空气很容易进入气瓶内，留有余气主要是防止混入空气发生爆炸。

（10）氧气瓶与乙炔气瓶至少要保持 5 m 以上安全距离，离开明火 10 m 以上安全距离。

（11）严禁在气瓶上进行电焊引弧；气瓶漏气的情况下不得进行焊割作业或实验，发现气瓶漏气，要查找原因（可用肥皂水试漏），及时采取整改措施。

（12）不得对气瓶进行挖补、焊接修理，严禁将气瓶用作支架等其他用途。

（13）乙炔气瓶使用中，不得放在橡胶垫等绝缘体上。

5.10.11.9　储存注意事项

（1）存放乙炔气瓶的地方，要求通风良好。乙炔气瓶应保持清洁、干燥，防止腐蚀性介质、灰尘等沾染。

（2）实验现场不得储存超过 30 m^3 乙炔气（相当于 5 瓶容积 40 L 的乙炔气瓶）；乙炔气的储存量超过 30 m^3 时，应放在阻燃材料隔出的独立储存间内，储存间一面为固定墙壁。

5.10.11.10　回火应急处理

（1）回火原因。

① 金属溅物、碳质微粒及乙炔杂质等堵塞焊嘴或气体通道。

② 焊嘴过热，混合气体受热膨胀，压力增高，流动阻力增大；焊嘴温度超过 400 ℃，引发混合气体在焊嘴内部自燃。

③ 焊嘴过分接近熔融金属，焊嘴喷孔附近的压力增大，混合气体流通不畅。

④ 输出气管受压、阻塞或弯折等，使气体压力降低。

（2）回火处理方法。

① 两种回火。逆火：火焰向割嘴孔逆行，瞬时自行熄灭，这种回火伴有爆鸣声；回烧：火焰向割嘴逆行，向混合室及可燃气体管路燃烧，这种回火可能烧毁割枪和管路。

② 若未发生起火现象（逆火），应等待割炬冷却后打开氧气吹扫，再点火继续使用。

③ 若回火发生后，胶管或回火防止器上喷火，应迅速关闭割炬上氧和预热氧的调节阀，再关乙炔调节阀，然后关氧气瓶和乙炔瓶总阀，最后采取灭火措施。

④ 灭火可采用干粉灭火器、水、泥土和浸水石棉。

5.10.11.11　乙炔气瓶安全用语

人员合格、安全检查、附件完好、直立放置、安全距离、防止曝晒、避免冻结、严禁撞击、远离热源、保持清洁、安全操作、留有余压。

5.11　压力气瓶定期检验和处置

压力气瓶在使用过程中，由于受到使用环境条件和瓶内介质等因素的作用，使用寿命会逐步降低。为了保证使用安全，应和固定式压力容器一样，实验人员除加强日常维护外，应定期进行检验，测定气瓶性能状况，从而对压力气瓶能否继续使用做出正确的判断。

按《气瓶安全技术监察规程》规定，各种压力气瓶的定期检验要求：盛装空气、氧气、氮气、氢气、氨气、乙炔气、二氧化碳气体等一般气体的气瓶每 3 年检验 1 次；装有氖气、氦气、氪气、氙气等惰性气体的气瓶每 5 年检验 1 次；盛装氯、氯甲烷、硫化氢、光气、二氧化硫、氮化氢等腐蚀性介质的气瓶每 2 年检验 1 次。气瓶在使用过程中，发现有严重腐蚀、损伤或对其安全可靠性有怀疑时，应提前进行检验。超过检验期限的气瓶，启用前应进行检验。停用或超过一个检验周期的气瓶，启用前应进行检验。

气瓶的定期技术检验，由气体制造厂或有资质的专业检验单位负责。气瓶的技术检验主要包括内外表面检验和耐压试验（水压试验）两种。

5.11.1　常用术语

（1）变形：金属材料在外力作用下所引起的尺寸和形状的变化。

（2）计算壁厚：按有关标准规定的计算公式计算所求得的新瓶所需壁厚。

（3）设计壁厚：经圆整的计算壁厚值，以 mm 为单位时，保留 1 位小数；设计壁厚不包含腐蚀裕度、工艺减薄量和选材厚度的负偏差。

（4）名义壁厚：需考虑腐蚀裕度、工艺减薄量或选用钢板、钢管时，设计图样标注的壁厚值。

（5）实测最小壁厚：瓶体均匀腐蚀处测得壁厚的最小值。

（6）容积变形试验：用水压试验方法测定气瓶容积变形的试验。

（7）外测法容积变形试验：用水套法从气瓶外侧测定容积变形的试验。

（8）内测法容积变形试验：从气瓶内侧测定容积变形的试验。

（9）容积全变形：气瓶在水压试验压力下瓶体的总容积变形，其数值为容积弹性变形与容积残余变形累加之值。

（10）容积弹性变形：瓶体在水压试验压力卸除后能恢复的容积变形。

（11）容积残余变形：瓶体在水压试验压力卸除后不能恢复的容积变形。

（12）容积残余变形率：瓶体容积残余变形对容积全变形的百分比。

（13）安全性能试验：为检验气瓶安全性能所进行的各项试验的统称。

（14）气瓶宏观检查：泛指内外表面宏观形状、形位公差及其他表面可见缺陷的检查。

（15）音响检验：按照有关标准规定敲击气瓶，以音响特征判别瓶体品质的检验。

（16）凹陷：气瓶瓶体因钝状物撞击或挤压造成壁厚无明显变化的局部塌陷变形。

（17）凹坑：由于打磨、磨损、氧化皮脱落或其他非腐蚀原因造成的瓶体局部壁厚减薄、表面浅而平坦的凹坑状缺陷。

（18）鼓包：气瓶外表面凸起，内表面塌陷，壁厚无明显变化的局部变形。

（19）磕伤：因尖锐锋利物体撞击或磕碰，造成瓶体局部金属变形及壁厚减薄，且在表面留下底部是尖角、周边金属凸起的小而深的坑状机械损伤。

（20）划伤：因尖锐锋利物体划、摩擦造成瓶体局部壁厚减薄，且在瓶体表面留下底部是尖角的线状机械损伤。

（21）裂纹：瓶体材料因金属原子结合遭到破坏，形成新界面而产生的裂缝。

（22）夹层：泛指重皮、折叠、带状夹杂等层片状几何不连续。它是由冶金或制造等原因造成的裂纹性缺陷，但其根部不如裂纹尖锐，且其起层面多与瓶体表面接近平行或略成倾斜，亦称为分层。

（23）皱折：无缝气瓶收口时因金属挤压在瓶颈及其附近内壁形成的径向（或略呈螺旋形）的密集皱纹或折叠；焊接气瓶封头直边段因冲压抽缩沿环向形成的波浪式起伏亦称皱折。

（24）环沟：位于瓶体内壁，因冲头严重变形引起的经线不圆滑转折。

（25）偏心：气瓶筒体的外圆与内圆不同心形成壁厚偏差。

（26）歪底：瓶底歪斜偏离筒体中心线的变形。

（27）底部颈缩：气瓶筒体下部沿圆周形成环状凹陷的变形。

（28）胖头：气瓶筒体上部沿圆周形成环状鼓包的变形。

（29）尖头：气瓶筒体上部约 1/4 高度一段的外径小于筒体下部的变形。

（30）尖肩：气瓶筒体与瓶肩未形成圆滑过渡而出现棱角的变形。

（31）瓶底漏：瓶底因钢坯中缩孔未切尽在反挤时未能熔合、钢管收底温度低未焊合或夹有氧化皮、瓶底裂纹扩展、凹坑锈串等造成的泄漏缺陷。

（32）瓶口裂纹：瓶口内部形成的裂纹缺陷。

（33）结疤：气瓶外表被氧化皮碎渣黏附或氧化皮脱落形成的坑疤等缺陷。

（34）外壁纵裂：瓶体外壁沿纵向出现深度不同的纵向裂纹或底部裂纹缺陷。

（35）内壁纵裂：瓶体内壁沿纵向或斜向出现深度不同的纵向裂纹或底部裂纹

缺陷。

（36）纵向皱折：由于制造工艺等原因在气瓶外表面形成的纵向直线状的深痕。

（37）直线度：气瓶筒体弯曲的程度。

（38）垂直度：气瓶直立时与地平面的垂直程度。

（39）圆度：气瓶筒体偏离正圆的程度。

（40）腐蚀：金属和合金由于外部介质的化学作用或电化学作用而引起的破坏。

（41）腐蚀产物：金属与外部介质互起作用时形成的化合物。

（42）微锈：金属光泽消失，仅呈现灰暗迹象。

（43）轻锈：表面呈现黄色、淡红色或细粉末状的锈迹。

（44）中锈：表面呈现红褐色、淡赭色或黄色，为堆粉末状。

（45）重锈：表面呈现黑色、片状锈层或凸起锈斑。

（46）点腐蚀：腐蚀表面长径及腐蚀部位密集程度均未超过有关标准规定（通常指长径小于壁厚，间距不小于10倍壁厚）的孤立坑状腐蚀。

（47）线状腐蚀：蚀点连成的线状沟痕或由腐蚀点构成的链状腐蚀缺陷。

（48）斑腐蚀：腐蚀面呈现斑疤密集坑状腐蚀缺陷。

（49）晶间腐蚀：金属晶粒间的边缘向深处推进而使金属的机械性质（强度和塑性）剧烈降低，且不引起金属外形变化的腐蚀缺陷。

（50）表面下腐蚀：从金属表面开始，向金属面下蔓延的穴状腐蚀缺陷。表面下腐蚀常使金属鼓起和脱层。

（51）局部腐蚀：平坦且腐蚀面面积未超过有关标准规定的小面积腐蚀缺陷。

（52）普遍腐蚀：表面平坦且腐蚀表面面积超过有关标准规定的大面积腐蚀缺陷；这种腐蚀是在腐蚀性介质作用下整个金属表面的腐蚀损坏，所以亦称为全面腐蚀。

（53）大面积均匀腐蚀：瓶体表面覆盖面积较大且较平整的腐蚀。

（54）热损伤：泛指气瓶因过度受热而造成的材质内部损伤或遗留的外伤痕迹，如涂层烧损、瓶体烧伤或烧结、瓶变形、电弧烧伤、高温切割的痕迹等。

（55）填料溃散：乙炔瓶内填料部分出现的散乱缺陷。

（56）填料疏松：乙炔瓶内填料呈现疏密不均的缺陷。

（57）填料裂缝：乙炔瓶内填料结合遭到破坏，形成新界面而产生的裂纹或断裂的缺陷。

（58）填料下沉：乙炔瓶内填料上表面与钢瓶上封头内壁之间缝隙宽度扩大的缺陷。

（59）火焰反击痕迹：乙炔瓶内填料上部、活性炭、过滤层、瓶阀底部存有被回火烧灼的迹象。

（60）护罩：保护瓶帽、瓶阀或易熔合金塞免受撞击而设置的敞口屏罩式零件，亦可兼作提升零件。

（61）瓶耳：连接护罩与瓶体并起定位作用的零件。

（62）复合缺陷：由两种或两种以上缺陷叠加在一起的缺陷。

5.11.2 内外部检查

（1）外部检查。和其他压力容器一样，主要是检查气瓶在制造和使用过程中有无裂纹、变形、鼓包、腐蚀等缺陷。

（2）内部检查。由于气瓶直径小，很难像直径大的压力容器那样彻底清理，只能用12 V以下小电珠或窥镜插入瓶内进行检查。因此，除了比较明显的重大缺陷，如鼓包、变形等以外，其他如裂纹等严重缺陷是很难发现的。这样，耐压试验就成为气瓶全面检验中的关键项目，气瓶能否继续使用，在很大程度上是通过耐压试验来确定的。

5.11.3 耐压试验

气瓶耐压试验的试验压力，要比一般压力容器的试验压力高。其原因是气瓶耐压试验是关键项目，重大缺陷要通过耐压试验来发现。

（1）常规耐压试验。气瓶容易受碰撞和冲击，存在的裂纹等缺陷容易扩展，且有时周围环境比较差。按照TSG R0006—2014《气瓶安全技术监察规程》规定，气瓶耐压试验的试验压力为设计压力的1.5倍。

（2）反复进行高压试验。仅仅提高耐压试验的试验压力并不是保证气瓶安全使用的可靠方法。相反，气瓶反复进行高压试验，可使瓶壁应力超过材料的屈服极限，产生塑性变形，使材料韧性降低，使缺陷进一步扩展，致使气瓶在以后的使用中破裂爆炸。因此，对于高压气瓶，应在耐压试验的同时，精确地测定它的全变形或残余变形，以掌握气瓶在耐压试验时的应力情况。

（3）剧毒或高毒介质的气瓶，进行水压试验后还应进行气密性试验。乙炔气瓶在全面检验时，还要检查填料、瓶阀的易熔塞，测定壁厚并做气密性试验（不做水压试验）。

5.11.4 气瓶报废销毁

压力气瓶供应商负责其提供的气瓶的定期检定、检漏、清洗等工作，并将不符合安全要求的气瓶回收后送交质监部门指定的气瓶检验机构报废销毁。

5.11.5 使用单位要点

（1）压力气瓶使用单位负责减压阀、止回阀等钢瓶附件的定期检定、检漏、清洗等工作。

（2）实验室内不得留存过量气瓶，对于常年不使用或确定不使用的钢瓶应及时联系供应商回收处置。

（3）对于暂时不使用的气体钢瓶，可以委托气体钢瓶供应商代为保管、处置。因特殊原因联系不到供应商或供应商无法处置的气瓶，由高校二级单位提出申请，报资产管理部门审批，由资产管理部门联系有专业资质的机构进行处置，任何单位和个人不得私自处置。

5.12　压力气瓶的安全检查

5.12.1　开展日常安全检查

根据实验室压力气瓶的特点及现场实际情况，日常检查由实验室责任人按照《高等学校实验室安全检查项目表》相关要求，做好压力气瓶安全检查、记录，发现一般问题应提出整改要求，比较突出的问题应签发整改通知书，跟踪整改落实。日常检查主要包括以下几个方面：

（1）气瓶是否有清晰可见的外表涂色和警示标签。

（2）气瓶的外表是否存在腐蚀、变形、磨损、裂纹等严重缺陷。

（3）气瓶的附件（防震帽、瓶帽、瓶阀）是否齐全、完好。

（4）气瓶是否超过定期检验周期。

（5）气瓶的使用状态（满瓶、使用中、空瓶）。

气瓶检查的具体内容及要求见表 5-3。

表 5-3　实验室压力气瓶日常检查内容及要求

序号	检查项目	检查要点	记录情况
8. 5. 1	从合格供应商处采购实验气体，建立气体钢瓶台账	查看记录	
8. 5. 2	气体的存放和使用符合相关要求	危险气体钢瓶存放点须通风、远离热源、避免曝晒，地面平整干燥；配置气瓶柜或气瓶防倒链、防倒栏栅；无大量气体钢瓶堆放现象；每间实验室内存放的氧气、可燃气体不宜超过 1 瓶，其他气瓶的存放，应控制在最小需求量；气体钢瓶不得放在走廊、大厅等公共场所；涉及剧毒、易燃易爆气体的场所，配有通风设施和合适的监控报警装置等，张贴必要的安全警示标识；可燃性气体与氧气等助燃气体不混放；建有独立的气体钢瓶室，通风、不混放、有监控、管路有编号、去向明确；有专人管理和记录	
8. 5. 3	设置必要的气体报警装置	存有大量惰性气体或液氮、CO_2 的较小密闭空间，防止气体大量泄漏或蒸发导致缺氧，需加装氧气含量报警表	
8. 5. 4	气体管路和钢瓶连接正确，有清晰标识	管路材质选择合适，无破损或老化现象，定期进行气体泄漏检查；存在多条气体管路的房间须张贴详细的管路图；有钢瓶定期检验合格标识（由供应商负责）；未使用的钢瓶有钢瓶帽；钢瓶中的气体是明确的，无过期钢瓶；确认“满瓶、使用中、空瓶”3 种状态；及时关闭气瓶总阀	

5.12.2 开展专项检查工作

根据安全质量工作需要，学校有计划地实施专项检查，突出重点、兼顾一般，做到全面掌握情况，重点实施控制，并做好记录。专项检查内容及要求见表5-4。

表5-4 实验室压力气瓶专项检查内容和要求

序号	检查项目	检查要点	记录情况
2.1.1	有校级实验室安全管理办法	建有校级实验室安全管理总则，建有安全风险评估制度、危险源全周期管理制度、实验室安全应急制度、奖惩与问责追责制度和安全培训制度等管理细则；制度文件有学校正式发文号；文件应及时修订更新；文件应具有可操作性或实际管理效用	
2.1.2	有各类实验室安全管理细则	见上	
2.1.3	有各类院系级实验安全管理制度	建有学科特色的实验室安全管理制度，包含院系的安全检查、值班值日、实验风险评估、实验室准入、应急预案、安全培训等管理制度；制度文件应有院系发文号，文件应及时修订更新；文件应具有可操作性或实际管理效用	

5.12.3 组织定期检查工作

根据实验室定期检查制度的规定，由院、系（研究所）组织，拟定检查方案，重点检查作业人员的操作过程，是否严格按照有关规定进行，参加现场检查和总结分析会议，做好检查记录，起草定期检查通报（总结）上报下发，并根据检查提出的措施要求，督促贯彻落实，并做好记录。定期检查内容及要求见表5-5。

表5-5 实验室压力气瓶定期检查内容及要求

序号	检查项目	检查要点	记录情况
8.3.1	制订危险实验、危险化工工艺指导书、应急预案	指导书和预案上墙或便于取阅；按照指导书进行实验；实验人员熟悉所涉及的危险性及应急处理措施	
8.3.2	危险工艺和装置应设置自动控制和电源冗余设计	涉及危险工艺、重点监管压力气瓶及装置应设置自动化控制系统；涉及放热反应的危险工艺生产装置应设置双重电源供电，或控制系统应配置不间断电源	
8.3.3	做好有毒和异味废气的收集和防护	对于产生有毒和异味废气的实验，在通风橱中进行，并在实验装置尾端配有气体吸收装置；配备合适有效的呼吸器	

5.12.4 常见的安全隐患

（1）气瓶未固定，无胶圈或胶圈不齐全（至少2只）。

（2）气瓶无“安全帽”。

（3）气瓶无目视标签或目视标签不规范。

（4）气瓶无手轮（气瓶开关阀手柄）。

（5）气瓶倾倒，未直立放置（特别是乙炔气瓶倾倒极易引发起火）。

（6）气体用完未留有余压，或压力表损坏，无法显示。

（7）乙炔气等特殊气体使用前未装防回火装置。

（8）易燃易爆气体连接胶管开裂。

（9）焊炬（氧气、乙炔气）的胶管用铁丝固定，未用专用卡箍固定。

（10）氧气与乙炔气之间距离小于 5 m，或氧气、乙炔气与明火距离小于 10 m。

（11）气瓶放置室外曝晒，未采取遮阳措施。

5.13　事故应急处置

5.13.1　制订应急预案和做好应急演练工作

各二级单位应结合本单位实验室具体情况，制订本单位事故应急救援预案，配备必要的应急救援器材、设备，并定期组织演练。应急预案编制的主要内容有：

（1）事故类型和危害程度分析。

（2）应急处置基本原则。

（3）组织机构及职责。

（4）预防与预警。

（5）信息报告程序。

（6）应急处置。

（7）应急物资与装备保障。

5.13.2　应急物资的储备与管理

根据施工生产特点和潜在的紧急事件可能情况，按照相应应急预案规定，配备必要的救援物资和设备器材，如水泥、钢材、木材、探照灯、纺织袋、脚手架管、消防器材、医用氧气、担架、车辆等。指定地点存放，由专人负责，定期对设备设施进行维护、保养，保证正常运转。

5.13.3　上报安全生产事故

事故发生后，事故现场有关人员应当立即向本单位负责人报告；单位负责人接到报告后，应当于 1 小时内向事故发生地县级以上人民政府安全生产监督管理部门和负有安全生产监督管理职责的有关部门报告。情况紧急时，事故现场有关人员可以直接向事故发生地县级以上人民政府安全生产监督管理部门和负有安全生产监督管理职责的有关部门报告。

5.13.4　事故应急处理

一旦发生气体钢瓶安全事故，要立即启动事故应急措施和救援预案，保护现场，及时向学校报告。可自行扑救的，应立即组织扑救，边扑救边报告。如情况紧急，也可先报警，然后再向学校报告。

5.13.5 事故处理“四不放过”原则

安全事故的调查处理必须坚持“四不放过”原则：

（1）事故原因没有查清不放过。

（2）事故责任者没有严肃处理不放过。

（3）广大师生没有受到教育不放过。

（4）实验室防范措施没有落实不放过。

事故发生后，要及时查明原因，吸取教训，消除隐患。对事故的发生原因、经验教训、处理结果要有书面记载并归档。

5.13.6 事故追责

由于违反管理制度或操作规程酿成事故，学校将视事故情节轻重，按照高校法律法规、实验室安全责任追究条例，追究单位及个人的责任，触犯国家法律的，依法追究其刑事责任。

5.13.7 常见火灾逃生常识

（1）逃生线路若被大火封锁，要立即退回室内，采取自救措施，不可盲目跳楼。

（2）发生火灾时可利用疏散楼梯、阳台、落水管等逃生自救。

（3）穿过浓烟逃生时，要尽量使身体贴近地面，并用湿毛巾捂住口鼻。

（4）报火警时应沉着、准确讲清起火地区、街道、房屋门牌号码或单位。

（5）报火警后要派专人在主要路口接应和引导消防车。

（6）突遇火灾时要迅速逃生，不能贪恋财物。

（7）发生火灾时不要惊慌，请立即拨打火警电话“119”。

（8）报火警时要留下报警人姓名以及所用的电话号码。

（9）当疏散通道着火但火势不大时，可用浸湿的棉被、毯子披在身上，迅速果断地从火中冲出去。

（10）火灾来临时，切莫忘记屋顶、阳台等避难场所。

（11）在穿越火场时，要使用湿毛巾捂住口鼻，不宜呼叫，防止烟雾进入口腔。

（12）身体上着了火，千万别乱跑，应迅速脱掉外衣，倒地打滚。

（13）发生火灾要互助，老人、孩子别不顾。

（14）火场穿行身要低，逃生选择跑楼梯，切莫着急乘电梯。

（15）发生火灾的房内若有防毒面罩，逃生时一定要将其戴在头上。

（16）大火封住实验室时，不要盲目开门逃生，请将门缝塞严，泼水降温，呼救待援。

（17）发生火灾时，要充分利用建筑物内或室内备用的救生缓降器、救生滑道及绳索逃离火场。

（18）不得埋压、圈占消火栓，不得占用防火间距、堵塞消防通道。

（19）不得阻碍消防车、消防艇赶赴火灾现场，严禁扰乱火灾现场秩序。

（20）不得擅自挪用、拆除、停用、损坏公共消防设施。

（21）液化气罐或煤气胶管接头着火，要用浸湿的麻布或衣物等捂盖灭火，并迅速关闭阀门。

（22）救火时不要贸然开窗，以免空气对流，加速火势蔓延。

（23）发现煤气泄漏，请先开窗通风，千万不可动火。

（24）当发现燃气胶管阀门泄漏时，切不可用明火查看，可采用浓肥皂水擦拭。

（25）未经公安消防部门允许，任何单位及个人不得进入、清理、变动火灾现场。

5.13.8　火灾处置的原则

（1）先控制，后消灭。

（2）救人重于救火。

（3）先重点，后一般。

（4）正确使用灭火器材。

5.13.9　火灾处置的要点

（1）立即报告。

（2）集中力量。

（3）消灭明火。

（4）疏散物料。

（5）积极抢救被困及受伤人员。

第6章 实验室气体管路的设计、安装与维护

高校实验室工作人员不可避免地会接触到实验室气体管路的设计、安装与维护等相关工作。为了在气瓶相关的使用中初步了解气体管路的设计理念和注意事项、气体管路安装中的要点以及日常气体管理使用中的维护重点和难点，本章主要根据现行法律法规、政策以及规范，概括归纳了气瓶管路的设计、安装与维护的基本知识，并通过具体案例，为高校实验室气体管路的规范化管理提出了建议。

6.1 高校实验室供气概况

6.1.1 高校实验室常用气体

普通高校学科门类众多，理、工、农、医各学科实验室均会涉及气体的使用。实验室常用的气体主要有：实验中涉及使用的反应类气体，如氯气；实验使用的辅助类气体，如氧气、压缩空气等；用于大型精密仪器（如气相色谱仪、原子吸收光谱仪、电感耦合等离子体发射光谱仪等）的高纯气体，主要有易燃类气体（氢气、甲烷、乙炔）、助燃类气体（氧气）、不燃类气体（氮气、二氧化碳）及惰性气体（氦气、氖气、氩气）。

目前，高校实验室的气源主要由气体钢瓶提供，也可由气体发生器和其他类型储罐等提供。如气相色谱仪使用的氢气，在实验室中经常使用氢气发生器来给设备供气。而对于用气量较大的液氮，则可以考虑用杜瓦罐或低温储罐来供气。

实验室常用气体钢瓶，其外部颜色及标志为：氮气瓶（黑色黄字）、氧气瓶（天蓝色黑字）、压缩空气瓶（黑色白字）、氢气瓶（深绿色红字）、二氧化碳瓶（绿白色黑字）、乙炔瓶（白色红字）、氩气瓶（灰色绿字）和氦气瓶（棕色白字）。

6.1.2 部分高校实验室供气现状

过去，我国高校实验室主要是采用分散供气的方式，哪个仪器需要用气，就在哪个仪器旁边摆放相应的气瓶。这种供气方式使用方便，能够节约用气，前期投资较少，是一种物美价廉、目前仍然广泛使用的供气方式。但由于高校实验室功能相对复杂，涉及的气体种类繁多，而实验室空间有限，有时一个实验室内摆放着多种不同的仪器，可能会放置多个不同种类的气瓶，时常会见到氢气、乙炔等易燃气体气瓶与氧

气这种助燃气体气瓶共存一室的情况。而且过去实验室人员对气瓶安全重视程度不够，气瓶经常随意摆放在实验台旁边，无任何固定措施，房间也缺少通风设施及气体报警设备。实验人员离气瓶距离较近，若使用过程中操作不当或发生气瓶倾倒、气体泄漏，则极有可能引发火灾、爆炸等事故。几十年来，与气瓶有关的安全事故在国内高校多有发生。近几年，随着国家对高校实验室安全愈发重视，越来越多的高校对实验室进行了改造，根据使用需求的不同，建立了符合自身要求的集中供气系统。即使仍然使用分散供气方式，大多数高校也已采用防爆气瓶柜或使用钢架、铁链等固定气瓶，并完善了实验室的通风设施及气体报警设备，各种安全措施比以往有了很大的进步。

相对于分散供气模式，目前越来越多的高校开始使用集中供气模式，或者集中供气与分散供气相结合的模式。具体而言，集中供气主要是将各种涉及实验过程使用的气体钢瓶集中置于实验室以外的独立空间内，便于集中管理；根据不同的用气要求，将各类气体以管道形式自气瓶引出，输送至各个实验室及仪器上。集中供气系统主要由气源、调压及切换装置、用气终端、报警及监控装置构成。通过集中供气实现了“人瓶分离”，极大提高了用气的安全性能。

近几年来，国内高校已经陆续建设了集中供气系统，下面以部分高校进行举例：

中国矿业大学于 2016 年投资 1 000 余万元为化工、环测、材料等用气学院安装建设了集中供气系统。该系统由三部分组成，包括气瓶房间、供气管路和用气终端。该集中供气系统的设计思路体现在构建气瓶房、优化供气管路材质、保持供气压力稳定性和提高安全防护等方面，具体包括以下系统：终端控制、联动排风、自动切换、个人安全防护、低压及泄漏报警系统。

兰州大学通过在教学实验楼外独立建设液化气供气站，通过管道输送模式将液化气钢瓶内气体送至各个实验室，可以满足多实验室、多用火点的需求。同时，为进一步提高用气安全性，学校配备了专职人员，全天候对集中供气系统进行检查和维护。

鉴于实验室气体存在气体品种杂多、存放地点分散、使用人员较多等特点，天津大学有针对性地建设了“实验室环境与气体安全监测平台”，借助先进的互联网模式，通过在线的方式对各类气体及其浓度、用气环境及参数进行实时监控，保存相关记录，设置各类报警装置，并提供相关的应急处理措施及方案。该检测平台充分体现了气体使用的实时化、智能化、自动化及预警报警的集中管理，有效提高了用气安全。

哈尔滨工业大学（深圳）实验与创新实践中心针对各个学科本科教学实验室对供气需求的不同，采取了不同的供气模式。对于氮气、氩气、二氧化碳等一般气体，采取了使用储槽、杜瓦罐以及气体钢瓶三种不同气源形式的集中供气模式。而针对氧气、氢气、乙炔和甲烷这四种助燃及易燃气体，由于用量少且使用点分散，考虑到采用集中供气模式有可能会增加气体管路、阀件和仪表等泄漏的潜在风险，最终采用全自动特殊气体安全柜作为气源的配套设备，从而减少了分散供气中气体钢瓶有可能存在的安全风险，同时保证了助燃及易燃气体的管路尽可能短。

对于氮气需求量较大的高校，目前多采用液氮低温储罐来进行集中供气。例如，上海科技大学生命学院使用了一个 10 m^3 液氮低温储罐集中供氮，物质学院使用了两个 20 m^3 液氮低温储罐集中供氮，每个使用房间采用电子流量计统计用气量，保证了学院近 300 个实验室实时动态的可视化管理。武汉理工大学通过两个液氮储罐（一个 1 m^3，另一个 3 m^3）进行集中供气。南方科技大学通过液氮储罐为电镜提供液氮。上海同济大学及杭州师范大学均采用多个液氮储罐来为不同的实验室进行集中供气。

6.1.3 高校实验室供气分类

现代社会科技高速发展，高校科研必须走在社会需求的前方。科技发展，伴随着很多危险。在高校科研工作中，需要使用许多种类的气体，其中包括有毒有害、易燃易爆等危险气体。如果由于某种原因导致这些气体发生事故，损失将极为惨重。

为了尽量减小或消灭散布在各个实验室的潜在危险，各个实验室必须根据实际情况，选择合理的供气方式。高校实验室供气系统按其钢瓶的存放方式可分为以下三种：

6.1.3.1 固定钢瓶供气

这种供气方式是指直接将钢瓶放置于实验室内的仪器或实验装置旁，通过连接适宜的管道、减压阀等，直接对仪器设备供气。当所用气体是惰性气体，如氮气、氦气、氩气、二氧化碳等气体时，可以采取固定钢瓶供气的方式。采用这种方式供气时，要注意做好对这些钢瓶的固定，以防钢瓶倾倒，发生砸伤人员、毁坏仪器设备等意外事故。固定钢瓶的方式，一般采用金属箍、金属链条、编织固定带等将钢瓶固定在实心墙壁上或稳固的实验桌旁，也可以采用固定架的方式，将钢瓶装进架内达到稳固钢瓶的目的。

对于固定钢瓶供气，要注意实验室内存放的气体钢瓶间距要符合要求，目前的规范要求是每两个钢瓶间的最小间距为 8 m，每个实验室内存放的氧气钢瓶数量不得超过一个，实验室必须根据实际情况判断能够存放的惰性气体气瓶的数量。

6.1.3.2 存放于钢瓶柜内供气

当所用气体具有易燃、易爆、有毒、腐蚀的属性时（如氢气属于易燃易爆气体，一氧化碳属于易燃、有毒气体，甲烷属于易燃气体，二氧化硫属于有毒、腐蚀性气体，氯气属于有毒、腐蚀性气体等），为了防止意外，即使发生气体泄漏时也有相应的探头探测、强排风装置及时排出危险气体，以降低安全隐患，提高安全系数，这些钢瓶一般放置于符合要求的钢瓶柜内进行供气，或者使用集中供气的方式进行供气。需要说明的是，在条件允许的情况下，从安全方面考虑，惰性气体等采用钢瓶柜供气的方式更符合现代实验室的安全要求。

6.1.3.3　集中供气

高校科研实验用的许多仪器（如气相色谱仪、原子吸收光谱仪、等离子发射光谱仪、元素分析仪、质谱仪等）都需要使用气体。其中，原子吸收光谱仪等还需要使用燃气（如高纯乙炔气体）。因此实验室管理人员应考虑如何稳定、连续、安全地实现这些气体的供给。从安全高效的角度考虑，目前，高校科研实验室越来越倾向于使用集中供气系统。集中供气（或称为中央供气）指的是由单位或部门设置独立的钢瓶气体实验室，在某些情况下，当地消防部门会建议甚至是要求将主要的气体源（如钢瓶等）放置在工作区外的指定区域，然后通过管道系统将气体输送至工作区域，在工作台附近可以通过安装二级减压器方便地调节所用气体的压力和流量，达到安全使用气体的目的。集中供气是供气的一种潮流和趋势，在可能的情况下，应优先考虑集中供气方式。

集中供气的优点主要体现在以下四个方面：

（1）安全性。即使供气方式仍然还是气体钢瓶，但由于钢瓶被放置在工作区以外的某个安全区域，在突发、紧急情况发生时，气体使用者能通过配备的远程切断系统及时切断气体供应；而且，符合规范的气体钢瓶储存区完全可以保证可燃性气体容器和助燃性气体容器间的安全间隔，一般要求工作区域附近不允许存在高压设备，规范使用有毒或可燃气体，必须由经过培训并成绩合格的人员来操作钢瓶，通过以上这些来减少重大事故发生的概率。

（2）经济性。建一个集中的气瓶间可以节省有限的实验室空间，更换钢瓶时不需要切断气体，节省了时间并保证了气体的连续供应。使用者只需管理较少的钢瓶，支付较少的钢瓶租金，因为使用同一气体的所有使用点来自同一个气源。此种供应方式最终会减少运输费用，减少退还给气体公司的空瓶中的余气量，使得钢瓶管理更统一和规范。

（3）纯度。可吹扫的减压器面板可以保持气体的指定纯度，钢瓶更换频率的减少导致杂质进入系统的概率降低。

（4）工作流程。集中管道供应系统可以将气体出口放置在使用点处，这样可以更合理地设计工作场所；通过监控和报警系统也能够更轻松地控制供气过程，工作流程得到明显的优化。

如果气体的使用量较大，或者使用的气体种类较多或者气瓶数量很多，实验室的空间不能保证符合钢瓶间隔的规定，建议选择集中供气方式进行供气。反之，当实验室使用的气源单一或较少，且气体用量不大、实验室内能够存放相应的钢瓶柜时，可以采用独立供气。

以上几种供气方式中，固定钢瓶供气应用较广，它对环境没有特殊的要求，安装简单经济。但随着经济社会的发展，生活水平的提高，国家对安全要求的提升，这种供气方式目前正慢慢地被另外两种方式取代。

6.2 高校实验室气体管路设计

6.2.1 气瓶存放处的设计

不同实验室，结合各自实际情况，采用不同的供气方法。

6.2.1.1 无气瓶房间方案

目前并无明确规范禁止气瓶放置在仪器室内。GB 50073—2013《洁净厂房设计规范》中要求“各种气瓶库应集中设置在洁净厂房外。当日用气量不超过1瓶时，气瓶可设置在洁净室内，但必须采取不积尘和易于清洁的措施”。

当日用气量不超过1瓶时，气瓶可摆放在实验室内仪器附近，但必须安置在全自动特殊气体安全柜内部，防泄漏，防积尘。作为供气的来源，气瓶必须存放安全。

对于无专用气瓶房间的实验室来说，可将钢瓶固定于实验室内的仪器旁或室内边角处，通过钢箍、扎带、钢瓶架等，将钢瓶进行固定。这类钢瓶固定好后，必须做到以下几点：

（1）气瓶应贮存于阴凉通风处，避免过冷、过热或忽冷忽热，以防止气瓶材料发生变质。不可将气瓶曝于日光及一切热源照射下，温度大幅度上升，瓶壁强度会有所减弱，且瓶内气体膨胀，压力迅速增加，可能引起爆炸。

（2）气瓶附近，不能有还原性有机物，如有油污的棉纱、棉布等，不要用塑料布、油毡之类盖，以免爆炸。

（3）勿放于通道，以免碰跌。

（4）暂时不用的气瓶避免长期存放于实验室内，宜转移至专用仓库进行存放。

（5）不同种类的气瓶不能混放，空气瓶与装有气体的气瓶也应分开存放。

（6）实验室内不能将气瓶倒放、卧倒，以防止打开阀门时喷出压缩液体，危及操作人员或财物。气瓶要牢固地直立，固定于墙边或实验桌边，用卡箍或固定带固定好，也可以用固定架固定。

6.2.1.2 钢瓶柜供气方案

选择独立供气的实验室，尽量将气瓶放于防爆气瓶柜内，闭门时气瓶柜内应保持不低于100 Pa负压。同时设计好排风，自然通风换气次数每小时应不少于3次，事故排风换气次数每小时应不少于12次。除此之外，还需安装相应的探头及排风换气装置，以保证实验室内的气体环境不对人产生危害。

气瓶柜必须选择经过认证的、符合标准的产品，根据气体的属性不同，选择不同的气瓶柜。对易燃易爆气体，需要采用双层防爆气瓶柜；对于具有腐蚀性的气体，如氨气、二氧化硫等，气瓶柜必须经过耐腐蚀处理。对双层防爆气瓶柜的要求如下：

（1）柜体材料结构。外壳体均采用双层1.2 mm的冷轧钢板，内外层间距38 mm，内外表面经酸洗磷化环氧树脂粉末喷涂，烘热固化处理，底板和挡板采用

3 mm 钢板。

（2）气瓶柜底部应有挡踏板装置，方便气体钢瓶进出气瓶柜搬运，挡踏板应有耐磨、防滑功效。

（3）钢瓶固定座。采用1.5 mm 优质冷轧钢板做成Ω形钢瓶固定的基座，且表面应经过磷化处理，抱箍固定带采用警示尼龙专用束带。

（4）气瓶柜应有固定在墙体上等固定措施，确保在移动气瓶时气瓶柜不会剧烈晃动甚至倒塌。

（5）接地线装置。必须设置接地线装置，保证气瓶柜接地良好，以消除静电。

（6）气体管道导孔。气瓶柜体左右两侧各开 4 个气体管道接入导孔，每个导孔均有橡胶密封圈，方便不同高度的气瓶气体管道和不同种类的气体管道接入柜内安装。

（7）每扇门板上设有大小合适的防爆玻璃视窗，以方便观察柜内情形；门板为双层结构，内部安装专用三点联锁，三点锁背面配置一个四方的检修口，用螺丝固定在门背板上；左右门分别贴有 PVC 薄膜的防火警示标识的标牌和《高压钢瓶安全使用须知》铭牌。

（8）柜体两侧需设置防爆通风排槽，可供排风时外界空气进入柜体补充。

（9）密封件。柜体门与柜体之间应安装消音密封件。

（10）气瓶柜内按气体种类不同，配置专用气体探头，并连接到相应的报警器上。具体参数详见气体探头报警器参数。顶部内外层之间设置有密闭的控制及感应电器设备，包括供电开关、交直流变压系统、感应触发电路以及声光报警和排风装置；报警器采用专用气体探测器，空气扩散采样，当达到芯片切点设定的浓度时，将自动报警同时迅速排风。气体检测器、控制器采用经过国家3C 认证的品牌。

（11）排风系统。采用防爆风机，连接气体检测器控制装置，配合报警装置，全天 24 小时保持畅通连接。一旦有意外发生，能在报警后 5 s 内自动启动排风装置，强制排风，及时稀释可燃气体，降低柜体内可燃气体浓度，直至低于芯片的设定值。

（12）标识配置。采用国家标准规定的防火、有毒标志。

（13）气瓶柜须有相关的检测报告。

6.2.1.3　有气瓶房间方案——集中供气间的设计要求

集中供气系统需要规划设计一个独立的气瓶室，可根据实验室的布局和用气情况在实验室的每层或几层设置一个气瓶室，也可在实验室外部设计一个气瓶室为整个实验室供气，合理布置好气瓶储存区，保持可燃性气体容器和助燃性气体容器间的安全间距。气瓶室的墙体宜采用实体结构，门应设计为防爆门，室内安装防爆开关、防爆灯以及防爆风机，万一发生事故可减少实验室区域的破坏性。存放气瓶的屋内不宜吊顶，气瓶室内还应设有气体泄漏、低压换气报警设施及排风装置，同时设计时还应考虑防雷、防静电、空调设备等设施。为了保证气体纯度和压力的稳定性，需采用多级减压方式供气，宜设置气路吹扫、排空、杂质过滤、水分和油汽净化等装置，有条件的可采用双气源自动切换模式供气。

一般来说，气瓶室要符合以下要求：

（1）特殊气体气瓶室应采用单独的单层建筑，其耐火等级不应低于二级。注意，不得在建筑物的地下室、半地下室设气瓶室。

（2）气瓶室的屋架下弦的高度应大于4 m（含）。房顶应做成平面结构，无斜顶，不可做吊顶，防止气体积聚，地坪应尽可能做到平整、耐磨、不发火花，且与装卸平台等高。

（3）气瓶室的上方应设计有遮阳装置，以防止阳光直射气瓶。要有条件较好的通风系统及接线全封闭的照明系统。

（4）气瓶室的门口应该有特定的指示说明，如“特殊气体，非专业勿动”等。

（5）气瓶室以水泥混凝土为主要建筑材料，房内应有较好的通风系统，保持干燥，可以在墙上安装排风扇，并保持房内温度在15 ℃~25 ℃之间（必要时考虑安装空调）。气瓶室内换气次数每小时不得小于3次，事故通风每小时换气次数不得小于7次。

（6）气瓶室与其他建筑物相邻面的外墙均为非燃烧体，且考虑防爆和泄爆面，泄爆面的泄爆比不小于22%。

（7）气瓶室应有防雷防静电措施。应该按照GB 2894—2008《安全标志及其使用导则》的规定，在气瓶室周围设置禁火标志。气瓶室内部的电器、电路均应使用防爆产品。

（8）易燃易爆气体必须分开存放，且中间用隔爆墙分隔；腐蚀性气体使用独立的气瓶室，如H_2S、HCl、SO_2、NH_3、Cl_2等的存放。关于有毒气体的存放，一般尽量不把有毒气体存放于仪器房间内，建议使用集中供气的方法进行供气。

综上所述，气瓶室设计时注意做好以下几点：① 防爆泄爆；② 平顶/不吊顶建筑；③ 通风换气良好；④ 防静电地板；⑤ 防雷电措施；⑥ 防爆电器；⑦ 易燃易爆气体分开；⑧ 切断功能；⑨ 遮阳挡雨。

6.2.2 气体管路设计中的技术及材质要求

6.2.2.1 气体管路设计中的技术要求

所有气体管路必须使用高质量、完全退火型的优质的无缝不锈钢管SS-316L（BA）组成，禁止使用受到污染的管道及配件。

一级减压后管道出口处设置总球阀，以便于快速切断气源。

根据供气要求决定所用主管道的直径，以及相应的末端管道直径。

为了方便观察使用压力，每组管道终端都要有单独的控制阀和调压装置，且控制阀和调压装置必须安装于实验室内便于使用者观察和操作的地方。

连接到工作台的气体管路要求安装单独的控制阀来进行控制。

对于要求单独进行压力调节的仪器，工作台上气体出口点需要安装单独的阀门来控制。

如果管道需要穿墙或地面（楼板等），则在设计时要考虑到在穿墙及露出地面（或楼板）处设套管保护，套管穿墙处应与墙平齐，穿地面（或楼板）处套管应高出地面（或楼板）100 mm。所用穿墙或楼板的套管根据管道的规格进行匹配。

所有用于支撑气体管路安装的支架都必须经过防腐处理，不得使用容易生锈的支架辅材。

气体管路支架间隔不大于 1. 5 m，根据内径最小的气体管路确定支撑距离，见图 6-1。

图 6-1　有支撑安装的气体管路

气体管路的所有弯曲处都必须在两侧分别安装独立的支撑。

所有易燃、易爆、助燃和有毒气体的泄漏报警器及侦测器都应采用经过检验、符合国家相关标准的产品。

对于管道的连接，除与设备、阀门等一些必要的卡套连接外，推荐所有气体均采用全自动数码无缝焊接连接。外径大于 3/4″的管道转弯推荐采用成品的焊接弯头，小于 3/4″的则采用弯管器机械来执行。

所有管路沿天花板上方布设，若无天花板，则沿楼板下方铺设，进入实验室通过功能柱连接到中央仪器台。控制阀和减压器安装在功能柱内或墙壁上，注意合适的安装高度，便于操作人员的日常使用以及维修人员的检查、维修。

6. 2. 2. 2　气体管路设计中的材质要求

在气体管路设计中，要充分考虑气体管路的材质。一般来说，选择气体管路材质时主要考虑以下几个方面：对所用气体无渗透性、吸附效应小、对所输送的气体呈化学惰性、能快速使输送的气体达到平衡等。不同的管道，对气体的实用性不同。管道材质对气体成分的实用性见表 6-1。

表 6-1 管道材质对气体成分的实用性

材质	惰性气体	水	氧气	烃	CO	SO_2	H_2S	NO
不锈钢	A	A	B	A		A	A	B
黄铜	A	D	A	B	A	C	C	C

注：化学物质腐蚀影响等级：A—没有影响，B—轻微影响，C—中毒影响，D—严重影响。

管道选材时，如果从使用气体的种类来区分，一般会根据如下要求来选择：

（1）高纯氮气（PN_2）推荐管道采用内壁电解抛光（EP）低碳（316L）不锈钢管，阀门采用相同材质的波纹管阀或隔膜阀。

（2）氮气（N_2）推荐管道采用内壁电解抛光（EP）低碳（316L）不锈钢管或光亮退火（BA）低碳（316L）不锈钢管，阀门采用相同材质的波纹管阀或球阀。

（3）高纯氢气（PH_2）、氢气（H_2）推荐管道采用内壁电解抛光（EP）低碳（316L）不锈钢管，阀门采用相同材质的波纹管阀或隔膜阀。

（4）氩气（Ar）推荐管道采用内壁电解抛光（EP）低碳（316L）不锈钢管，阀门采用相同材质的波纹管阀或隔膜阀。

（5）氦气（He）推荐管道采用内壁电解抛光（EP）低碳（316L）不锈钢管，阀门采用相同材质的波纹管阀或隔膜阀。

（6）压缩空气（CDA）推荐管道采用光亮退火（BA）低碳（316L）不锈钢管，阀门采用相同材质的球阀（如果对使用要求不高，亦可采用铜管，具体情况视工艺要求定）。

（7）特气系统对于特殊气体来讲，气体种类很多，其中不乏有毒有害气体，原来是一机台配一气柜，高昂的装备组合和维修费用大大增加了投资成本，且有的还布置在工艺间内，存在着泄漏的安全隐患。现在广泛采用集中供气系统，气柜集中，自控系统不断完善，其报警、喷淋、切换、吹扫多较为成熟，特气间也与工艺间隔离，并对房间有防爆要求，工作的安全性大大提高。对于特殊气体来说，必要的时候还需做双套管，外管酸洗钝化（AP）处理，内管电解抛光（EP），阀门采用相同材质的波纹管阀或隔膜阀。

管道选材时，如果从管路不同部件来考虑，一般会根据如下要求来选择：

通常要求所有的管路、阀门、压力表等在非特殊情况下，均选择高质量的全不锈钢，并推荐使用标准配件。316 不锈钢是继 304 不锈钢之后，第二个得到最广泛应用的钢种，具有较好的耐腐蚀性、耐高温、强度优秀等特点。推荐优先使用 316 无缝不锈钢管。

（1）管路。

统一采用优质 BA 级（经过酸洗钝化处理过）的 316L 气体管路，光亮退火成型不锈钢管，整体管路采用自动焊接而成。管道的内表面处理值要小于 0. 37 μm；管道的标准：1/4″～1/2″壁厚 0.88 mm，管壁的厚度不得减小，见图 6-2。

（2）球阀。

阀门应满足实验室内的纯度要求，端口与管道的内径尺寸相匹配，具有很好的密封性，根据不同的要求，选用不同的球阀，如图 6-3 所示。球阀工作压力范围可达 1 000～3 000 PSI，适应温度范围为-53 ℃～148 ℃。

图 6-2　管路样式

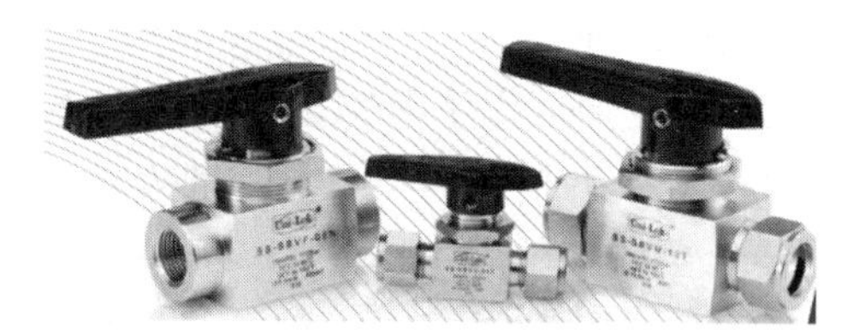

图 6-3　球阀样式

（3）半自动切换装置。

半自动切换装置为气路系统核心部件，见图 6-4。对半自动切换装置，应从以下几个方面考虑：

① 半自动切换功能。当一侧的气瓶组气体用完后，会自动关闭输送阀，同时另外一侧的气瓶组会自动供入气体。

② 紧急排空功能。当气体超压时，排空阀会自动将超出的压力释放。

③ 气体通过时，能满足纯度 99.999 9%的输出。

④ 满足进气压力。能满足对应的管路使用压力要求，如最大为 230 bar，出气压力为 10 bar，流量为 20 Nm^3/h。

⑤ 外泄漏率为 0～8 mbar·L/s（氦检），工作温度为-30 ℃～40 ℃。

⑥ 材质。推荐使用 316 不锈钢，膜片材料根据用气情况来进行选择，如选用哈氏合金 C276 等。

⑦ 产品应通过 ISO 9001 质量体系认证，产品须通过第三方检测，有完整的检测报告。

图 6-4　半自动切换装置

（4）二级减压器。

二级减压器也是气路系统核心部件，如图 6-5 所示。对该部件，应从以下几个方面进行选择：

① 气体通过时，能满足纯度 99.999%的输出要求。

② 满足进气压力。进气压力最大为 40 bar，出气压力为 0~6 bar，流量为 10 Nm^3/h。

③ 泄漏率为 0~8 mbar · L/s（氦检），工作温度为-30 ℃~40 ℃。

图 6-5　二级减压器

④ 材质。推荐使用 316 不锈钢，膜片材料选用优先考虑哈氏合金 C276 等。

⑤ 产品应通过 ISO 9001 质量体系认证，产品须通过第三方检测，有完整的检测报告。

（5）三通接头。

三通接头见图 6-6，可以从以下几个方面进行考虑：

① 材质为 316L BA 级。

② 出口连接方式为焊接。

③ 用途。用于管路连接，工作压力为 3 000 psi。

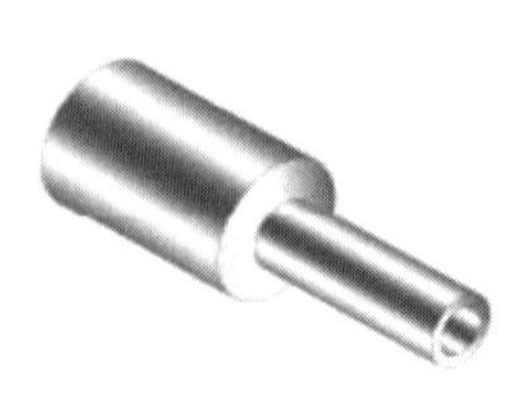
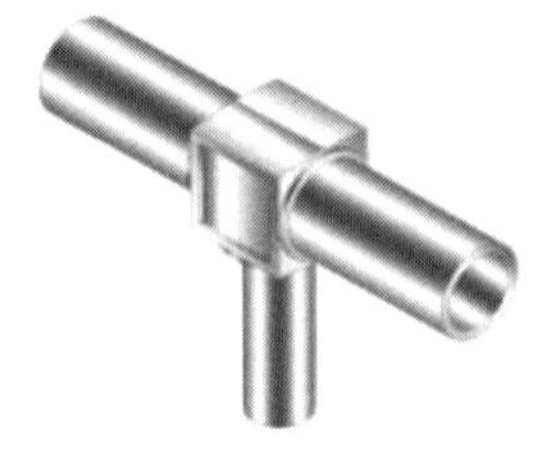

图 6-6　三通接头

（6）钢瓶接头。

钢瓶接头见图 6-7，可以从以下几个方面进行考虑：

① 采用不锈钢 316L BA 级材质，一端符合标准钢瓶的连接型号，另一端为全自动焊接而成。

② 用途。用于连接钢瓶接口。

③ 工作压力根据不同需求而定。

图 6-7　钢瓶接头

由于气体种类繁多，不同的使用者所需要的使用要求更是纷繁复杂，在实际的设计中必须从各个角度多方位思考，以尽量避免发生设计缺陷。在气体钢瓶管路的设计选材中，还应该注意以下事项：

（1）阀门和附件的材质。氢气和煤气管道不得采用铜质材料，其他气体管道可采用铜、碳钢和可锻铸铁等材料，乙炔气路所用材料禁铜。氢气和氧气管道所用的附件和仪表必须是该介质的专用产品，不得代用，阀门与氧气接触部分应采用非燃烧材料。

（2）密封圈应采用有色金属、不锈钢及聚四氟乙烯等材料。填料应采用经除油处理的石墨石棉或聚四氟乙烯。

（3）气体管道中的法兰垫片，其材质应根据管内输送的介质确定。

（4）气体管道的连接应采用焊接或法兰连接等形式，氢气管道不得用螺纹连接，高纯气体管道应采用承插焊接。

（5）气体管道与设备、阀门及其他附件的连接应采用法兰或螺纹连接，螺纹接头的丝扣填料应采用聚四氟乙烯薄膜或一氧化铅、甘油调和填料。

（6）需要输送腐蚀性能较强的气体时，须选用耐腐蚀的不锈钢管材作配管，否则，管材将会由于腐蚀而在内表面产生腐蚀斑，严重时会出现大片金属剥离甚至穿孔，从而污染输配的纯净气体，甚至发生安全事故。

（7）大流量的高纯、高洁净度气体输配管道的连接，原则上全部采用焊接，要求采用的管材在施焊时组织不发生变化。含碳过高的材料在焊接时，受焊接部位的透气，会使得管内外气体的相互渗透，破坏输送气体的纯度、干燥度和洁净度。

6.3　集中供气范例

以下是某高校实验室对所选用气体管路的材料的要求：

（1）钢瓶接头采用不锈钢316L BA级材质，一端符合标准钢瓶的连接型号。

（2）所有管件阀门、调压装置、切换装置等都由高质量的不锈钢材料制成，并且都是高质量标准配件。

（3）每种气体的减压器压力表为各种气体的专用仪表，不可混淆使用。

（4）高压软管。承压3 000 psi（20.0 MPa），由316L不锈钢管材制成，有足够的韧性、柔软性，方便在一定操作范围内换接钢瓶。

（5）高压控制阀。3 000 psi（20.0 MPa），不锈钢316L材质，单独控制每个钢瓶。阀门为球形阀或隔膜阀。

（6）一级减压器。采用不锈钢316L BA级材质，进气压力0~4.0 MPa，出气压力0~0.25 MPa。减压器配有相对应的压力释放阀，释放阀的压力等级要有清楚标识。

（7）二级减压器。采用不锈钢316L BA级材质，进气压力0~150 psi（或0~1.0 MPa），出气压力0~80 psi（或0~0.6 MPa）。减压器配有相对应的压力释放阀，释放阀的压力等级要有清楚标识。

（8）管道。管道采用316L不锈钢光亮退火，母材符合BA级的高纯管道，管道的内表面处理值要小于 0.37 μm，管道的标准为 1/4″壁厚 0.89 mm。

(9) 三通弯头。采用 316L BA 不锈钢光亮退火，母材符合 BA 级的高纯气路配件。

(10) 实验室控制阀。实验室总控制阀材质为 316L BA 不锈钢，压力为 0.25 MPa，接口方式为卡套连接方式。

(11) 管路连接使用焊接的方式，施工方提供焊接工艺评定。

(12) 各种气体管道规格见表 6-2。

表 6-2　气体管道规格

气体名称	主管道	实验室主管道	使用点管道
氢气	1/2″ OD	1/2″ OD	1/4″ OD
甲烷	1/2″ OD	1/2″ OD	1/4″ OD
乙炔气	1/2″ OD	1/2″ OD	1/4″ OD

(13) 可燃气体钢瓶间和使用处需配有专用的可燃气体泄漏探测器（检测器），并配有声光报警装置。依据 GB 50493—2009《石油化工可燃气体和有毒气体检测报警设计规范》和 GB 15322—2019《可燃气体探测器》的要求，探测器采用二级报警，一级报警设定值为 25% LEL（爆炸下限），二级报警设定值为 50% LEL。乙炔的爆炸下限为 2.5% VOL，甲烷的爆炸下限为 5% VOL，氢气的爆炸下限为 4% VOL。

可燃气体泄漏探测器探头的安装应遵照国家标准：

① 当相对密度小于或等于 0.75 时，报警装置探头应安装在所处场所的顶部。

② 当相对密度大于 0.75 时，报警装置探头应安装在所处场所离地面 0.5 m 处。

③ 可燃气体报警控制箱应安装在使用可燃气体房间的门外，距地面 1.6 m 处，便于观察和操作。控制箱中应有声光报警装置。

6.4　高校实验室集中供气的设计

6.4.1　设计方案

对于有气瓶间方案——集中供气，它通过气瓶和输送管道将载气输送给仪器，在气瓶出口装有单向阀，可避免更换气瓶时有空气和水分混入，另外在一端安装泄压开关球阀，将多余的空气和水分排放后再接入仪器管道，保证仪器用气的纯度。

集中供气系统采用二级减压保证压力的稳定。采用二级减压的方式，一是经过第一级减压后，干路压力比气瓶压力大大降低，起到了缓冲管道压力的作用，提高了用气的安全性，降低了应用的风险；二是可以保证仪器供气入口压力的稳定，降低了因为气体压力波动而引起的测量误差，保证了仪器使用的稳定性。

由于实验室有些仪器需要使用易燃气体，如甲烷、乙炔、氢气，设计这类易燃气体的管路时，应注意管路尽量短，减少中间接头的连接；同时，气瓶一定要装入防爆气瓶柜内，气瓶输出端接回火器，可阻止火焰回流气瓶引起的爆炸；防爆气瓶柜顶端应有连接到室外的通风排气口，且有泄漏报警装置，一旦泄漏能及时报警并将气体排到室外。气瓶供气方案见图 6-8。

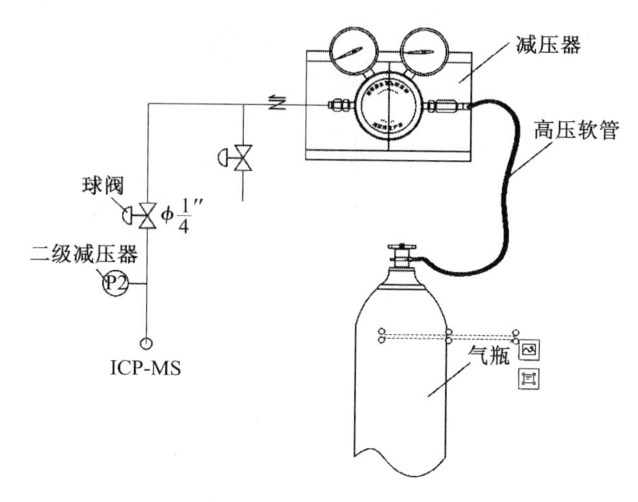

图 6-8　气瓶供气方案示意图

6.4.2　气瓶间中汇流排设计

特殊气体需要排空，并需要吹扫置换，否则抵着压力拆卸非常危险，特别是使用有毒气体等特殊气体时，更会导致有毒气体或特殊气体的会溢出，甚至发生事故。气瓶间中汇流排设计见图 6-9。

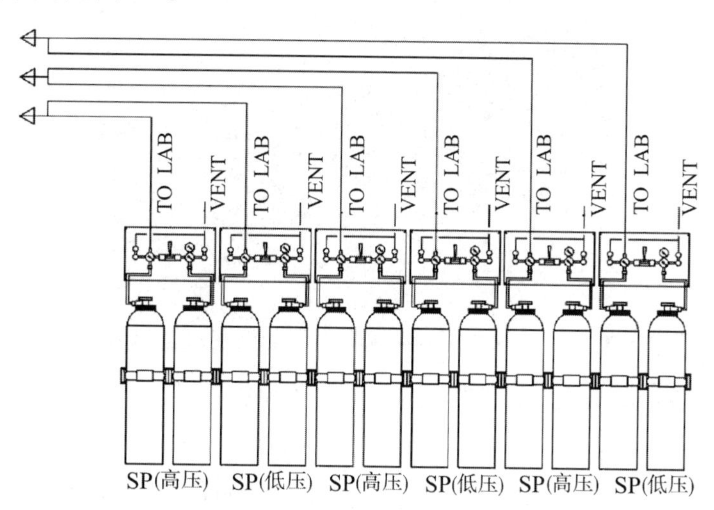

图 6-9　气瓶间中汇流排设计示意图

6.4.3 输气管道设计

以中压供气为例，采用二级减压的供气方式，气瓶气体经一级减压后送至用气点，根据仪器需求经二级减压后送至仪器，供气压力比较稳定。输气管道设计见图 6-10。

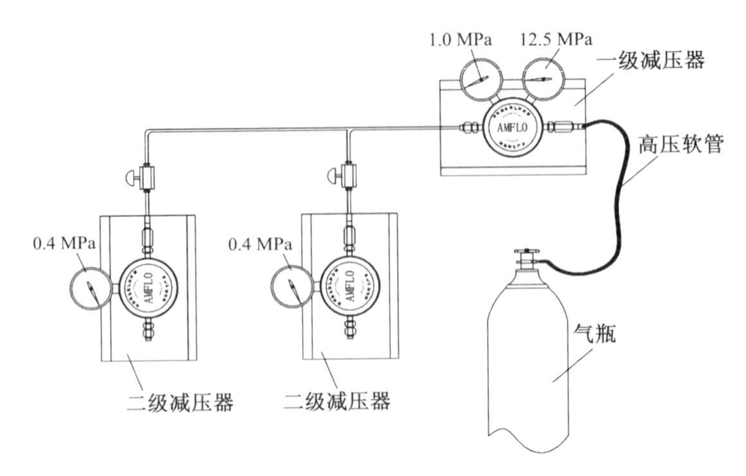

图 6-10 输气管道设计示意图

6.4.3.1 管道井内管道

气体管道布局见图 6-11，图中管道井要保持通风，并有泄漏报警侦测系统，每一层单独设置紧急切断和快速手动切断装置，以保证安全与使用连续。为防止微量泄漏或侦测迟缓，特殊气体需设置精密度高的微漏阀（过流阀），保证用气安全。

图 6-11 管道井内管道

6.4.3.2 实验室内管道

为保证安全和检修便捷，气体管道宜走明管。根据气体特性和规范性质的不同，气体管道走线位置、高度等均不相同，如氧气和氢气的距离。管道采用全自动焊接，做到全程严密无活口，见图 6-12。

图6-12 实验室内管道

6.4.3.3 终端设计

如果条件不允许，可以将气体管道直接连接到用气仪器旁的墙上火桌边。对于有条件的实验室，建议采用功能柱，功能柱要区分易燃气体和助燃气体，并加装气体侦测装置，保证用气安全。管道从吊顶下铺到功能柱内，经过功能柱中的减压器组到实验台各用气点。功能柱内包含控制阀、减压器和背接式的压力表，再到台面使用点，外表美观且操作方便。当用气流量相同或不大时，一套减压器组可供好几个使用点使用，如一套减压器组同时供气相色谱、气质联用仪等设备使用，见图6-13、图6-14。

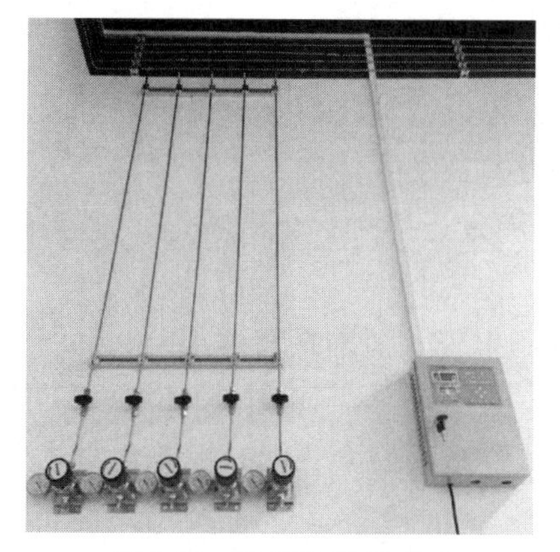

图6-13 终端设计样式1

图6-14 终端设计样式2

6.4.3.4 控制系统设计

（1）特殊气体的气源处和使用点设置泄漏侦测报警系统，如采用电化学、浓度LEL、催化燃烧、红外等监测方式。毒气等特殊气体需设置紧急切断、排空、置换功能。还可设置过流量控制器、压力报警器等。报警装置可远程传输、VAV联动、消防联动等，见图6-15。

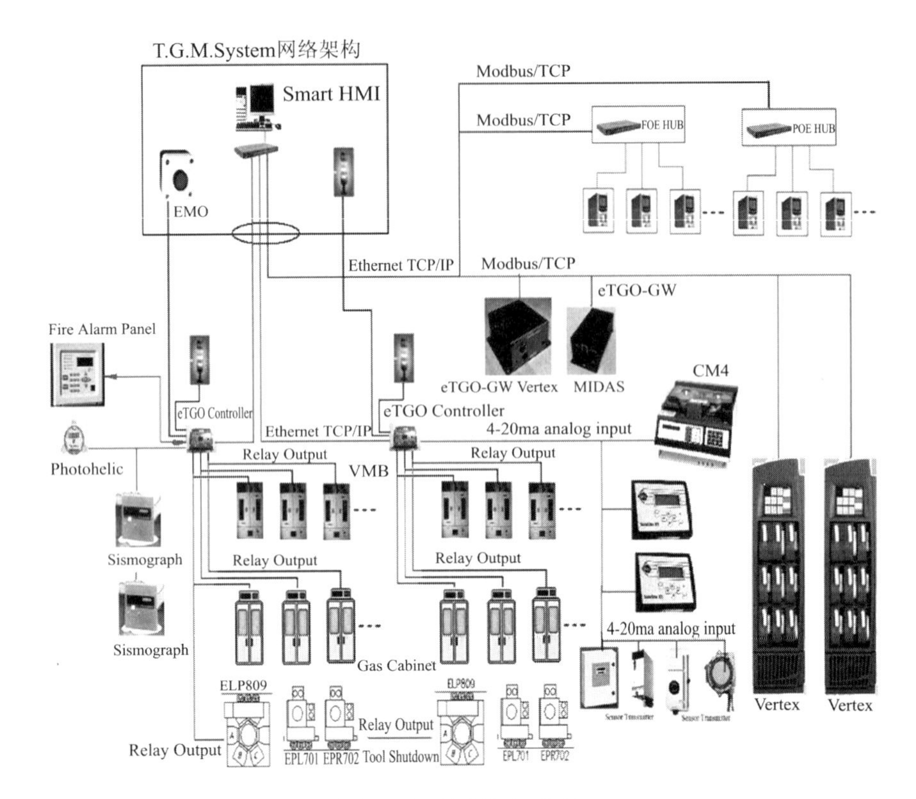

图 6-15 控制系统设计

（2）App 远程控制系统。App 可以实现操作者远程控制气路系统。操作者可以启动、监测和停止全自动特殊气体安全输送柜各个面板的自动气体输送和吹扫流程。手机屏幕上一样可显示气路系统的用气状态：温度、流量、压力、低压报警、泄漏报警等。

（3）侦测报警系统。侦测报警系统主要包括低压报警、泄漏报警两部分。

① 低压报警。

当压力传感器达到设定的压力值时，会将信号传输至报警盒，同时报警盒会给出报警信号，从而提醒工作人员及时更换钢瓶。

② 泄漏报警。

a. 远程监控触控设备服务。

b. 实时声光报警服务系统。

c. 对接 VAV 联动系统（预留）。

d. 基于以太网架构，可实现监控端的扩展（预留）。

e. 泄漏报警系统：泄漏侦测、远程触控监控、声光报警（预留）。

③ 信号

a. 信号1。当气体泄漏时，侦测器会输出一组报警信号给泄漏报警主机，主机通过处理输出信号给彩色触摸屏，触摸屏上可以显示并分辨泄漏气体的种类及位置。

b. 信号2。当气体泄漏时，侦测器会输出一组报警信号给PLC系统，PLC系统通过处理同时输出一组相对应报警信号至声光报警系统。声光报警分为两种级别：一级报警为故障报警，声光报警器闪烁的是黄灯；二级报警为泄漏报警，三色灯光报警器闪烁的是红灯。此时PLC系统通过处理输出信号至每一层的声光报警灯，从而提醒工作人员。

c. 信号3。预留VAV控制器的风机控制模块，以便后续使用该功能，实现使风机打开并将泄漏气体排至室外。

钢瓶间及实验室安装气体报警探头，若发生泄漏，泄漏探测报警器会发出声光报警同时给出信号到排风阀，开启阀门换气，保证供气安全。

当泄漏报警器侦测到气体发生泄漏时，会发出声光报警信号，提示工作人员气体发生泄漏并做出应急措施。

每个涉及使用易燃易爆气体的实验室及钢瓶间均应设置气体泄漏报警探头。根据气体的特性，不同气体的探头安装位置也有所不同。根据探头的有效侦测范围，大型实验室内设置多个探头以避免侦测死角。

当易燃易爆有毒有害气体发生泄漏时，泄漏报警探头会传输信号给PLC控制器，PLC系统通过处理输出几组相对应开关量报警信号并输出信号短信提醒用户。

6.5　集中供气的施工

6.5.1　施工方的资质要求

气体管路施工方必须具有国家要求的相应资质，除具备作为一个法人单位应有的营业执照、纳税证明等证明材料外，还必须具有以下相关资质：

（1）GB/T 34525—2017《气瓶搬运、装卸、储存和使用安全规定》有效备案执行标准。

（2）国家特种设备安装改造维修许可证（压力管道—符合GC类GC2级别）。

（3）质量管理体系认证证书（GB/T 19001—2008/ISO 9001：2008）。

（4）环境管理体系认证证书（GB/T 24001—2004/ISO 14001：2004）。

（5）焊接认证。自动轨道焊接的技工拥有一定的焊接知识基础，持有焊机公司认证证书和国内相应证书。

6.5.2　施工要求

（1）不锈钢管的安装现场应整洁干净。安装人员必须戴洁净手套。

（2）不锈钢管的支架材质、型号规格和设置距离按设计图纸规定和要求执行。

管卡环必须套上聚乙烯管。不锈钢管与支架之间应填3~4 mm的聚乙烯板。

（3）不锈钢管搬运及起吊时，不准与碳钢接触、碰撞、摩擦。在某些（如厂区管道等）场合安装的不锈钢管，在预制、安装过程中，可不拆或少拆其外包装塑料袋，以利于保护管子，到交工前再拆掉包装塑料袋。

（4）所有不锈钢管道两端用塑料盖密封，外部用塑料套密封，确保在安装前才将塑料套拆封，并除去塑料盖，以保证管道不被灰尘污染。

（5）管道铺设时，应注意平直，弯管处采用专用弯管器，不得徒手弯曲。切断管道时，应采用专用切管器操作，严禁用锯子锯断管道。管道切断后，应用专用工具处理断口处毛刺。

（6）所有螺纹连接处应采用密封带密封。

（7）所有调节阀固定面板、所有出口点及所有管道上，都应贴（设）有对应气体的成分及浓度的气体标头。

（8）所有系统部件安装完毕后，应用99.99%的高纯氮气进行6小时的吹扫，边吹扫边敲打管壁，让管内壁粉尘颗粒脱落，以保证系统内部清洁。

（9）吹扫完毕后，用99.99%的高纯氮气进行检漏保压测试，测试压力应为工作压力的1.5倍。

6.5.3 管道施工安装

6.5.3.1 管道支架制作安装

阀件支撑架的材质需为热浸锌或不锈钢制品，且可利用在墙缘、梁柱及设施等之上固定阀件。

6.5.3.2 管道支撑

（1）支架的材质为热镀锌或不锈钢制品，且可利用在天花板、墙缘、梁柱及设施等之上固定管线。

（2）支架的摆设位置依据现场实际状况测量后制作安装。

（3）配管时需考虑管道操作处、气体种类、维护及配设的美观程度等。

（4）管线之间的架设间距至少为20 mm以上。

（5）管道支撑水平点以牙条套入型钢垫片后固定于天花板，或使用葫芦、吊架。

（6）依管径需求选择使用葫芦吊架、U（P）型管夹或电工管夹固定管道。

（7）注意管道支撑前，须确认未与其他管道交错并预留施工空间。管道支撑固定后，须确认所有管道不得晃动、歪斜。

6.5.3.3 配管施工

配管施工见图6-16。

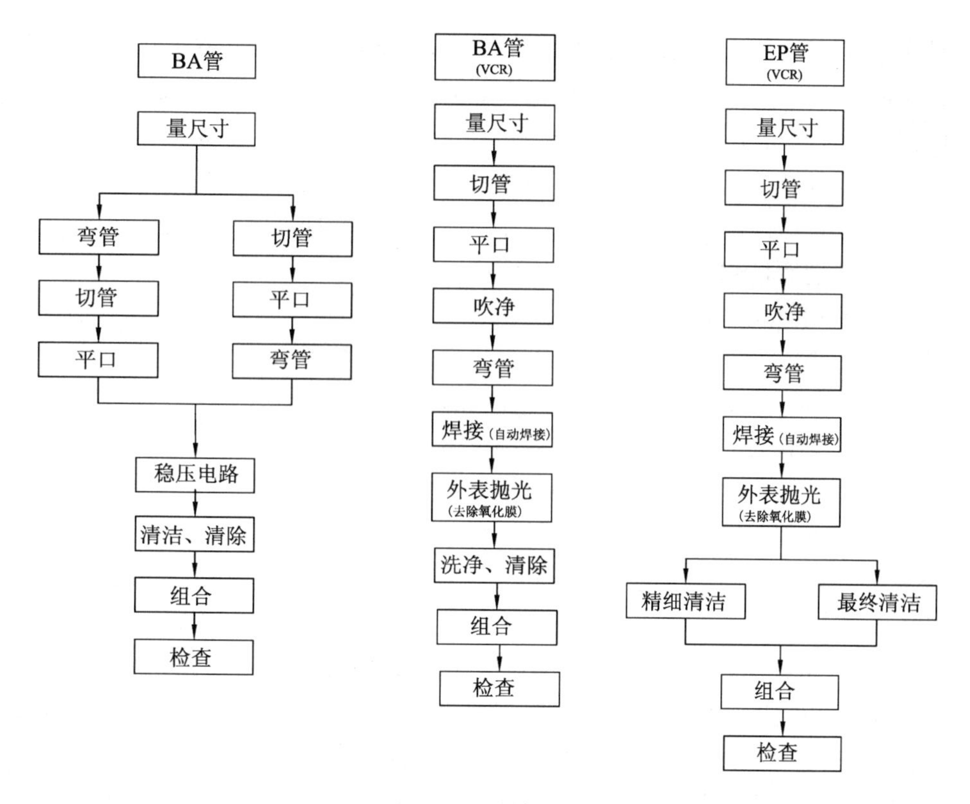

图 6-16　配管施工

6.5.3.4　管材切割预制

切割前确认配管表面无有害痕迹、破损。

配管切割时使用不锈钢专用切割器（Stainless Steel Tube Cutter）或专用手动割刀缓慢进行切割，管径大于 DN 25 mm 时，须保持切面直度（90°±0.5°）。

管道横放，水平固定，防止切屑进入管内。

切割后如管上附有切屑或其他杂质，用无尘布料（LINT-FREE CLOTH）沾 IPA（异丙醇）擦拭干净。

切割后用专用的切面加工器处理切面，使端面平整。

进行切面加工时，为防止切屑进入管内，使加工面处于下流，从下流冲放洁净的气体；加工后，使切面朝下，从上方敲打几次，去除切屑杂质。

切面加工完成后，确认切面处理是否良好。若检查合格，用高纯度工业用氮气清除配管外表。

确认配管内外无杂质或异常现象后，于两端加盖封密。

（1）中大口径管子（3/4″）切割预制要求：

① 采用专用的切割机切割中大口径管子。

② 切割后将切割端朝下轻微抖动消除切屑，然后用洁净气体从上往下吹扫。

③ 切割后目视检查是否有灰尘污染，如存在污染，再吹洗一次或用无尘纸擦拭。

④ 切割后用端面处理器进行端面处理，坡口型式应为 I 型，并铣去毛刺，必要时使用锉刀，应十分小心地进行修边处理。

⑤ 端面处理及铣毛刺过程中，应确保端面朝下，处理后轻轻抖动消除切屑。

⑥ 端面处理后，用洁净气体从上流往下流吹洗，处理端面为下流。

⑦ 端面处理后目视检查是否有切屑污染。

⑧ 管子的端面加盖。

⑨ 使用专用吸尘器消除切割及处理过程中产生的粒子。

（2）小口径配管（1/4″~1/2″）的切割原则如下：

① 切割前应确认配管表面无有害痕迹、破损。

② 配管切割时须使用不锈钢专用切割器缓慢进行切割。

③ 原则上被切割管应横放水平固定，防止切屑进入管内。

④ 配管切割后须用洁净的气体吹扫管子切割端，切割端应置于低处，气流从高处往低处吹洗。

⑤ 切割后如管上附有切屑或其他杂质，须用无尘纸及 IPA 擦净。

⑥ 切割后应用专用的切面加工器处理切面，坡口型式应为 I 型，并用特殊的铣毛刺机消除毛刺，此时应注意不可凿得太多（一直保持端面朝下）。

⑦ 进行切面和铣毛刺加工时，为了防止切屑进入管内，应始终置加工面于下流，从上流冲放洁净的气体。加工后，使切面朝下，从上方敲打几次，去除切屑杂质。

⑧ 如确认配管内外无杂质或异常现象，于两端加盖待用。

⑨ 配管不能横放水平切割。

（3）弯管。1/2″以下管径采用弯管施工，弯管需使用合适的弯管器，不可用手弯，除美观外也可降低微粒子产生量。弯管曲率至少以 1/2″管道五倍弯曲率为原则。

① 原则上只有直径小于 1/2″的管道才可弯曲，配管弯曲时（除量尺寸外）不可取开两端盖子。

② 配管弯曲应使用专门的弯管器（如 SWAGELOK）进行操作。

③ 对不同尺寸的管道弯管半径规定如下：

a. 1/4″（标准弯径 $5D$），R 约为 30 mm。

b. 3/8″（标准弯径 $5D$），R 约为 48 mm。

c. 1/2″（标准弯径 $5D$），R 约为 64 mm。

d. 管子弯曲时，管子的正负角度应小于 15°。

④ 管线连接。

6.5.3.5 卡套接头安装

（1）施工前，检查卡套型（Let-lok）接头的各元件是否齐全；元件包含接头本体 1 个、母套头 2 个、金属箍套圈 2 组，见图 6-17。

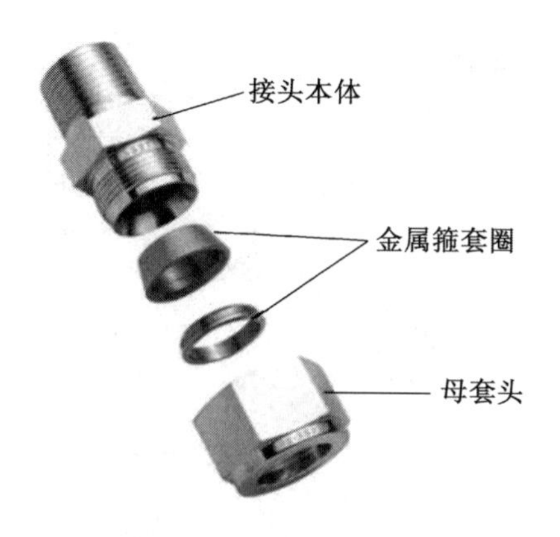

图 6-17　卡套接头安装

（2）将配管管材裁减至所需尺寸，或将预制好的管材依序套上母套头、金属箍套圈，见图 6-18。

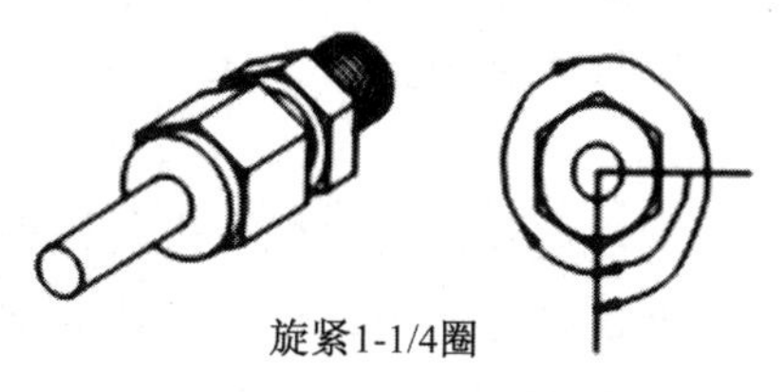

图 6-18　配管管材安装 1

（3）将管材连接端套入接头本体，并顶至内部底端，用手旋紧母套头，见图 6-19。

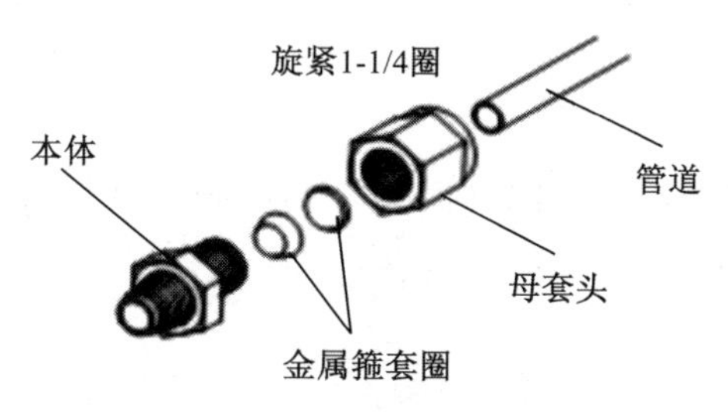

图 6-19　配管管材安装 2

（4）旋紧后，以签字笔在母套头上的一面做标记，再以两扳手分别夹住接头。

（5）本体六角承头部及母套头，施力旋转 1-1/4 圈，见图 6-20。

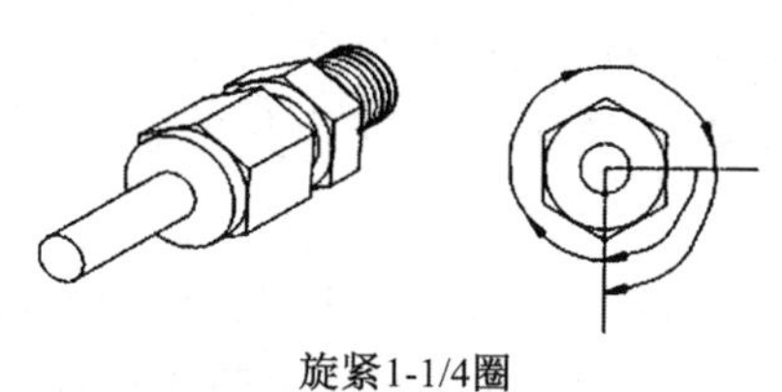

图 6-20　六角承头部及母套头

（6）NPT 接头安装见图 6-21。

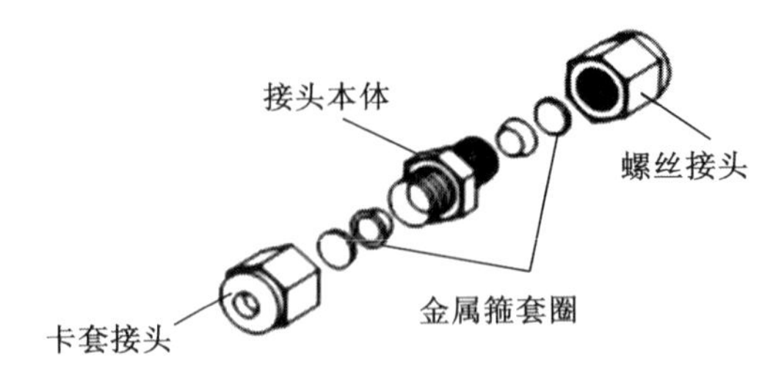

图 6-21　NPT 接头安装

① NPT 牙型接头一端为卡套型（Let-lok）接头，另一端为螺纹接头。

② NPT 牙连接于机台前，须以 TYPE-SEAL 先行以渐进法缠绕于牙端 3 圈。

③ 连接机台时，先以手旋紧接头，再以扳手施力旋紧。

④ 连接管道与卡套型（Let-lok）接头端；于母套头内置入 Ferrule 后插入管件，再以手旋紧母套头，旋紧后，以扳手施力旋紧 1-1/4 圈。

6.5.3.6　管道焊接

焊接前自动焊接机的状况通过制作焊接试样以进行检查确认，每日开始工作和结束工作均需制作焊接试样，开始试样和结束试样保存作为项目质量检验记录。

焊接认证自动轨道焊接的技工均应拥有一定的焊接技能，并且持有焊机公司认证证书和国内相应证书。

（1）焊接吹扫气体要求。

① 焊接时使用的气体为高纯氩气，对焊接及保护用氩气其出口处应达到氩气纯度不低于 99.999%，氧含量不大于 1.0 ppm，水分含量不大于 1.0 ppm，总的碳氢化合物含量不大于 1.0 ppm。

② 吹净气体分流筒使用高洁净度阀件、调压阀及 0.01 μm 过滤器，过滤器置于最末端气体出口位置。

（2）焊接作业要求。

① 焊接施工要求。

a. 设备应专用专管，操作人员在操作前应穿着工作服、绝缘鞋、手套，并佩戴防护面罩；在通风不良的场合焊接时，应戴防护口罩。

b. 禁止在有易燃易爆气体、物体的场合进行焊接。调整焊栓钨棒时，应在关机状态下进行，设备应按标注的持续率使用。

c. 焊炬应轻拿轻放，保持清洁干燥，禁止其接触水、油或其他液体和粉尘，焊接电缆禁止踩压。

d. 定期检查焊机内部的紧固螺丝、引线接头有无松动，发现隐患及时排除。焊接电源与焊接位置距离 3 m 以上，焊机在运输中防止振动。

② 氩弧焊要求。

a. 焊接前应先备好氩气瓶，瓶上装好氩气流量计，然后用气管与焊机背面板上的进气孔接好，连接处要紧好以防漏气。

b. 将氩弧焊枪、气接头、电缆快速接头、控制接头分别与焊机相应插座连接好。工件通过焊接地线与“+”接线栓连接。

c. 将焊机的电源线接好，并检查接地是否可靠。

d. 接好电源后，根据焊接需要选择交流氩弧焊或直流氩弧焊，并将线路切换开关和控制切换开关切换到交流（AC）挡或直流（DC）挡。注意：两开关必须同步使用。

e. 将焊接方式切换开关置于“氩弧”位置。

f. 打开氩气瓶和流量计，将试气开关拨至“试气”位置，此时气体从焊枪中流出，调好气流后，再将试气与焊接开关拨至“焊接”位置。

g. 接电流的大小可用电流调节手轮调节，顺时针旋转电流减小，逆时针旋转电流增大。电流调节范围可通过电流大小转换开关来限定。

h. 选择合适的钨棒及对应的卡头，再将钨棒磨成合适的锥度，并装在焊枪内。上述工作完成后按动焊枪上开关即可进行焊接。

（3）保护气的吹洗方法。

① 保护气吹扫是为了使 UHP 管道系统内表面在焊接高温中免受氧化。

② 通常吹扫管道采用不锈钢管，与被焊管道的连接采用 PTFE 材料（不可采用遇高温可能会释放气体的聚氯乙烯材料）。

③ 保护气体的纯度应为管端（将焊的管子）氧分低于 1 ppm，水分低于 1 ppm，氧分、水分应定时测量。

④ 保护气压力应在被焊管于出口端用气压计测量，并调节为 30 ~ 50 mmHg。焊接区域与气压计有一定距离时，调节前应考虑压力损失。

⑤ 焊接区域冷却至低于 100 ℃之前都要保持有背保护气一直吹扫。

（4）焊接对口。

① 焊接管子对口必须为正方并紧密连接。在对口位置所允许的圆角和倒角为壁厚的十分之一。

② 连接口需在钨极的中心位置。

（5）点焊固定。

① 自动焊时，如管子尺寸大于 3/4″，则有必要点焊；点焊采用四点固定法。

② 点焊时焊接熔深应小于管子壁厚的 90%，在点焊时用保护气体进行洁净处理。

③ 点焊点数根据尺寸不同而异，但应小于 4 点。

④ 点焊完成后应全面清除氧化膜，检查焊接面是否完全吻合，表面是否平整，间隙是否过大，最大间隙不超过 0. 13 mm。

（6）焊接。

① 操作方法参照各台焊机的使用手册。

② 焊接过程中应始终保持焊枪及焊件的清洁，注意钨极尖部是否有磨损。

③ 焊接过程中应尽量减少对母材的热输入量。

④ 焊接过程中，所有附加的辅助器械都应及时到位。

⑤ 目视检查焊后外表面无任何异常，用钢丝刷刷去焊接区外表面的氧化膜。

⑥ 完成焊接后，焊工必须在焊点处签写姓名和日期并贴上标签，提请焊接检验员对其进行检查。

⑦ 焊接检验员确定该焊缝为合格焊缝后，焊工应当在焊接检验记录表上记录所有成品焊缝的焊接参数。此记录表至少应包括：焊缝号、早晨开始焊接时的焊接样品号、焊机型号、焊机序列号、焊接母材类型、焊接母材的熔炼炉号、焊材尺寸、焊机操作工标识号、检验人员的签名。

⑧ 必须用一轴侧图（系统图）来记录该管道，且该图有唯一图号。在此图中应标明系统号，并用号码标出各个焊缝位置。

6.5.3.7 品质检查

（1）配管管线检查。

配管美观，走管横平竖直；管线连接正确无误；管架无摇晃，管线固定牢靠。

（2）焊接质量检验。

焊接外表面按要求使用镜子和光照进行 100%的全方位目视检查，以确保表面无缺陷，每一个焊接的检验结果应记录在焊接记录中。焊道的外表面宽度均匀，焊缝边缘整齐，有清晰的鱼鳞纹路，且外表面的突起与凹陷小于壁厚的 10%。外表面呈黑色时，该焊道为不合格焊缝。焊缝外表面宽度要大于管道壁厚 3 倍以上。焊道的内表面宽度均匀，焊缝边缘整齐，要求无内凹和氧化变色。焊缝内表面宽度要小于管道壁厚 2 倍。焊接质量检验见图 6-22、图 6-23、图 6-24、图 6-25。

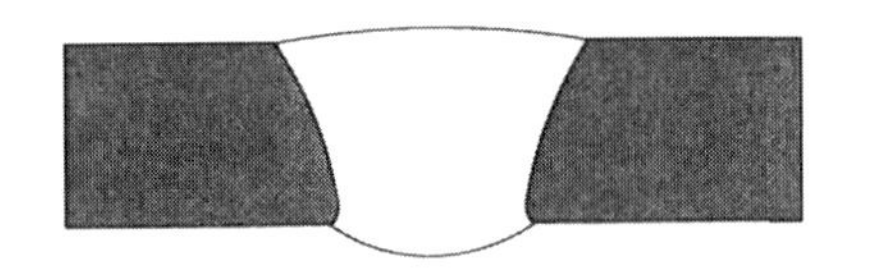

图 6-22 合格焊缝断面

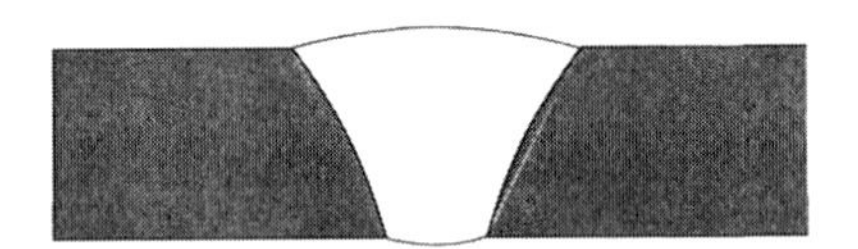

图 6-23 不合格焊缝断面（内凸）

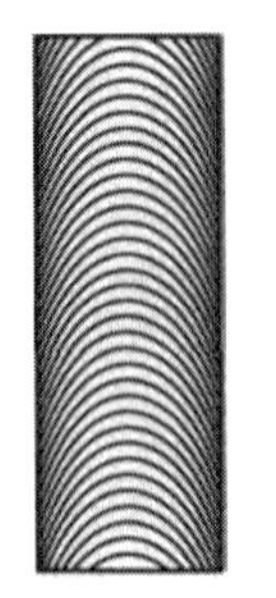

图 6-24 合格焊缝外表面

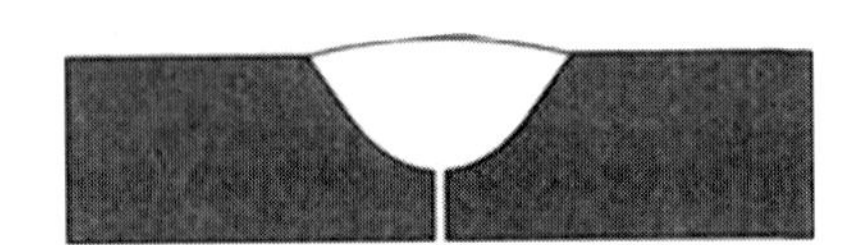

图 6-25 不合格焊缝断面（未焊透）

6.6　实验室气体管路的验收

6.6.1　中标单位发货后，发标方收货验收

（1）设备运抵安装现场后，由招标人、监理方、中标人开箱共同进行初验，并共同出具初验报告。如中标人届时不能参加，则验收结果应以招标人及监理方的验收报告为准，中标人应无条件服从。

（2）招标人将依照采购文件要求及投标文件的承诺内容对全部货物（含零配件、标准附件）、产品、型号、规格、数量、外形、外观、包装及资料、文件（如装箱单、保修单、随箱介质等）进行验收。若验收时发现不符合采购文件或合同要求、错漏、短缺或破损，招标人有权要求中标人补发或免费更换。

（3）验收通过交付前的保管安全责任由中标人承担。

6.6.2　施工质量验收的程序及组织

管道工程的质量验收，应在施工单位自检合格的基础上，按分项工程、分部（子分部）工程、单位（子单位）工程依次进行，并应做好验收记录。

分项工程的质量验收应由专业监理工程师（或建设单位项目专业技术负责人）组织施工单位项目专业技术负责人和质量检查人员进行。

分部（子分部）工程的质量验收应由建设单位项目专业负责人（或总监理工程师）组织施工单位、监理、设计等有关单位项目负责人及技术负责人进行。

单位（子单位）工程完工后，施工单位应向建设单位提交单位（子单位）工程验收报告。建设单位收到工程验收报告后，应由建设单位项目负责人组织施工（含分包单位）、设计、监理等单位的项目负责人和相关专业人员进行验收。

当管道工程由分包单位施工时，总包单位应对工程质量全面负责。分包单位应对所承包的工程应按规定的程序进行检查验收。分包工程完成后，应将工程文件和记录提交总包单位。

6.6.3　管道元件和材料的检验

管道元件和材料的材质、规格、型号、数量和标识应符合国家现行有关标准和设计文件的规定。其外观质量和几何尺寸应符合国家现行有关产品标准和设计文件的规定。材料标识应清晰完整，并应追溯到产品质量证明文件。检验数量：全部检查。检验方法：检查质量证明文件、管道元件检查记录，并进行外观和几何尺寸检查。

对于铬钼合金钢、含镍低温钢、不锈钢、镍及镍合金、钛及钛合金材料的管道组成件，应对材质进行抽样检验，并应做好标识。检验结果应符合国家现行有关标准和设计文件的规定。检验数量：每个检验批（同炉批号、同型号规格、同时到货）抽查5%，且不少于一件。检验方法：采用光谱分析或其他材质复验方法，检查光谱分析或材质复验报告。GC1级管道和C类流体管道中，输送毒性程度为极度危害介质或设计压力大于

或等于 10 MPa 的管子、管件，应进行外表面磁粉检测或渗透检测，检测结果不应低于国家现行标准《承压设备无损检测　第 4 部分：磁粉检测》（JB/T 4730.4—2005）和《承压设备无损检测　第 5 部分：渗透检测》（JB/T 4730.5—2005）规定的Ⅰ级。对检测发现的表面缺陷经修磨清除后的实际壁厚不得小于管子公称壁厚的 90%，且不得小于设计壁厚。检验数量：每个检验批抽查 5%，且不少于 1 个。检验方法：检查磁粉或渗透检测报告，检查测厚报告。

6.6.4　阀门的检验

阀门应进行壳体压力试验和密封试验，并应符合下列规定：阀门的壳体试验压力应为阀门在 20 ℃时最大允许工作压力的 1.5 倍；密封试验压力应为阀门在 20 ℃时最大允许工作压力的 1.1 倍；当阀门铭牌标示对最大工作压差或阀门配带的操作机构不适宜进行高压密封试验时，试验压力应为阀门铭牌标示的最大工作压差的 1.1 倍；阀门的上密封试验压力应为阀门在 20 ℃时最大允许工作压力的 1.1 倍；夹套阀门的夹套部分试验压力应为设计压力的 1.5 倍。在试验压力下的持续时间不得少于 5 min，阀门密封试验和上密封试验应以密封面不漏为合格。检验数量应符合下列规定：

用于 GC1 级管道和设计压力大于或等于 10 MPa 的 C 类流体管道的阀门，应进行 100%检验。

用于 GC2 级管道和设计压力小于 10 MPa 的所有 C 类流体管道的阀门，应每个检验批抽查 10%，且不得少于 1 个。

用于 GC3 级管道和 D 类流体管道的阀门，应每个检验批抽查 5%，且不得少于 1 个。

6.6.5　检验方法

6.6.5.1　螺栓、螺母的检验

合金钢螺栓、螺母应进行材质抽样检验。GC1 级管道和 C 类流体管道中，设计压力大于或等于 10 MPa 的管道用螺栓、螺母，应进行硬度抽样检验。检验结果应符合国家现行有关产品标准和设计文件的规定。检验数量：每个检验批（同制造厂、同型号规格、同时到货）抽取 2 套。检验方法：检查光谱分析或材质复验报告，检查硬度检验报告。

6.6.5.2　制作的弯管检验

（1）弯管制作后的最小厚度不得小于直管的设计壁厚。

① 检验数量：全部检查。每个弯管的减薄部位测厚不应少于 3 处。

② 检验方法：检查测厚报告。GC1 级管道和 C 类流体管道中，输送毒性程度为极度危害介质或设计压力大于或等于 10 MPa 的弯管制作后，应进行表面无损检测，合格标准不应低于国家现行标准《承压设备无损检测　第 4 部分：磁粉检测》（JB/T 4730.4—2005）和《承压设备无损检测　第 5 部分：渗透检测》（JB/T 4730.5—2005）规定的Ⅰ级。

（2）缺陷修磨后的弯管壁厚不得小于管子名义厚度的 90%，且不得小于设计

壁厚。

① 检验数量：全部检查。

② 检验方法：检查磁粉或渗透检测报告，检查测厚报告。

（3）制作的弯管质量应符合下列规定：

① 不得有裂纹、过烧、分层等缺陷。

② 弯管内侧褶皱高度不应大于管子外径的 3%，且波浪间距不应小于褶皱高度的 12 倍。

③ 对于承受内压的弯管，其圆度不应大于 8%；对于承受外压的弯管，其圆度不应大于 3%。

（4）弯管的管端中心偏差值应符合下列规定：

① GC1 级管道和 C 类流体管道中，输送毒性程度为极度危害介质或设计压力大于或等于 10 MPa 的弯管，每米管端中心偏差值不得超过 1.5 mm。当直管段长度大于 3 m 时，最大偏差不得超过 5 mm。

② 其他管道的弯管，每米管端中心偏差值不得超过 3 mm。当直管段长度大于 3 m 时，最大偏差不得超过 10 mm。检验数量：全部检查。检验方法：观察检查，几何尺寸检查，检查弯管加工记录。

（5）"π"形弯管平面度的允许偏差应符合表 6-3 的规定。

表 6-3　π 形弯管平面度的允许偏差

单位：mm

直管段长度	≤500	500~1 000	1 000~1 500	>1 500
平面度	≤3	≤4	≤6	≤10

① 检验数量：全部检查。

② 检验方法：几何尺寸检查，检查弯管加工记录。

6.6.5.3　管道及支、吊检查

（1）管道法兰、焊缝及其他连接件的设置应便于检修，并不得紧贴墙壁、楼板或管架。当管道穿越道路、墙体、楼板或构筑物时，应加设套管或砌筑涵洞进行保护，并应符合国家现行有关标准和设计文件的规定。

① 检查数量：全部检查。

② 检查方法：观察检查，尺量检查，检查施工记录。

（2）管道的坡度、坡向及管道组成件的安装方向应符合设计文件的规定。

① 检查数量：全部检查。

② 检查方法：检查安装记录，采用水准仪或水平尺检查。

（3）导向支架或滑动支架的滑动面应洁净、平整，不得有歪斜和卡涩现象。有热位移的管道，当设计文件无规定时，支架安装位置应从支承面中心向位移反方向偏移，偏移量应为位移值的1/2，绝热层不得妨碍其位移。

① 检查数量：全部检查。

② 检查方法：观察检查和测量检查，检查管道支、吊架安装记录。

（4）管道安装完毕后，应逐个核对支、吊架的形式和位置。

① 检查数量：全部检查。

② 检查方法：观察检查和测量检查，检查设计图纸和管道支、吊架安装记录。

（5）其他检查。

静电接地检查：有静电接地要求的管道，每对法兰或其他接头间的电阻值应小于或等于0.03 Ω，其对地电阻值及接地位置应符合设计文件的规定。

① 检查数量：全部检查。

② 检查方法：电阻值测量，检查管道静电接地测试记录。

6.6.5.4　验收注意事项

（1）验收应按国家有关的规定、规范进行。验收时如发现所交付的设备有短装、次品、损坏或其他不符合合同规定的情形，甲乙双方应做出详尽的现场记录，或由双方签署备忘录。此现场记录或备忘录可用作补充、缺失和更换损坏部件的有效证据。

（2）如出现短装问题，中标人负责补足。如出现次品、损坏，由中标人负责联系厂家或经销商更换。出现其他不符合合同规定的情形，由中标人按投标文件的承诺要求处理，由此产生的有关费用由中标人承担。

（3）如果项目的设备运输和安装过程中因事故造成货物短缺、损坏，中标人应及时安排换装，以保证项目合同项下设备安装的成功完成。换货的相关费用均由中标人承担。

（4）招标人组成验收小组按国家有关规定、规范进行验收，必要时邀请相关的专业人员或机构参与验收。因货物质量问题发生争议时，由本地质量技术监督部门鉴定。货物符合质量技术标准的，鉴定费由招标人承担；否则鉴定费由中标人承担。

（5）中标人负责竣工图编制。验收后提供多套竣工图及所有测试报告。

（6）各设备和材料依照采购文件、图纸、补充资料和工程量清单提出的技术要求进行验收的，以其中要求最高的为准。

（7）由于中标人原因导致的验收或实验室有关评审不通过，改造费用中标人全包。

（8）承包人所使用的所有设备、材料应符合环保部门的要求，甲醛、苯、甲苯、二甲苯或其他有害挥发性有机物质项目不得超出国家标准。验收时，发包人有权使用有关环保检测仪器或聘请第三方机构开展环保监测，承包人对发包人的检测结果应予以认可（如承包人不认可，承包人须自费聘请甲乙双方均认可的第三方机构进行复检）。如环保指标不达标，承包人须立即整改至达标为止并承担所有费用（包括但不限于整改费用、材料费用、人工费用、检测费用等）。

（9）项目工程质量标准执行国家、地方现行工程质量检验评定标准，质量等级为一次性验收合格。

6.7　常用气体管路的日常维护

实验室气体管路一般用于连接气瓶和仪器终端，通常包括气体减压装置、切换装置、管线及阀门、过滤器、报警器、终端箱等，输送气体为实验室仪器（色谱仪、原子吸收光谱仪等）用气、实验用高纯气体等。

6.7.1　实验室气瓶日常检查与维护

6.7.1.1　实验室气瓶日常检查内容

实验室气瓶应来自固定的具有合格资质的气体充装单位，充装单位应使用本单位自有气瓶，且气瓶必须办理使用登记（车用、呼吸器用、非重复用及托管等用途的气瓶除外）。使用验收合格的气瓶充装完毕后，充装单位应在瓶身粘贴产品合格标签，标签上应注明气体名称、充装日期、充装单位名称和电话、充装人员代号。无标签的气瓶不具备使用资质。

高校作为气瓶使用单位，应在有资质的供应商处购买或租用有合格证的气瓶。

在日常使用过程中，气瓶需要定期性进行常规检查，以消除安全隐患。一般常规检查主要包含以下内容：

（1）气瓶的制造标志和定期检验标志（制造和检验的钢印标记、标签及印刷标记、气瓶颜色、检验标志环及色标等）、警示标签等应当清晰可见并保持完整无损。

（2）气瓶是否在检验有效期内使用。

（3）气瓶表面涂装颜色应与充装气体规定的气瓶颜色相一致。如气瓶使用过程中发生色标脱落，应按规定及时进行重新上色，同时标明气体名称和涂刷横条。

（4）氧气钢瓶瓶身上应具有“严禁油脂”的标识。此外，严格禁止油脂等有机物污染瓶身、瓶口及与氧气接触的附件（如减压阀、输气管路及焊接炬等）。若已存在油脂沾污，则应立刻使用四氯化碳对污染处进行彻底清洗。

（5）瓶身是否有严重腐蚀、变形、磨损、鼓包等。

（6）气瓶的附件（瓶阀、减压阀及接管螺丝等）应完好无损，无漏气、表针松动及滑丝等危险现象，一般情况下不许混用各类气压表。

（7）气瓶与明火距离不得少于 10 m，同时严禁靠近热源、火源及各类电气设备。

（8）气体钢瓶应根据类别分处存放，严禁混放可燃性和助燃性气体气瓶，严禁相互接触后可能引发燃烧、爆炸的气瓶存放于一处，如氢气瓶和氧气瓶、乙炔瓶和氧气瓶、氢气瓶和氯气瓶等。对于确需同时使用此类钢瓶的场合，气瓶间距应保持 10 m 以上。

（9）气瓶中的气体不可完全用尽，瓶中气体剩余压力应符合规定。一般而言，永久气体钢瓶的剩余压力应不小于0.05 MPa，可燃性气体钢瓶剩余压力应为0.2~0.3 MPa，液化气瓶中气体剩余量应不小于规定充装量的0.5%~1.0%。空瓶应标明“空瓶”字样。

（10）气瓶在使用时应保持直立，并有防倾倒措施，如使用气瓶柜、气瓶架或铁链等对气瓶进行固定。

（11）严禁使用无减压器的气瓶，必须使用合格的减压器。

（12）不能带着减压器移动钢瓶，不得在地上滚动钢瓶。

（13）易燃易爆气体钢瓶应装有阻火器，以防止明火回流。

（14）冬季气瓶瓶阀或减压器若有结冰或结霜现象，禁止用火烤或者用铁棍敲击，可用40 ℃以下的热水解冻。

（15）实验结束后，气体钢瓶总阀须关闭。

（16）气瓶应存放于阴凉、干燥、通风良好的场所。

6.7.1.2　溶解乙炔气瓶气路使用注意事项

（1）安全使用溶解乙炔气瓶气路需要遵守以下几点：

① 乙炔气瓶必须由国家定点厂家生产，新瓶的合格证必须齐全，且信息与钢瓶肩部的钢印相一致。使用过程中，必须根据国家《溶解乙炔气瓶定期检验与评定》的要求对气瓶进行定期的技术检验。

② 使用前，应微开乙炔气瓶瓶阀以去除瓶口的脏物，正确安装专用的乙炔减压器，将减压器置于瓶体最高部位。各接头处不应存在漏气现象，调整至规定压力后再进行使用。

③ 乙炔气瓶的环境使用温度一般应低于40 ℃；当超过40 ℃时，应采取有效措施进行降温处理。

④ 乙炔气瓶表面颜色为白色，漆色应保护完好，不得随意更改。

⑤ 乙炔气瓶的放置点应安全可靠，严禁靠近各类热源和电气设备；同时，为避免丙酮流出发生燃烧爆炸，乙炔气瓶应采用竖直摆放；对于已处于卧放形式的乙炔气瓶，应先使其直立，静置20 min后再进行使用。

⑥ 严禁碰撞或敲击乙炔气瓶。当气温较低瓶阀冻结时，可使用40 ℃的热水对其解冻，严禁采用火烤等危险的方式。

⑦ 应使用专用车辆搬运乙炔气瓶。对于工作地点不固定并经常移动的场合，应采用专用的胶轮车进行搬运。严禁使用缆绳吊装、电磁起重机等方式进行搬运。

⑧ 乙炔气瓶必须安装回火防止器；当开启瓶阀时，操作人应站立于阀口一侧，动作要轻缓；一般情况下，瓶阀只开启3/4圈，最多不超过一圈半；使用工作压力一般在0.02~0.06 MPa。

⑨ 严禁乙炔与铜、银、汞及其制品相接触，对于必须使用的铜合金器具，其含铜量应低于70%。

⑩ 为防止其他气体倒灌入气瓶，严禁用尽乙炔气瓶内的气体，根据环境温度的改变，乙炔气瓶内的剩余压力应在 0.1~0.3 MPa。

⑪ 工作时，用于开启乙炔气瓶瓶阀的扳手应保留在瓶阀上，以便在突发事故场合下能够迅速关闭阀门。

⑫ 停止作业时，应当关闭瓶阀，卸下减压器，在确认无泄漏以后再离开工作地点。

⑬ 在密闭环境或室内使用乙炔气瓶时，必须加强通风，避免因泄漏发生燃爆事故。

（2）如果乙炔气瓶遇到一些意外的情况，为了做到临危不乱，抑制事故于萌发之时，防止事故扩大，可按以下方法操作：

① 乙炔气瓶着火。

a. 若火焰较小，应尽快使用宽松手套或较厚的湿布捂灭火苗。

b. 当连接处着火时，应迅速关闭瓶阀；关阀操作时，人不要站立于易熔塞的正面，也不能将乙炔气瓶放倒。

c. 若是安全阀和主气阀起火，应用干粉灭火器或二氧化碳灭火器灭火；人应适当靠近气瓶的着火点，以确保有足够的力量扑灭火焰。

d. 当乙炔气瓶着火，内部瓶压增大，短时内难以扑灭火焰时，应用水喷淋瓶身，防止气瓶受热发生爆炸事故。也可采用绳索法，将着火的气瓶缓慢拖拽至安全地带。

e. 若着火的乙炔气瓶处于通风不良的环境内，应立刻采用防止火灾扩大的措施，可以不扑灭乙炔气瓶上的火，使其自行烧尽，避免扑灭后气瓶喷出大量的乙炔气，导致可能发生的使人窒息或者爆炸事故。

② 乙炔气瓶表面温度高。

如乙炔气瓶的表面温度过高，可将气瓶转至安全地点，也可将之置于水池中，或连续用水喷淋 4~5 小时冷却。此时，严禁采用通过打开瓶阀降低瓶压的方法来降温，以避免瓶内发生分解反应而导致爆炸。对气瓶表面温度出现升高的非正常现象，要立刻停止使用，并尽快联系充装单位。

③ 乙炔气瓶内的丙酮喷出。

乙炔气瓶内的丙酮喷出，会引起乙炔气瓶带静电，造成燃烧爆炸，以及丙酮消耗量增加等危害。如果遇到乙炔气瓶内丙酮喷出，应立即停止使用，关闭瓶阀，将气瓶放在通风阴凉处，静置 24 小时以上。再使用时，应尽量将乙炔气瓶流量开小。若以上方法不能解决，则应关闭瓶阀，将喷丙酮的气瓶送回充装单位处理。

6.7.1.3　气瓶漏气检查方法

气瓶一旦漏气，除不燃气体外，其他三大类气体都极易引发火灾和人体中毒。因此，气瓶使用者应掌握检测气瓶漏气的方法。

（1）气瓶漏气主要发生在瓶阀处，其原因一般有以下几种：

① 瓶阀开关松动、失灵，瓶阀断裂。

② 因瓶阀装置和瓶体热胀冷缩不一致而形成裂缝。

③ 减压器与瓶体连接处密封不严。

（2）检查钢瓶漏气可采取以下几种方法：

① 感官法，即采取鼻嗅耳听的方法。比如，闻到有强烈刺激性异味或臭味，或听到钢瓶有“咝咝”的气流声即可认为是漏气。这种方法较为简便，但有一定局限性，对剧毒气体和某些易燃气体检漏时不适用。

② 涂抹法，即将肥皂水涂抹于气瓶的检漏处，若产生气泡则可认定为漏气。这种方法使用较为普遍、准确，但要注意对氧气瓶检漏时严禁使用，以防肥皂水中的油脂与氧气接触发生氧化反应。

③ 气球膨胀法，即将软胶管的一端连接气球，另一端套在气瓶的出气嘴上，如果气球出现膨胀现象，则说明存在漏气现象。这种方法最适合用于剧毒气体和易燃气体的检漏。

④ 化学法。这种方法的原理是将事先准备好的某些化学药品与检漏点处的气体接触，如果发生化学反应，并出现某种外观特征，则能判定为漏气。如检查液氨钢瓶，可将浸润水的石蕊试纸靠近气瓶的检测点，若试纸由红色变为蓝色，则确定气瓶漏气。此法仅适用于部分剧毒气体的检漏。

6.7.2 减压器的检查与维护

气瓶用气体减压器是将气瓶内的高压气体降低压力后供使用的减压装置。在工作条件（如输入压力及出口流量）发生改变时，减压器还能确保稳定的输出压力。减压器存在多种构造类型，按结构形式可分为薄膜式、弹簧薄膜式、活塞式、杠杆式和波纹管式等；按阀座数目可分为单座式和双座式；按阀瓣的位置不同可分为正作用式和反作用式；按气体介质可分为氧气减压器、乙炔减压器、氮气减压器、氩气减压器、氢气减压器等。

6.7.2.1 减压器的使用方法与注意事项

（1）使用方法：

① 使用前先仔细检查所有连接部位的气密性，确认不漏气后再进行后续操作。

② 使用时，先轻缓逆时针打开主控制阀，待气流稳定后，再顺时针调节减压阀螺帽，通过螺帽压缩主弹簧打开阀门，调至所需压力，然后高压气体由高压室自进气口经节流膨胀减压后进入低压室，再经出口到达截止阀，逆时针方向打开截止阀，将气体输送至各末端接口处。

③ 工作结束后，先顺时针方向依次关闭截止阀和控制阀总开关，然后逆时针方向调松减压阀螺帽，确定减压阀处于关闭状态，以避免弹性元件长久受压变形，导致串气、漏气等现象。

（2）注意事项：

① 安装时，应对连接部分进行清洁，禁止杂物进入减压器。避免氧气因接触油脂类物质发生氧化发热，甚至出现燃烧、爆炸等危险情况。

② 将氧气排放到大气中时，要查明在其附近不会引起火灾等危险后才可排放。

③ 开、关气体阀门要缓慢地操作，切不可过急地或强行用力把它打开，开太快容易引起摩擦静电，可致使减压器燃烧和爆炸。

④ 减压器均安装有内置安全阀，内置安全阀既能保护减压器，也是减压器出现故障时的信号装置。若因弹簧、膜片损坏或其他原因，使得出口压力自行增大并超过一定许可值时，安全阀将自动开启，通过阀体的出气孔排气泄压。

⑤ 减压器应避免撞击振动，不可与腐蚀性物质相接触。

⑥ 汇流排应按规定使用一种介质，不得混用，以免发生危险。

⑦ 操作人员必须严格遵守危险化学品安全使用操作规程。

6.7.2.2　减压器使用中的常见问题

（1）漏气检查：先关好气瓶阀，然后逆时针旋转手轮，彻底关闭减压器。若高压表显示值下降，表明减压器高压部分或瓶阀存在漏气。若低压表示数下降，表明减压器低压部分或其后连接的管路或设备存在漏气。若高压表示数下降，同时低压表示数升高，则说明减压器的阀座处存在漏气。可用泡沫法对连接处的漏气情况进行检漏。

（2）气瓶不用时要随时把气瓶阀关好，气体减压器不能作截止阀使用。

（3）气体减压器的压力表压力不宜升到最高压力示数的2/3。

（4）减压器长期使用后可能有气体泄漏现象，如在压力表、出入口的连接处和接头减压器压盖部分。在日常使用时应注意对上述地方检查试漏，并定期送至专业检修机构对减压表进行检修，一般一年检一次。

（5）减压器失效情况1：关闭减压器，打开气源阀门，如仍有气体不断输出，说明减压器已失效，应立即关闭气瓶阀门。

（6）减压器失效情况2：打开减压器调节压力时，如低压表压力不断升高，表明减压器已经失效，应迅速关闭气瓶瓶阀。

（7）减压器失效情况3：输入气体压力稳定，但经减压器的气体输出压力或流量不稳定，且不能通过减压器连续调节，说明减压器已失效，应立即关闭气瓶阀门。

（8）除冻：低温下如减压器出现冻结现象，可用蒸汽或热水进行解冻，严禁用火焰直接加热或红铁进行烘烤。减压器除冻后，必须通过风机等方式除去其中残留的水分。

（9）气体减压器漏气、失效，压力表指针不归零、不升起，压力表损坏，应及时维修。

（10）气体减压器维修和更换配件应由专业人员进行。

6.7.3 安全泄压装置的维护

压力泄放装置简称泄压装置，为防止气瓶内部压力异常升高而设置的泄压装置包括安全阀、爆破片、易熔合金塞以及爆破片与易熔合金塞的组合结构等型式。

气瓶安全泄压装置的安装与维护应当符合相应标准的规定，并且应当满足以下要求：

（1）气瓶与安全泄压装置之间以及泄压装置的出口侧严禁安装截止阀，也不能安装阻碍装置正常运行的其他零件。

（2）气瓶充装前，应认真对安全泄压装置进行检查，确认无腐蚀、破损或者其他外部缺陷，通道畅通，未被沙土、油漆或者污物等堵塞，易熔塞无松动或者脱出现象。发现存在可能导致装置不能正常动作的问题时，不应当对气瓶充装。

（3）应当定期对气瓶上的安全阀进行清洗、检查和校验。

（4）爆破片装置（或爆破片）应当定期更换（焊接绝热气瓶、非重复充装气瓶除外），整套组装的爆破片装置应当成套更换。爆破片的使用期限应当符合有关规定或者由制造单位确定，但不应当小于气瓶的定期检验周期。

（5）应当由专业人员根据相应标准的规定，对气瓶安全泄压装置进行更换。

6.7.4 气瓶室的安全要求

由于供气方式不同，有的气瓶集中存放在单独的气瓶室，有的气瓶分散存放在实验室内。无论是哪种供气方式，都需要满足以下安全要求：

（1）气瓶室地面平整干燥，空间内要求阴凉、通风和干燥，严禁曝晒。

（2）气瓶室严禁靠近火源、热源、有腐蚀性、放射性射线的环境。

（3）涉及剧毒、易燃易爆气体的场所，须使用防爆开关和灯具，周围禁止动用明火，须配有通风设施和合适的监控报警装置，张贴必要的安全警示标识。

（4）独立的气瓶室内，应分区放置空瓶与实瓶；易燃易爆气瓶应与助燃气瓶隔离放置。

（5）存有大量惰性气体或液氮、二氧化碳的较小密闭空间内，需要安装氧气含量报警器。

（6）气瓶室内，正确连接气体管路并配有标识，选择合适的管路材质，无老化或破损现象，定期对管路进行气体泄漏检查；对于具有多条气体管路的房间，必须张贴详细的管路图，标明管路编号和去向；配备监控设施，并指定专人负责管理和记录。

（7）独立供气的实验室内，不允许存在大量气体钢瓶堆放的现象。氧气和可燃气体在每间实验室内存放量不能超过一瓶，其他气瓶的存放量应控制在最小需求值。

（8）气瓶室内的每个钢瓶都应采取气瓶柜、钢架或铁链等有效措施进行固定。

（9）气体钢瓶不得放在走廊、大厅等公共场所。

6.7.5 压力管道日常检查及维护

6.7.5.1 压力管道日常检查及保养项目

压力管道包含压力表、电偶温度计、安全阀、爆破片、管道支架、管架基础、绝热层、阀门填料等部件，其日常检查内容及保养方法见表6-4。

表6-4 压力管道日常检查及保养项目

检查项目	检查方法	检查内容	问题的危害	保养方法和措施
压力表	目测、校验	表面玻璃是否破碎； 指示是否灵敏； 导压管是否畅通； 铅封是否完好	指示不正确可能造成超压	定期校验
电偶温度计	目测、校验	温度指示是否准确	超温有可能产生管道材料应力腐蚀、蠕变等	定期校验
安全阀	目测	有无异物卡在阀芯弹簧中间； 调整螺丝有无松动； 弹簧及其他零件有无破损，是否漏气； 铅封是否完好； 隔断阀铅封是否完好	漏气； 超压时因安全阀不能起跳易造成管道事故	停车或泄压时进行校验
爆破片	目测	膜片是否存在缺陷； 导管是否畅通	超压时因安全阀不能起跳易造成管道事故	注意安装前检验； 定期更换
管道支架	目测、耳听、手摸	支架是否松动； 管道有无振动； 支架是否损坏	管道因磨损和疲劳而断裂； 管道应力增大	把紧螺栓或加固
管架基础	目测	基础是否下沉； 基础有无裂纹	基础损坏，使管道承受附加应力，威胁安全生产	定期观察基础下沉情况，采取针对性措施； 测定裂纹是否继续扩大
绝热层	目测表面温度计	主材料是否损伤脱落、受潮、失效； 防潮层是否破坏、失效； 外护层是否损伤、脱落	产生管道热损失； 腐蚀； 保温结构失去保护，过早破坏	更换保温材料； 损坏要及时修复
阀门填料	目测	有无泄漏	影响环境卫生、文明生产和安全	装填料和紧密封函时要严格按技术要求
螺栓	目测	是否锈蚀； 是否松动	造成螺杆、丝扣腐蚀； 造成泄漏	涂防锈油； 把紧螺栓

6.7.5.2 压力管道常见泄漏检查方法与合格标准

压力管道常见泄漏检查方法与合格标准见表6-5。

表6-5 压力管道常见泄漏检查方法与合格标准

序号	管道名称	检查方法	合格标准
1	管道、法兰、阀门、丝堵、活接、补偿器等	目测观察	不结焦、不冒烟、无渗透、无漏痕、无结垢
2	瓦斯、氨气、氯气、液态烃等易燃易爆或有毒气体	用肥皂水试漏； 精密试纸试漏	无气泡； 不变色
3	氧气、氮气、空气系统	用宽10 mm、长100 mm薄纸条试漏	无吹动现象
4	蒸汽系统	目测观察	不漏气、无水垢
5	氢气系统	高温部位关灯检查； 低温部位用宽10 mm、长100 mm薄纸条试漏	无火苗； 无吹动现象

6.7.5.3 压力管道的日常维护保养

日常的维护保养是保证和延长压力管道使用寿命的重要基础。相关操作人员必须认真做好压力管道的日常维护保养工作。

（1）必须经常检查压力管道的防护措施，确保其完好无损，降低管道表面腐蚀。

（2）要对阀门的操作机构经常除锈并上油，通过定期性操作确保其操纵灵活。

（3）要经常擦拭压力表和安全阀，以保证其灵敏准确，并按时对其进行校验。

（4）定期检查并确保紧固螺栓完好，做到无锈蚀、齐全、丝扣完整、联结可靠。

（5）发现管道异常振动时，应采用加强支撑、隔断振源等减振措施；发现摩擦也应及时采取相关减摩措施。

（6）静电跨接、接地装置要保持良好完整，发现损坏及时修复。

（7）对于停用的压力管道，应排除内部介质，并进行置换、清洗和干燥，必要时应以惰性气体加以保护。应通过油漆对管道外表面进行防护；对于有保温的管道，应确保保温材料的完好。

（8）对于容易发生腐蚀或磨损的部位，如在管道和支架接触处等，应仔细检查，如有上述问题应及时采取措施。

（9）及时消除管道系统存在的跑、冒、滴、漏现象。

（10）对于高温管道，在开工升温过程中，需对管道、法兰、联结螺栓等进行热紧处理；对于低温管道，在降温过程中需要进行冷紧处理。

（11）严禁将管道或支架作为其他工具的锚点、撬抬重物的支撑点或电焊零线。

（12）配合压力管道检验人员对管道进行定期检验。

（13）应重点进行检查和维护以下管道：生产流程重要部位的压力管道，穿越铁路、河流、公路、桥梁、居民点的压力管道，输送有毒和腐蚀性介质、易燃易爆气体的压力管道，工作条件苛刻或存在交变载荷的管道。

（14）操作中遇到下列情况时，应立即采取紧急措施并及时报告有关管理部门和管理人员：

① 介质压力、温度超过允许的范围且采取措施后仍不见效。

② 管道及组成件发生裂纹、鼓瘪变形、泄漏。

③ 压力管道发生冻堵。

④ 压力管道发生异常振动、响声，危及安全运行。

⑤ 安全保护装置失效。

⑥ 发生火灾事故且直接威胁正常安全运行。

⑦ 压力管道的阀门及监控装置失灵，危及安全运行。

6.7.6 可燃气体报警器校验和维护

气体报警器是用于检测气体泄漏的报警仪器，其广泛应用于市政煤气、煤炭、冶金、仓储、交通、石油化工、宾馆和饭店、消防等各个领域，并且已拓展用于家庭防火。当空气中可燃或有毒气体泄漏，且浓度达到报警器设置的临界点时，报警器通过测定环境空气中易燃、易爆、有毒气体的浓度，通过自动报警，并通过驱动排风、切断气源、启动喷淋装置等措施，防止发生中毒、爆炸、火灾等安全事故，确保安全生产。

根据不同的检测气体，气体报警器使用不同的传感器。气体报警器可分为可燃气体、有毒气体和复合式气体报警器，其中复合式气体报警器可同时检测可燃和有毒气体。根据不同的使用环境，气体报警器可分为工业用和家用气体报警器；按自身形态不同，又可分为固定式气体报警器和便携式气体检测仪。

固定式气体报警器由报警控制器与探测器构成。控制器主要控制各监测点，可安装在值班室内；探测器的核心部件为内置的气体传感器，一般置于最易发生气体泄漏的地点。传感器用于检测空气中的气体浓度，气体浓度通过探测器转换成电信号，再通过线缆传输至控制器，气体浓度高低与电信号强弱成正比。当气体浓度达到或超过报警点（报警控制器设置值）时，报警器通过发出报警信号、启动电磁阀和排气扇等外联设备，自动排除安全隐患。便携式气体检测仪一般为手持式，方便工作人员随身携带，同时可检测不同地点的气体浓度。便携式气体检测仪主要由控制器、探测器组成，灵活方便。与固定式气体报警器相比，便携式气体检测仪不能随时进行检测，而且不能与其他设备进行外联。

可燃气体探测器主要有两种类型：催化型和红外光学型。催化型可燃气体探测器的探测原理是通过难熔金属铂丝加热后的电阻变化来确定可燃气体浓度。当进入探测器的可燃性气体在铂丝表面发生氧化反应（无焰燃烧），该反应生成的热量加热铂丝，使其温度升高，进而导致电阻率随之变化。红外光学型可燃气体探测器的作用原理是通过红外传感器吸收红外线光源，进而检测碳氢类可燃气体。目前工业场所使用最为普遍的是催化型可燃气体探测器。

6.7.6.1 可燃气体报警器校验的注意事项

可燃气体报警器在正确选点和安装完毕后，还需要定期进行校验和保养，才能长期维持正常而精准的检测状态。可燃气体报警器校验的注意事项如下：

（1）原则上，标准样气必须首先经过计量认证，并且与被检测气体相匹配。即使被测介质相同，如果所选标准样气不同，则报警点也会不同。

（2）校验前，先确定无可燃气体存在于探头的周围环境内。若探头周围有可燃气体，要先拆下防雨罩，然后通入一定量的洁净空气，再连续充入样气，以保证校验具有良好的准确性。

（3）若被测气体是烃类混合物，首选样气为异丁烷，再者为丙烷。

（4）若被测气体为非烃类混合物或爆炸下限浓度的气体燃烧产生热量相差较大的烃类混合物，可采用易于获取且稳定的单组分气体作为样气，如丁烷、异丁烷和丙烷等。此时需要根据检测信号换算关系对报警器的量程进行换算和调整。

6.7.6.2 可燃气体报警器的使用和维护

不同的可燃气体报警器，其使用和维护方法是相似的，具体内容如下：

（1）有的报警器具有试验按钮，为检查该类报警器报警系统，应每周一次按动试验按钮。

（2）每两周要进行一次常规外观检查。具体的检查内容包括：

① 显示器件、控制按钮是否损坏，连接部件是否松动。

② 报警灯、蜂鸣器是否正常。

③ 检测器防爆密封件是否牢固。

④ 检测器探头是否存在堵塞现象。

（3）每2个月应检查标定一次报警器的零点和量程。

（4）应经常检查并确保检测器无意外进水现象发生。仪表检测时，应取下检测器透气罩，对之进行清洗，避免堵塞。

（5）作为隔爆型防爆设备，不得在超出规定的范围以外或含硫的场合使用检测器。检测器应尽可能在可燃气体浓度低于爆炸下限时使用，避免浓度过高而烧坏元件。

（6）对于热线型半导体式检测器，其不能在缺氧的条件下使用。不能使用大量的可燃气对探头进行直冲操作。

（7）由于国家规定的校验周期不得超过1年，因此可燃气体报警器需要进行定期校验，主要检查并确定其监测误差在允许范围以内。

（8）鉴于检测元件与补偿元件的使用寿命一般为3~5年，因此重要元件需要定期更换。

6.8　可燃气路常见故障及处置

（1）仪表工作不正常，无法开启。

原因可能是电源未接通或内部保险丝被烧断。须检查电源的连接和保险丝完好性，如果问题仍然存在，则需对全部电路进行检查。

（2）显示故障。

可燃气体报警器仪表自身具有故障诊断功能。当检测器遇到故障时，仪表可发出故障报警信号。可能引发报警的场合有以下几种：传感器断线或者损坏，连线松动接错或断线，零点太低，标定错误，供电电源不正常等。因此必须根据具体情况，逐一检查并确定报警原因。

（3）标准样气检测无反应。

在定期校验时通入标准样气后仪表显示无响应，引发此类故障的原因很多，主要有以下情况：烧结金属孔或过滤器发生堵塞，不合适的量程设置，元器件发生老化或损坏，电路板损坏等。必须依据具体情况，重新进行标定或更新过滤器。

（4）响应缓慢或指示不到位。

一般情况下，如果传感器出现老化现象，会造成仪表在校验时响应缓慢。主要原因在于报警器长期处在一些可燃气体的恶劣环境下，容易导致元器件的老化和失效，尤其是催化物质，从而使得检测元件的催化燃烧反应日趋缓慢。此外，不合适的量程调节也能引起响应缓慢或指示不灵。

（5）数据管显示缺少笔画。

接触不良容易导致可燃气体报警器显示器显示不清或者缺少笔画，如数码管管脚虚焊、笔画损坏等。可通过重新焊接或者更换新的数码管等措施加以补救。

（6）浓度指示不回零。

若探测器周围存在残余气体或零点漂移，可导致可燃气体报警器的浓度指示不回零现象。此时可吹净残余气体，然后在清洁空气氛围下，对零位进行重新标定和调整。

（7）按试验按钮时无报警信号。

按钮接触不良或报警点电位器设置不当时，按试验按钮时会发生无报警信号现象，此时可接牢按钮，或将报警点重新调整。

（8）按试验按钮有指示，但不报警。

此种情况可能是报警回路存在故障，应检查并确保报警回路元件的完好性。

（9）浓度显示值偏差太大。

传感器损坏可能导致显示值偏差太大或传感器工作点出现漂移。应调整传感器的工作点或更换传感器。

（10）报警失灵，用样气检查时报警单元无声光报警（黄灯常亮）。

遇到这种情况，很有可能是传输电缆或传感器加热丝断线，需要修复或更换传感器。

参考文献

[1] 傅献彩，沈文霞，姚天扬，等．物理化学（上册）[M]．5 版．北京：高等教育出版社，2005.

[2] 朱志昂，阮文娟．物理化学 [M]．5 版．北京：科学出版社，2014.

[3] 朱元强，余宗学，柯强．物理化学 [M]．北京：化学工业出版社，2018.

[4] 郝澄，汪洋．气瓶充装与安全 [M]．2 版．北京：化学工业出版社，2013.

[5] 陈祖志，黄强华，薄柯，等．气瓶设计 [M]．北京：化学工业出版社，2017.

[6] 石智豪．压力容器介质手册 [M]．北京：北京科学技术出版社，1992.

[7] 吴粤燊．气瓶安全 [M]．北京：中国劳动社会保障出版社，2009.

[8] 冯维君．锅炉压力容器安全知识 [M]．北京：中国劳动社会保障出版社，2004.

[9] 蒋清民，刘新奇．危险化学品安全管理 [M]．3 版．北京：化学工业出版社，2015.

[10]《压力容器实用技术丛书》编写委员会．压力容器安全监察与管理 [M]．北京：化学工业出版社．2005.

[11] 周忠元，陈桂琴．化工安全技术与管理 [M]．2 版．北京：化学工业出版社，2001.

[12] 谭蔚．压力容器安全管理技术 [M]．北京：化学工业出版社，2006.

[13] 于长顺，肖晖，张新建，等．气体充装安全技术 [M]．2 版．郑州：黄河水利出版社，2019.

[14] 霍沛军．基于安全二维码的物品溯源系统关键技术研究与应用开发 [D]．北京：北京印刷学院，2019.

[15] 邵举平，董绍华．物流管理信息系统 [M]．2 版．北京：清华大学出版社，北京交通大学出版社，2009.

[16] 华刚．基于知识管理的政务管理 GIS 的开发与应用——以徐汇区压力管道管理 GIS 为例 [D]．上海：华东师范大学，2004.

[17] 邢平立，白惠艳．二维码概述及应用 [J]．网印工业，2013（7）：47-50.

[18] 陈贺明，赵国敏．基于二维码技术的气瓶安全监管系统研究［J］．河南广播电视大学学报，2014，27（3）：110-112.

[19] 李东．基于加密和解密的二维条形码的实现［J］．科技传播，2010（7）：114-115.

[20] 乔昕，何伟，赵学山，等．二维码在支付领域存在的风险及建议［J］．金融科技时代，2018（7）：53-56.

[21] 李伟程．二维码技术在特种设备行业中的应用［J］．企业技术开发，2009（1）：117.

[22] 李小霞，曾宪惠，张胜杰．探讨氧气、乙炔瓶的安全使用［J］．科技导刊（电子版），2015（9）：185.

[23] 安文．危险化学品安全知识（下）［J］．安全与健康，2016（11）：37-40.

[24] 郭军涛．气瓶爆炸事故的原因及管理措施［J］．中小企业管理与科技，2010（31）：58.

[25] 张德勇．化工装置氢气系统的安全防护与应急处理［J］．石油化工安全环保技术，2007，23（6）：18-20.

[26] 张晓伟，徐建军．职业性氯乙烯中毒的预防［J］．劳动保护，2018（8）：78-80.

[27] 丁立，郭英姿，江永亨，等．从风险管理的角度促进实验室气瓶安全管理［J］．实验技术与管理，2107，34（12）：264-267.

[28] 孙晓志，李春鸽，张社荣．天津大学实验室安全体系的建设与实践［J］．实验技术与管理，2016，33（9）：8-11.

[29] 邢利军．浅谈工业气瓶的安全使用［J］．黑龙江冶金，2009，29（1）：45-46.

[30] 孙志强，白向玉，吴冬梅．高校实验室集中供气系统的应用与管理［J］．实验技术与管理，2018，35（10）：10-14.

[31] 程世红，马旭炅，白德成．高校实验室气体钢瓶的安全管理探讨［J］．实验技术与管理，2012，29（4）：216-218.

[32] 柯丁宁，王凯，高尚，等．高校实验室安全供气系统设计与探索［J］．实验技术与管理，2020，37（3）：235-238.

[33] 陈丽新．可燃气体报警器的使用维护和故障分析［J］．中国石油和化工标准与质量，2012（4）：286.

[34] 杨明高．可燃气体报警器正确使用和常见故障处理［J］．计量与测试技术，2014，41（7）：23-25.